中华全国总工会法律工作部 组织编写

中华人民共和国工会法

学习问答

江　南　郭林茂 主编

中国工人出版社

本书编委会

主　编：江　南（中华全国总工会法律工作部部长）

郭林茂（全国人大常委会法制工作委员会社会法室主任）

编　委：张瑞玲　吴晓华　朱艳丽　李进东

郑全红　刘　斌　张　杨　闭柳萍

冯　申　齐铁杰　赵　光　王　涛

吕　翔　顾　冰　谢　静

目录

第一部分　工会法全文及相关文件

中华人民共和国工会法

（1992年4月3日第七届全国人民代表大会第五次会议通过　根据2001年10月27日第九届全国人民代表大会常务委员会第二十四次会议《关于修改〈中华人民共和国工会法〉的决定》第一次修正　根据2009年8月27日第十一届全国人民代表大会常务委员会第十次会议《关于修改部分法律的决定》第二次修正　根据2021年12月24日第十三届全国人民代表大会常务委员会第三十二次会议《关于修改〈中华人民共和国工会法〉的决定》第三次修正）

目　　录

第一章　总　　则

第一条　为保障工会在国家政治、经济和社会生活中的地位，确定工会的权利与义务，发挥工会在社会主义现代化建设事业中的作用，根据宪法，制定本法。

第二条　工会是中国共产党领导的职工自愿结合的工人阶级群众组织，是中国共产党联系职工群众的桥梁和纽带。

中华全国总工会及其各工会组织代表职工的利益，依法维护职工的合法权益。

第三条　在中国境内的企业、事业单位、机关、社会组织（以下统称用人单位）中以工资收入为主要生活来源的劳动者，不分民族、种族、性别、职业、宗教信仰、教育程度，都有依法参加和组织工会的权利。任何组织和个人不得阻挠和限制。

工会适应企业组织形式、职工队伍结构、劳动关系、就业形态等方面的发展变化，依法维护劳动者参加和组织工会的权利。

第四条　工会必须遵守和维护宪法，以宪法为根本的活动准则，以经济建设为中心，坚持社会主义道路，坚持人民民主专政，坚持中国共产党的领导，坚持马克思列宁主义、毛泽东思想、邓小平理论、“三个代表”重要思想、科学发展观、习近平新时代中国特色社会主义思想，坚持改革开放，保持和增强政治性、先进性、群众性，依照工会章程独立自主地开展工作。

工会会员全国代表大会制定或者修改《中国工会章程》，章程不得与宪法和法律相抵触。

国家保护工会的合法权益不受侵犯。

第五条　工会组织和教育职工依照宪法和法律的规定行使民主权利，发挥国家主人翁的作用，通过各种途径和形式，参与管理国家事务、管理经济和文化事业、管理社会事务；协助人民政府开展工作，维护工人阶级领导的、以工农联盟为基础的人民民主专政的社会主义国家政权。

第六条　维护职工合法权益、竭诚服务职工群众是工会的基本职责。工会在维护全国人民总体利益的同时，代表和维护职工的合法权益。

工会通过平等协商和集体合同制度等，推动健全劳动关系协调机制，维护职工劳动权益，构建和谐劳动关系。

工会依照法律规定通过职工代表大会或者其他形式，组织职工参与本单位的民主选举、民主协商、民主决策、民主管理和民主监督。

工会建立联系广泛、服务职工的工会工作体系，密切联系职工，听取和反映职工的意见和要求，关心职工的生活，帮助职工解决困难，全心全意为职工服务。

第七条 工会动员和组织职工积极参加经济建设，努力完成生产任务和工作任务。教育职工不断提高思想道德、技术业务和科学文化素质，建设有理想、有道德、有文化、有纪律的职工队伍。

第八条 工会推动产业工人队伍建设改革，提高产业工人队伍整体素质，发挥产业工人骨干作用，维护产业工人合法权益，保障产业工人主人翁地位，造就一支有理想守信念、懂技术会创新、敢担当讲奉献的宏大产业工人队伍。

第九条 中华全国总工会根据独立、平等、互相尊重、互不干涉内部事务的原则，加强同各国工会组织的友好合作关系。

第二章 工会组织

第十条 工会各级组织按照民主集中制原则建立。

各级工会委员会由会员大会或者会员代表大会民主选举产生。企业主要负责人的近亲属不得作为本企业基层工会委员会成员的人选。

各级工会委员会向同级会员大会或者会员代表大会负责并报告工作，接受其监督。

工会会员大会或者会员代表大会有权撤换或者罢免其所选举的代表或者工会委员会组成人员。

上级工会组织领导下级工会组织。

第十一条 用人单位有会员二十五人以上的，应当建立基层工会委员会；

不足二十五人的，可以单独建立基层工会委员会，也可以由两个以上单位的会员联合建立基层工会委员会，也可以选举组织员一人，组织会员开展活动。女职工人数较多的，可以建立工会女职工委员会，在同级工会领导下开展工作；女职工人数较少的，可以在工会委员会中设女职工委员。

企业职工较多的乡镇、城市街道，可以建立基层工会的联合会。

县级以上地方建立地方各级总工会。

同一行业或者性质相近的几个行业，可以根据需要建立全国的或者地方的产业工会。

全国建立统一的中华全国总工会。

第十二条　基层工会、地方各级总工会、全国或者地方产业工会组织的建立，必须报上一级工会批准。

上级工会可以派员帮助和指导企业职工组建工会，任何单位和个人不得阻挠。

第十三条　任何组织和个人不得随意撤销、合并工会组织。

基层工会所在的用人单位终止或者被撤销，该工会组织相应撤销，并报告上一级工会。

依前款规定被撤销的工会，其会员的会籍可以继续保留，具体管理办法由中华全国总工会制定。

第十四条　职工二百人以上的企业、事业单位、社会组织的工会，可以设专职工会主席。工会专职工作人员的人数由工会与企业、事业单位、社会组织协商确定。

第十五条　中华全国总工会、地方总工会、产业工会具有社会团体法人资格。

基层工会组织具备民法典规定的法人条件的，依法取得社会团体法人资格。

第十六条　基层工会委员会每届任期三年或者五年。各级地方总工会委员会和产业工会委员会每届任期五年。

第十七条 基层工会委员会定期召开会员大会或者会员代表大会，讨论决定工会工作的重大问题。经基层工会委员会或者三分之一以上的工会会员提议，可以临时召开会员大会或者会员代表大会。

第十八条 工会主席、副主席任期未满时，不得随意调动其工作。因工作需要调动时，应当征得本级工会委员会和上一级工会的同意。

罢免工会主席、副主席必须召开会员大会或者会员代表大会讨论，非经会员大会全体会员或者会员代表大会全体代表过半数通过，不得罢免。

第十九条 基层工会专职主席、副主席或者委员自任职之日起，其劳动合同期限自动延长，延长期限相当于其任职期间；非专职主席、副主席或者委员自任职之日起，其尚未履行的劳动合同期限短于任期的，劳动合同期限自动延长至任期期满。但是，任职期间个人严重过失或者达到法定退休年龄的除外。

第三章 工会的权利和义务

第二十条 企业、事业单位、社会组织违反职工代表大会制度和其他民主管理制度，工会有权要求纠正，保障职工依法行使民主管理的权利。

法律、法规规定应当提交职工大会或者职工代表大会审议、通过、决定的事项，企业、事业单位、社会组织应当依法办理。

第二十一条 工会帮助、指导职工与企业、实行企业化管理的事业单位、社会组织签订劳动合同。

工会代表职工与企业、实行企业化管理的事业单位、社会组织进行平等协商，依法签订集体合同。集体合同草案应当提交职工代表大会或者全体职工讨论通过。

工会签订集体合同，上级工会应当给予支持和帮助。

企业、事业单位、社会组织违反集体合同，侵犯职工劳动权益的，工会可以依法要求企业、事业单位、社会组织予以改正并承担责任；因履行集体合同发生争议，经协商解决不成的，工会可以向劳动争议仲裁机构提请仲裁，仲裁机构不予受理或者对仲裁裁决不服的，可以向人民法院提起诉讼。

第二十二条　企业、事业单位、社会组织处分职工，工会认为不适当的，有权提出意见。

用人单位单方面解除职工劳动合同时，应当事先将理由通知工会，工会认为用人单位违反法律、法规和有关合同，要求重新研究处理时，用人单位应当研究工会的意见，并将处理结果书面通知工会。

职工认为用人单位侵犯其劳动权益而申请劳动争议仲裁或者向人民法院提起诉讼的，工会应当给予支持和帮助。

第二十三条　企业、事业单位、社会组织违反劳动法律法规规定，有下列侵犯职工劳动权益情形，工会应当代表职工与企业、事业单位、社会组织交涉，要求企业、事业单位、社会组织采取措施予以改正；企业、事业单位、社会组织应当予以研究处理，并向工会作出答复；企业、事业单位、社会组织拒不改正的，工会可以提请当地人民政府依法作出处理：

（一）克扣、拖欠职工工资的；

（二）不提供劳动安全卫生条件的；

（三）随意延长劳动时间的；

（四）侵犯女职工和未成年工特殊权益的；

（五）其他严重侵犯职工劳动权益的。

第二十四条　工会依照国家规定对新建、扩建企业和技术改造工程中的劳动条件和安全卫生设施与主体工程同时设计、同时施工、同时投产使用进行监督。对工会提出的意见，企业或者主管部门应当认真处理，并将处理结果书面通知工会。

第二十五条　工会发现企业违章指挥、强令工人冒险作业，或者生产过程中发现明显重大事故隐患和职业危害，有权提出解决的建议，企业应当及时研究答复；发现危及职工生命安全的情况时，工会有权向企业建议组织职工撤离危险现场，企业必须及时作出处理决定。

第二十六条 工会有权对企业、事业单位、社会组织侵犯职工合法权益的问题进行调查，有关单位应当予以协助。

第二十七条 职工因工伤亡事故和其他严重危害职工健康问题的调查处理，必须有工会参加。工会应当向有关部门提出处理意见，并有权要求追究直接负责的主管人员和有关责任人员的责任。对工会提出的意见，应当及时研究，给予答复。

第二十八条 企业、事业单位、社会组织发生停工、怠工事件，工会应当代表职工同企业、事业单位、社会组织或者有关方面协商，反映职工的意见和要求并提出解决意见。对于职工的合理要求，企业、事业单位、社会组织应当予以解决。工会协助企业、事业单位、社会组织做好工作，尽快恢复生产、工作秩序。

第二十九条 工会参加企业的劳动争议调解工作。

地方劳动争议仲裁组织应当有同级工会代表参加。

第三十条 县级以上各级总工会依法为所属工会和职工提供法律援助等法律服务。

第三十一条 工会协助用人单位办好职工集体福利事业，做好工资、劳动安全卫生和社会保险工作。

第三十二条 工会会同用人单位加强对职工的思想政治引领，教育职工以国家主人翁态度对待劳动，爱护国家和单位的财产；组织职工开展群众性的合理化建议、技术革新、劳动和技能竞赛活动，进行业余文化技术学习和职工培训，参加职业教育和文化体育活动，推进职业安全健康教育和劳动保护工作。

第三十三条 根据政府委托，工会与有关部门共同做好劳动模范和先进生产（工作）者的评选、表彰、培养和管理工作。

第三十四条 国家机关在组织起草或者修改直接涉及职工切身利益的法律、法规、规章时，应当听取工会意见。

县级以上各级人民政府制定国民经济和社会发展计划，对涉及职工利益的重大问题，应当听取同级工会的意见。

县级以上各级人民政府及其有关部门研究制定劳动就业、工资、劳动安全卫生、社会保险等涉及职工切身利益的政策、措施时，应当吸收同级工会参加研究，听取工会意见。

第三十五条 县级以上地方各级人民政府可以召开会议或者采取适当方式，向同级工会通报政府的重要的工作部署和与工会工作有关的行政措施，研究解决工会反映的职工群众的意见和要求。

各级人民政府劳动行政部门应当会同同级工会和企业方面代表，建立劳动关系三方协商机制，共同研究解决劳动关系方面的重大问题。

第四章 基层工会组织

第三十六条 国有企业职工代表大会是企业实行民主管理的基本形式，是职工行使民主管理权力的机构，依照法律规定行使职权。

国有企业的工会委员会是职工代表大会的工作机构，负责职工代表大会的日常工作，检查、督促职工代表大会决议的执行。

第三十七条 集体企业的工会委员会，应当支持和组织职工参加民主管理和民主监督，维护职工选举和罢免管理人员、决定经营管理的重大问题的权力。

第三十八条 本法第三十六条、第三十七条规定以外的其他企业、事业单位的工会委员会，依照法律规定组织职工采取与企业、事业单位相适应的形式，参与企业、事业单位民主管理。

第三十九条 企业、事业单位、社会组织研究经营管理和发展的重大问题应当听取工会的意见；召开会议讨论有关工资、福利、劳动安全卫生、工作时间、休息休假、女职工保护和社会保险等涉及职工切身利益的问题，必须有工会代表参加。

企业、事业单位、社会组织应当支持工会依法开展工作，工会应当支持企业、事业单位、社会组织依法行使经营管理权。

第四十条 公司的董事会、监事会中职工代表的产生，依照公司法有关规定执行。

第四十一条 基层工会委员会召开会议或者组织职工活动，应当在生产或者工作时间以外进行，需要占用生产或者工作时间的，应当事先征得企业、事业单位、社会组织的同意。

基层工会的非专职委员占用生产或者工作时间参加会议或者从事工会工作，每月不超过三个工作日，其工资照发，其他待遇不受影响。

第四十二条 用人单位工会委员会的专职工作人员的工资、奖励、补贴，由所在单位支付。社会保险和其他福利待遇等，享受本单位职工同等待遇。

第五章　工会的经费和财产

第四十三条 工会经费的来源：

（一）工会会员缴纳的会费；

（二）建立工会组织的用人单位按每月全部职工工资总额的百分之二向工会拨缴的经费；

（三）工会所属的企业、事业单位上缴的收入；

（四）人民政府的补助；

（五）其他收入。

前款第二项规定的企业、事业单位、社会组织拨缴的经费在税前列支。

工会经费主要用于为职工服务和工会活动。经费使用的具体办法由中华全国总工会制定。

第四十四条 企业、事业单位、社会组织无正当理由拖延或者拒不拨缴工会经费，基层工会或者上级工会可以向当地人民法院申请支付令；拒不执行支付令的，工会可以依法申请人民法院强制执行。

第四十五条　工会应当根据经费独立原则，建立预算、决算和经费审查监督制度。

各级工会建立经费审查委员会。

各级工会经费收支情况应当由同级工会经费审查委员会审查，并且定期向会员大会或者会员代表大会报告，接受监督。工会会员大会或者会员代表大会有权对经费使用情况提出意见。

工会经费的使用应当依法接受国家的监督。

第四十六条　各级人民政府和用人单位应当为工会办公和开展活动，提供必要的设施和活动场所等物质条件。

第四十七条　工会的财产、经费和国家拨给工会使用的不动产，任何组织和个人不得侵占、挪用和任意调拨。

第四十八条　工会所属的为职工服务的企业、事业单位，其隶属关系不得随意改变。

第四十九条　县级以上各级工会的离休、退休人员的待遇，与国家机关工作人员同等对待。

第六章　法律责任

第五十条　工会对违反本法规定侵犯其合法权益的，有权提请人民政府或者有关部门予以处理，或者向人民法院提起诉讼。

第五十一条　违反本法第三条、第十二条规定，阻挠职工依法参加和组织工会或者阻挠上级工会帮助、指导职工筹建工会的，由劳动行政部门责令其改正；拒不改正的，由劳动行政部门提请县级以上人民政府处理；以暴力、威胁等手段阻挠造成严重后果，构成犯罪的，依法追究刑事责任。

第五十二条　违反本法规定，对依法履行职责的工会工作人员无正当理由调动工作岗位，进行打击报复的，由劳动行政部门责令改正、恢复原工作；造成损失的，给予赔偿。

对依法履行职责的工会工作人员进行侮辱、诽谤或者进行人身伤害，构成犯罪的，依法追究刑事责任；尚未构成犯罪的，由公安机关依照治安管理处罚法的规定处罚。

第五十三条 违反本法规定，有下列情形之一的，由劳动行政部门责令恢复其工作，并补发被解除劳动合同期间应得的报酬，或者责令给予本人年收入二倍的赔偿：

（一）职工因参加工会活动而被解除劳动合同的；

（二）工会工作人员因履行本法规定的职责而被解除劳动合同的。

第五十四条 违反本法规定，有下列情形之一的，由县级以上人民政府责令改正，依法处理：

（一）妨碍工会组织职工通过职工代表大会和其他形式依法行使民主权利的；

（二）非法撤销、合并工会组织的；

（三）妨碍工会参加职工因工伤亡事故以及其他侵犯职工合法权益问题的调查处理的；

（四）无正当理由拒绝进行平等协商的。

第五十五条 违反本法第四十七条规定，侵占工会经费和财产拒不返还的，工会可以向人民法院提起诉讼，要求返还，并赔偿损失。

第五十六条 工会工作人员违反本法规定，损害职工或者工会权益的，由同级工会或者上级工会责令改正，或者予以处分；情节严重的，依照《中国工会章程》予以罢免；造成损失的，应当承担赔偿责任；构成犯罪的，依法追究刑事责任。

第七章　附　　则

第五十七条　中华全国总工会会同有关国家机关制定机关工会实施本法的具体办法。

第五十八条　本法自公布之日起施行。1950 年 6 月 29 日中央人民政府颁布的《中华人民共和国工会法》同时废止。

全国人民代表大会常务委员会关于修改《中华人民共和国工会法》的决定

（2021年12月24日第十三届全国人民代表大会常务委员会第三十二次会议通过）

第十三届全国人民代表大会常务委员会第三十二次会议决定对《中华人民共和国工会法》作如下修改：

一、将第二条第一款修改为："工会是中国共产党领导的职工自愿结合的工人阶级群众组织，是中国共产党联系职工群众的桥梁和纽带。"

二、将第三条修改为："在中国境内的企业、事业单位、机关、社会组织（以下统称用人单位）中以工资收入为主要生活来源的劳动者，不分民族、种族、性别、职业、宗教信仰、教育程度，都有依法参加和组织工会的权利。任何组织和个人不得阻挠和限制。

"工会适应企业组织形式、职工队伍结构、劳动关系、就业形态等方面的发展变化，依法维护劳动者参加和组织工会的权利。"

三、将第四条第一款修改为："工会必须遵守和维护宪法，以宪法为根本的活动准则，以经济建设为中心，坚持社会主义道路，坚持人民民主专政，坚持中国共产党的领导，坚持马克思列宁主义、毛泽东思想、邓小平理论、'三个代表'重要思想、科学发展观、习近平新时代中国特色社会主义思想，坚持改革开放，保持和增强政治性、先进性、群众性，依照工会章程独立自主地开展工作。"

四、将第六条修改为："维护职工合法权益、竭诚服务职工群众是工会的基本职责。工会在维护全国人民总体利益的同时，代表和维护职工的合法权益。

“工会通过平等协商和集体合同制度等，推动健全劳动关系协调机制，维护职工劳动权益，构建和谐劳动关系。

“工会依照法律规定通过职工代表大会或者其他形式，组织职工参与本单位的民主选举、民主协商、民主决策、民主管理和民主监督。

“工会建立联系广泛、服务职工的工会工作体系，密切联系职工，听取和反映职工的意见和要求，关心职工的生活，帮助职工解决困难，全心全意为职工服务。”

五、增加一条，作为第八条：“工会推动产业工人队伍建设改革，提高产业工人队伍整体素质，发挥产业工人骨干作用，维护产业工人合法权益，保障产业工人主人翁地位，造就一支有理想守信念、懂技术会创新、敢担当讲奉献的宏大产业工人队伍。”

六、将第二十条改为第二十一条，修改为：“工会帮助、指导职工与企业、实行企业化管理的事业单位、社会组织签订劳动合同。

“工会代表职工与企业、实行企业化管理的事业单位、社会组织进行平等协商，依法签订集体合同。集体合同草案应当提交职工代表大会或者全体职工讨论通过。

“工会签订集体合同，上级工会应当给予支持和帮助。

“企业、事业单位、社会组织违反集体合同，侵犯职工劳动权益的，工会可以依法要求企业、事业单位、社会组织予以改正并承担责任；因履行集体合同发生争议，经协商解决不成的，工会可以向劳动争议仲裁机构提请仲裁，仲裁机构不予受理或者对仲裁裁决不服的，可以向人民法院提起诉讼。”

七、将第二十二条改为第二十三条，修改为：“企业、事业单位、社会组织违反劳动法律法规规定，有下列侵犯职工劳动权益情形，工会应当代表职工与企业、事业单位、社会组织交涉，要求企业、事业单位、社会组织采取措施予以改正；企业、事业单位、社会组织应当予以研究处理，并向工会作出答复；企业、事业单位、社会组织拒不改正的，工会可以提请当地人民政府依法作出处理：

“（一）克扣、拖欠职工工资的；

“（二）不提供劳动安全卫生条件的；

“（三）随意延长劳动时间的；

“（四）侵犯女职工和未成年工特殊权益的；

“（五）其他严重侵犯职工劳动权益的。”

八、将第二十九条改为第三十条，修改为：“县级以上各级总工会依法为所属工会和职工提供法律援助等法律服务。”

九、将第三十一条改为第三十二条，修改为：“工会会同用人单位加强对职工的思想政治引领，教育职工以国家主人翁态度对待劳动，爱护国家和单位的财产；组织职工开展群众性的合理化建议、技术革新、劳动和技能竞赛活动，进行业余文化技术学习和职工培训，参加职业教育和文化体育活动，推进职业安全健康教育和劳动保护工作。”

十、将第三十八条改为第三十九条，修改为：“企业、事业单位、社会组织研究经营管理和发展的重大问题应当听取工会的意见；召开会议讨论有关工资、福利、劳动安全卫生、工作时间、休息休假、女职工保护和社会保险等涉及职工切身利益的问题，必须有工会代表参加。

“企业、事业单位、社会组织应当支持工会依法开展工作，工会应当支持企业、事业单位、社会组织依法行使经营管理权。”

十一、对部分条文作以下修改：

（一）将第十条、第三十条、第四十一条、第四十二条第一款、第四十五条中的“企业、事业单位、机关”修改为“用人单位”，将第二十一条第二款、第三款中的“企业”修改为“用人单位”。

（二）将第十二条中的“企业终止或者所在的事业单位、机关被撤销”修改为“用人单位终止或者被撤销”。

（三）将第十三条、第十九条、第二十一条第一款、第二十五条、第二十七条、第四十条、第四十二条第二款、第四十三条中的“企业、事业单位”修改为“企业、事业单位、社会组织”。

（四）将第十四条中的“民法通则”修改为“民法典”。

本决定自2022年1月1日起施行。

《中华人民共和国工会法》根据本决定作相应修改并对条文顺序作相应调整，重新公布。

关于《中华人民共和国工会法（修正草案）》的说明

——2021 年 12 月 20 日在第十三届全国人民代表大会常务委员会第三十二次会议上

全国人大常委会法制工作委员会副主任 张 勇

委员长、各位副委员长、秘书长、各位委员：

我受委员长会议委托，作关于《中华人民共和国工会法（修正草案）》的说明。

一、修改的背景和过程

《中华人民共和国工会法》（以下简称工会法）是明确工会法律地位和工作职责的重要法律，是工会组织依法开展工作的重要制度保障。现行工会法于 1992 年公布施行，2001 年、2009 年进行了两次修改。工会法实施以来，为各级工会履行团结引导职工群众听党话跟党走的政治责任提供了有力法治保障，在发挥工会职能作用、维护职工合法权益、构建和谐劳动关系等方面起到了有力的推动作用，总体上适应经济社会发展需要。

党的十八大以来，党和国家事业取得历史性成就、发生历史性变革，对工会工作提出了新要求。习近平新时代中国特色社会主义思想已经写入党章、宪法，成为党和国家长期坚持的指导思想，也是工会组织和工会工作必须长期坚持的指导思想。习近平总书记对坚持党对工会工作的领导提出明确要求，指出工会要认真履行维护职工合法权益、竭诚服务职工群众的基本职责，构建联系广泛、服务职工的工会工作体系，切实保持和增强政治性、先进性、群众性。各级工会在推进产业工人队伍建设改革和工会改革中也积累了宝贵经验。有必要通过修改工会法，贯彻落实党中央决策部署和习近平总书记重要指示精神，及时将行之有效的经验做法上升为法律规定。

2019 年以来，全国人大常委会法工委和全国总工会密切沟通，围绕工会法修改作了比较充分的准备工作。2019 年上半年，全国总工会在全国范围内开展了工会法实施情况专题调研，广泛听取各级工会组织、广大职工群众和社会各方面的意见建议，在此基础上形成修正草案建议稿。全国总工会专门就工会法修改及修改内容向党中央请示，党中央同意全国总工会的建议。2021 年 4 月，工会法修改列入全国人大常委会 2021 年度立法工作计划。其后，法工委进一步征求中央和国家有关部门、部分省（自治区、直辖市）人大、基层立法联系点的意见，与全国总工会共同开展调研。在此基础上，提出了修正草案。

二、修改的总体思路

工会法修改在总体思路上，主要把握以下五点：一是坚持以习近平新时代中国特色社会主义思想为指导和根本遵循，充分体现党中央关于工人阶级和工会工作的重要指示精神。二是突出坚持党的领导，保持和增强工会组织的政治性、先进性、群众性，不断增强工会组织的吸引力、凝聚力、战斗力。三是坚持从国情出发，着力完善相关制度和工作机制，为工会维护职工合法权益、竭诚服务职工群众提供有力的法治保障。四是适应我国法治建设需要，维护国家法制统一，妥善处理相关法律之间的关系，确保工会法与相关法律法规衔接一致。五是坚持必要性原则，根据党中央精神和现实需要，确有必要的才作修改，可改可不改的不作修改，保持现有法律框架和主要内容基本稳定。

三、修改的主要内容

（一）突出坚持党的领导。明确工会是中国共产党领导的职工自愿结合的工人阶级的群众组织，是中国共产党联系职工群众的桥梁和纽带，应当保持和增强政治性、先进性、群众性，建立联系广泛、服务职工的工会工作体系。

（二）落实党中央对工会改革的新要求。明确新就业形态劳动者参加和组织工会的权利，增加规定：工会适应企业组织形式、职工队伍结构、劳动关系等方面的发展变化，维护劳动者参加和组织工会的权利。

（三）完善工会法和工会工作指导思想。明确将习近平新时代中国特色社会主义思想同马克思列宁主义、毛泽东思想、邓小平理论、“三个代表”重要思想、科学发展观一道，确立为工会法和工会工作的指导思想。

（四）完善工会基本职责。将工会的基本职责由“维护职工合法权益”扩展为“维护职工合法权益、竭诚服务职工群众”。同时，增加工会组织职工参与本单位的民主选举、民主协商，加强对职工的思想政治引领，以及开展劳动和技能竞赛活动的规定。

（五）体现中央对产业工人队伍建设改革的新要求。增加规定：工会推动产业工人队伍建设改革，提高产业工人队伍整体素质，发挥产业工人骨干作用，维护产业工人合法权益，保障产业工人主人翁地位，造就一支有理想守信念、懂技术会创新、敢担当讲奉献的宏大产业工人队伍。

（六）做好与相关法律的衔接。法律援助法规定，工会等群团组织开展法律援助工作，参照适用其相关规定。据此明确县级以上各级总工会可以为所属工会和职工提供法律援助等法律服务。

（七）扩大基层工会组织覆盖面。明确社会组织中的劳动者有依法参加和组织工会的权利，将工会组织以及工会工作的覆盖面由“企业、事业单位、机关”扩展为“企业、事业单位、机关、社会组织”。

此外，对部分条文作了文字修改。

工会法修正草案和以上说明是否妥当，请审议。

2021年《中华人民共和国工会法》修正前后对照表

（黑体部分为增加或修改的内容，阴影部分为删除的内容）

修正前	修正后
第一章　总　　则 第二章　工会组织 第三章　工会的权利和义务 第四章　基层工会组织 第五章　工会的经费和财产 第六章　法律责任 第七章　附　　则	第一章　总　　则 第二章　工会组织 第三章　工会的权利和义务 第四章　基层工会组织 第五章　工会的经费和财产 第六章　法律责任 第七章　附　　则
第一章　总　则	**第一章　总　则**
第一条　为保障工会在国家政治、经济和社会生活中的地位，确定工会的权利与义务，发挥工会在社会主义现代化建设事业中的作用，根据宪法，制定本法。	第一条　为保障工会在国家政治、经济和社会生活中的地位，确定工会的权利与义务，发挥工会在社会主义现代化建设事业中的作用，根据宪法，制定本法。
第二条　工会是职工自愿结合的工人阶级的群众组织。 中华全国总工会及其各工会组织代表职工的利益，依法维护职工的合法权益。	第二条　工会是**中国共产党领导的**职工自愿结合的工人阶级群众组织，**是中国共产党联系职工群众的桥梁和纽带**。 中华全国总工会及其各工会组织代表职工的利益，依法维护职工的合法权益。
第三条　在中国境内的企业、事业单位、机关中以工资收入为主要生活来源的体力劳动者和脑力劳动者，不分民族、种族、性别、职业、宗教信仰、教	第三条　在中国境内的企业、事业单位、机关、**社会组织（以下统称用人单位）**中以工资收入为主要生活来源的劳动者，不分民族、种族、性别、职

续 表

修正前	修正后
育程度，都有依法参加和组织工会的权利。任何组织和个人不得阻挠和限制。	业、宗教信仰、教育程度，都有依法参加和组织工会的权利。任何组织和个人不得阻挠和限制。 **工会适应企业组织形式、职工队伍结构、劳动关系、就业形态等方面的发展变化，依法维护劳动者参加和组织工会的权利。**
第四条　工会必须遵守和维护宪法，以宪法为根本的活动准则，以经济建设为中心，坚持社会主义道路、坚持人民民主专政、坚持中国共产党的领导、坚持马克思列宁主义毛泽东思想邓小平理论，坚持改革开放，依照工会章程独立自主地开展工作。 工会会员全国代表大会制定或者修改《中国工会章程》，章程不得与宪法和法律相抵触。 国家保护工会的合法权益不受侵犯。	第四条　工会必须遵守和维护宪法，以宪法为根本的活动准则，以经济建设为中心，坚持社会主义道路，坚持人民民主专政，坚持中国共产党的领导，坚持马克思列宁主义、毛泽东思想、邓小平理论、**“三个代表”重要思想、科学发展观、习近平新时代中国特色社会主义思想**，坚持改革开放，**保持和增强政治性、先进性、群众性**，依照工会章程独立自主地开展工作。 工会会员全国代表大会制定或者修改《中国工会章程》，章程不得与宪法和法律相抵触。 国家保护工会的合法权益不受侵犯。
第五条　工会组织和教育职工依照宪法和法律的规定行使民主权利，发挥国家主人翁的作用，通过各种途径和形式，参与管理国家事务、管理经济和文化事业、管理社会事务；协助人民政府开展工作，维护工人阶级领导的、以工农联盟为基础的人民民主专政的社会主义国家政权。	第五条　工会组织和教育职工依照宪法和法律的规定行使民主权利，发挥国家主人翁的作用，通过各种途径和形式，参与管理国家事务、管理经济和文化事业、管理社会事务；协助人民政府开展工作，维护工人阶级领导的、以工农联盟为基础的人民民主专政的社会主义国家政权。
第六条　维护职工合法权益是工会的基本职责。工会在维护全国人民总体利益的同时，代表和维护职工的合法权益。 工会通过平等协商和集体合同制度，协调劳动关系，维护企业职工劳动权益。	第六条　维护职工合法权益**、竭诚服务职工群众**是工会的基本职责。工会在维护全国人民总体利益的同时，代表和维护职工的合法权益。 工会通过平等协商和集体合同制度**等，推动健全**劳动关系**协调机制**，维护职工劳动权益**，构建和谐劳动关系。**

续　表

修正前	修正后
工会依照法律规定通过职工代表大会或者其他形式，组织职工参与本单位的民主决策、民主管理和民主监督。 工会必须密切联系职工，听取和反映职工的意见和要求，关心职工的生活，帮助职工解决困难，全心全意为职工服务。	工会依照法律规定通过职工代表大会或者其他形式，组织职工参与本单位的**民主选举、民主协商、**民主决策、民主管理和民主监督。 工会**建立联系广泛、服务职工的工会工作体系，**密切联系职工，听取和反映职工的意见和要求，关心职工的生活，帮助职工解决困难，全心全意为职工服务。
第七条　工会动员和组织职工积极参加经济建设，努力完成生产任务和工作任务。教育职工不断提高思想道德、技术业务和科学文化素质，建设有理想、有道德、有文化、有纪律的职工队伍。	第七条　工会动员和组织职工积极参加经济建设，努力完成生产任务和工作任务。教育职工不断提高思想道德、技术业务和科学文化素质，建设有理想、有道德、有文化、有纪律的职工队伍。
新增	第八条　**工会推动产业工人队伍建设改革，提高产业工人队伍整体素质，发挥产业工人骨干作用，维护产业工人合法权益，保障产业工人主人翁地位，造就一支有理想守信念、懂技术会创新、敢担当讲奉献的宏大产业工人队伍。**
第八条　中华全国总工会根据独立、平等、互相尊重、互不干涉内部事务的原则，加强同各国工会组织的友好合作关系。	第九条　中华全国总工会根据独立、平等、互相尊重、互不干涉内部事务的原则，加强同各国工会组织的友好合作关系。
第二章　工会组织	**第二章　工会组织**
第九条　工会各级组织按照民主集中制原则建立。 各级工会委员会由会员大会或者会员代表大会民主选举产生。企业主要负责人的近亲属不得作为本企业基层工会委员会成员的人选。 各级工会委员会向同级会员大会或者会员代表大会负责并报告工作，接受其监督。	第十条　工会各级组织按照民主集中制原则建立。 各级工会委员会由会员大会或者会员代表大会民主选举产生。企业主要负责人的近亲属不得作为本企业基层工会委员会成员的人选。 各级工会委员会向同级会员大会或者会员代表大会负责并报告工作，接受其监督。

续 表

修正前	修正后
工会会员大会或者会员代表大会有权撤换或者罢免其所选举的代表或者工会委员会组成人员。 上级工会组织领导下级工会组织。	工会会员大会或者会员代表大会有权撤换或者罢免其所选举的代表或者工会委员会组成人员。 上级工会组织领导下级工会组织。
第十条　企业、事业单位、机关有会员二十五人以上的，应当建立基层工会委员会；不足二十五人的，可以单独建立基层工会委员会，也可以由两个以上单位的会员联合建立基层工会委员会，也可以选举组织员一人，组织会员开展活动。女职工人数较多的，可以建立工会女职工委员会，在同级工会领导下开展工作；女职工人数较少的，可以在工会委员会中设女职工委员。 企业职工较多的乡镇、城市街道，可以建立基层工会的联合会。 县级以上地方建立地方各级总工会。 同一行业或者性质相近的几个行业，可以根据需要建立全国的或者地方的产业工会。 全国建立统一的中华全国总工会。	第十一条　**用人单位**有会员二十五人以上的，应当建立基层工会委员会；不足二十五人的，可以单独建立基层工会委员会，也可以由两个以上单位的会员联合建立基层工会委员会，也可以选举组织员一人，组织会员开展活动。女职工人数较多的，可以建立工会女职工委员会，在同级工会领导下开展工作；女职工人数较少的，可以在工会委员会中设女职工委员。 企业职工较多的乡镇、城市街道，可以建立基层工会的联合会。 县级以上地方建立地方各级总工会。 同一行业或者性质相近的几个行业，可以根据需要建立全国的或者地方的产业工会。 全国建立统一的中华全国总工会。
第十一条　基层工会、地方各级总工会、全国或者地方产业工会组织的建立，必须报上一级工会批准。 上级工会可以派员帮助和指导企业职工组建工会，任何单位和个人不得阻挠。	第十二条　基层工会、地方各级总工会、全国或者地方产业工会组织的建立，必须报上一级工会批准。 上级工会可以派员帮助和指导企业职工组建工会，任何单位和个人不得阻挠。
第十二条　任何组织和个人不得随意撤销、合并工会组织。 基层工会所在的企业终止或者所在的事业单位、机关被撤销，该工会组织相应撤销，并报告上一级工会。 依前款规定被撤销的工会，其会员的会籍可以继续保留，具体管理办法由中华全国总工会制定。	第十三条　任何组织和个人不得随意撤销、合并工会组织。 基层工会所在的**用人单位**终止或者被撤销，该工会组织相应撤销，并报告上一级工会。 依前款规定被撤销的工会，其会员的会籍可以继续保留，具体管理办法由中华全国总工会制定。

续　表

修正前	修正后
第十三条　职工二百人以上的企业、事业单位的工会，可以设专职工会主席。工会专职工作人员的人数由工会与企业、事业单位协商确定。	第十四条　职工二百人以上的企业、事业单位**、社会组织**的工会，可以设专职工会主席。工会专职工作人员的人数由工会与企业、事业单位**、社会组织**协商确定。
第十四条　中华全国总工会、地方总工会、产业工会具有社会团体法人资格。 基层工会组织具备民法通则规定的法人条件的，依法取得社会团体法人资格。	第十五条　中华全国总工会、地方总工会、产业工会具有社会团体法人资格。 基层工会组织具备民法**典**规定的法人条件的，依法取得社会团体法人资格。
第十五条　基层工会委员会每届任期三年或者五年。各级地方总工会委员会和产业工会委员会每届任期五年。	第十六条　基层工会委员会每届任期三年或者五年。各级地方总工会委员会和产业工会委员会每届任期五年。
第十六条　基层工会委员会定期召开会员大会或者会员代表大会，讨论决定工会工作的重大问题。经基层工会委员会或者三分之一以上的工会会员提议，可以临时召开会员大会或者会员代表大会。	第十七条　基层工会委员会定期召开会员大会或者会员代表大会，讨论决定工会工作的重大问题。经基层工会委员会或者三分之一以上的工会会员提议，可以临时召开会员大会或者会员代表大会。
第十七条　工会主席、副主席任期未满时，不得随意调动其工作。因工作需要调动时，应当征得本级工会委员会和上一级工会的同意。 罢免工会主席、副主席必须召开会员大会或者会员代表大会讨论，非经会员大会全体会员或者会员代表大会全体代表过半数通过，不得罢免。	第十八条　工会主席、副主席任期未满时，不得随意调动其工作。因工作需要调动时，应当征得本级工会委员会和上一级工会的同意。 罢免工会主席、副主席必须召开会员大会或者会员代表大会讨论，非经会员大会全体会员或者会员代表大会全体代表过半数通过，不得罢免。
第十八条　基层工会专职主席、副主席或者委员自任职之日起，其劳动合同期限自动延长，延长期限相当于其任职期间；非专职主席、副主席或者委员自任职之日起，其尚未履行的劳动合同期限短于任期的，劳动合同期限自动延长至任期期满。但是，任职期间个人严重过失或者达到法定退休年龄的除外。	第十九条　基层工会专职主席、副主席或者委员自任职之日起，其劳动合同期限自动延长，延长期限相当于其任职期间；非专职主席、副主席或者委员自任职之日起，其尚未履行的劳动合同期限短于任期的，劳动合同期限自动延长至任期期满。但是，任职期间个人严重过失或者达到法定退休年龄的除外。

续 表

修正前	修正后
第三章　工会的权利和义务	**第三章　工会的权利和义务**
第十九条　企业、事业单位违反职工代表大会制度和其他民主管理制度，工会有权要求纠正，保障职工依法行使民主管理的权利。 法律、法规规定应当提交职工大会或者职工代表大会审议、通过、决定的事项，企业、事业单位应当依法办理。	第二十条　企业、事业单位、**社会组织**违反职工代表大会制度和其他民主管理制度，工会有权要求纠正，保障职工依法行使民主管理的权利。 法律、法规规定应当提交职工大会或者职工代表大会审议、通过、决定的事项，企业、事业单位、**社会组织**应当依法办理。
第二十条　工会帮助、指导职工与企业以及实行企业化管理的事业单位签订劳动合同。 工会代表职工与企业以及实行企业化管理的事业单位进行平等协商，签订集体合同。集体合同草案应当提交职工代表大会或者全体职工讨论通过。 工会签订集体合同，上级工会应当给予支持和帮助。 企业违反集体合同，侵犯职工劳动权益的，工会可以依法要求企业承担责任；因履行集体合同发生争议，经协商解决不成的，工会可以向劳动争议仲裁机构提请仲裁，仲裁机构不予受理或者对仲裁裁决不服的，可以向人民法院提起诉讼。	第二十一条　工会帮助、指导职工与企业、实行企业化管理的事业单位、**社会组织**签订劳动合同。 工会代表职工与企业、实行企业化管理的事业单位、**社会组织**进行平等协商，**依法**签订集体合同。集体合同草案应当提交职工代表大会或者全体职工讨论通过。 工会签订集体合同，上级工会应当给予支持和帮助。 企业、**事业单位、社会组织**违反集体合同，侵犯职工劳动权益的，工会可以依法要求企业、**事业单位、社会组织予以改正并**承担责任；因履行集体合同发生争议，经协商解决不成的，工会可以向劳动争议仲裁机构提请仲裁，仲裁机构不予受理或者对仲裁裁决不服的，可以向人民法院提起诉讼。
第二十一条　企业、事业单位处分职工，工会认为不适当的，有权提出意见。 企业单方面解除职工劳动合同时，应当事先将理由通知工会，工会认为企业违反法律、法规和有关合同，要求重新研究处理时，企业应当研究工会的意见，并将处理结果书面通知工会。 职工认为企业侵犯其劳动权益而申请劳动争议仲裁或者向人民法院提起诉	第二十二条　企业、事业单位、**社会组织**处分职工，工会认为不适当的，有权提出意见。 **用人单位**单方面解除职工劳动合同时，应当事先将理由通知工会，工会认为**用人单位**违反法律、法规和有关合同，要求重新研究处理时，**用人单位**应当研究工会的意见，并将处理结果书面通知工会。 职工认为**用人单位**侵犯其劳动权益

续　表

修正前	修正后
讼的，工会应当给予支持和帮助。	而申请劳动争议仲裁或者向人民法院提起诉讼的，工会应当给予支持和帮助。
第二十二条　企业、事业单位违反劳动法律、法规规定，有下列侵犯职工劳动权益情形，工会应当代表职工与企业、事业单位交涉，要求企业、事业单位采取措施予以改正；企业、事业单位应当予以研究处理，并向工会作出答复；企业、事业单位拒不改正的，工会可以请求当地人民政府依法作出处理： （一）克扣职工工资的； （二）不提供劳动安全卫生条件的； （三）随意延长劳动时间的； （四）侵犯女职工和未成年工特殊权益的； （五）其他严重侵犯职工劳动权益的。	第二十三条　企业、事业单位、**社会组织**违反劳动法律法规规定，有下列侵犯职工劳动权益情形，工会应当代表职工与企业、事业单位、**社会组织**交涉，要求企业、事业单位、**社会组织**采取措施予以改正；企业、事业单位、**社会组织**应当予以研究处理，并向工会作出答复；企业、事业单位、**社会组织**拒不改正的，工会可以**提请**当地人民政府依法作出处理： （一）克扣、**拖欠**职工工资的； （二）不提供劳动安全卫生条件的； （三）随意延长劳动时间的； （四）侵犯女职工和未成年工特殊权益的； （五）其他严重侵犯职工劳动权益的。
第二十三条　工会依照国家规定对新建、扩建企业和技术改造工程中的劳动条件和安全卫生设施与主体工程同时设计、同时施工、同时投产使用进行监督。对工会提出的意见，企业或者主管部门应当认真处理，并将处理结果书面通知工会。	第二十四条　工会依照国家规定对新建、扩建企业和技术改造工程中的劳动条件和安全卫生设施与主体工程同时设计、同时施工、同时投产使用进行监督。对工会提出的意见，企业或者主管部门应当认真处理，并将处理结果书面通知工会。
第二十四条　工会发现企业违章指挥、强令工人冒险作业，或者生产过程中发现明显重大事故隐患和职业危害，有权提出解决的建议，企业应当及时研究答复；发现危及职工生命安全的情况时，工会有权向企业建议组织职工撤离危险现场，企业必须及时作出处理决定。	第二十五条　工会发现企业违章指挥、强令工人冒险作业，或者生产过程中发现明显重大事故隐患和职业危害，有权提出解决的建议，企业应当及时研究答复；发现危及职工生命安全的情况时，工会有权向企业建议组织职工撤离危险现场，企业必须及时作出处理决定。
第二十五条　工会有权对企业、事业单位侵犯职工合法权益的问题进行调	第二十六条　工会有权对企业、事业单位、**社会组织**侵犯职工合法权益的

续 表

修正前	修正后
查，有关单位应当予以协助。	问题进行调查，有关单位应当予以协助。
第二十六条　职工因工伤亡事故和其他严重危害职工健康问题的调查处理，必须有工会参加。工会应当向有关部门提出处理意见，并有权要求追究直接负责的主管人员和有关责任人员的责任。对工会提出的意见，应当及时研究，给予答复。	第二十七条　职工因工伤亡事故和其他严重危害职工健康问题的调查处理，必须有工会参加。工会应当向有关部门提出处理意见，并有权要求追究直接负责的主管人员和有关责任人员的责任。对工会提出的意见，应当及时研究，给予答复。
第二十七条　企业、事业单位发生停工、怠工事件，工会应当代表职工同企业、事业单位或者有关方面协商，反映职工的意见和要求并提出解决意见。对于职工的合理要求，企业、事业单位应当予以解决。工会协助企业、事业单位做好工作，尽快恢复生产、工作秩序。	第二十八条　企业、事业单位**、社会组织**发生停工、怠工事件，工会应当代表职工同企业、事业单位**、社会组织**或者有关方面协商，反映职工的意见和要求并提出解决意见。对于职工的合理要求，企业、事业单位**、社会组织**应当予以解决。工会协助企业、事业单位、**社会组织**做好工作，尽快恢复生产、工作秩序。
第二十八条　工会参加企业的劳动争议调解工作。 地方劳动争议仲裁组织应当有同级工会代表参加。	第二十九条　工会参加企业的劳动争议调解工作。 地方劳动争议仲裁组织应当有同级工会代表参加。
第二十九条　县级以上各级总工会可以为所属工会和职工提供法律服务。	第三十条　县级以上各级总工会**依法**为所属工会和职工提供**法律援助等**法律服务。
第三十条　工会协助企业、事业单位、机关办好职工集体福利事业，做好工资、劳动安全卫生和社会保险工作。	第三十一条　工会协助**用人单位**办好职工集体福利事业，做好工资、劳动安全卫生和社会保险工作。
第三十一条　工会会同企业、事业单位教育职工以国家主人翁态度对待劳动，爱护国家和企业的财产，组织职工开展群众性的合理化建议、技术革新活动，进行业余文化技术学习和职工培训，组织职工开展文娱、体育活动。	第三十二条　工会会同**用人单位加强对职工的思想政治引领，**教育职工以国家主人翁态度对待劳动，爱护国家和**单位**的财产**；**组织职工开展群众性的合理化建议、技术革新**、劳动和技能竞赛**活动，进行业余文化技术学习和职工培训，**参加职业教育和文化体育活动，推进职业安全健康教育和劳动保护工作**。

续　表

修正前	修正后
第三十二条　根据政府委托，工会与有关部门共同做好劳动模范和先进生产（工作）者的评选、表彰、培养和管理工作。	第三十三条　根据政府委托，工会与有关部门共同做好劳动模范和先进生产（工作）者的评选、表彰、培养和管理工作。
第三十三条　国家机关在组织起草或者修改直接涉及职工切身利益的法律、法规、规章时，应当听取工会意见。 县级以上各级人民政府制定国民经济和社会发展计划，对涉及职工利益的重大问题，应当听取同级工会的意见。 县级以上各级人民政府及其有关部门研究制定劳动就业、工资、劳动安全卫生、社会保险等涉及职工切身利益的政策、措施时，应当吸收同级工会参加研究，听取工会意见。	第三十四条　国家机关在组织起草或者修改直接涉及职工切身利益的法律、法规、规章时，应当听取工会意见。 县级以上各级人民政府制定国民经济和社会发展计划，对涉及职工利益的重大问题，应当听取同级工会的意见。 县级以上各级人民政府及其有关部门研究制定劳动就业、工资、劳动安全卫生、社会保险等涉及职工切身利益的政策、措施时，应当吸收同级工会参加研究，听取工会意见。
第三十四条　县级以上地方各级人民政府可以召开会议或者采取适当方式，向同级工会通报政府的重要的工作部署和与工会工作有关的行政措施，研究解决工会反映的职工群众的意见和要求。 各级人民政府劳动行政部门应当会同同级工会和企业方面代表，建立劳动关系三方协商机制，共同研究解决劳动关系方面的重大问题。	第三十五条　县级以上地方各级人民政府可以召开会议或者采取适当方式，向同级工会通报政府的重要的工作部署和与工会工作有关的行政措施，研究解决工会反映的职工群众的意见和要求。 各级人民政府劳动行政部门应当会同同级工会和企业方面代表，建立劳动关系三方协商机制，共同研究解决劳动关系方面的重大问题。
第四章　基层工会组织	**第四章　基层工会组织**
第三十五条　国有企业职工代表大会是企业实行民主管理的基本形式，是职工行使民主管理权力的机构，依照法律规定行使职权。 国有企业的工会委员会是职工代表大会的工作机构，负责职工代表大会的日常工作，检查、督促职工代表大会决议的执行。	第三十六条　国有企业职工代表大会是企业实行民主管理的基本形式，是职工行使民主管理权力的机构，依照法律规定行使职权。 国有企业的工会委员会是职工代表大会的工作机构，负责职工代表大会的日常工作，检查、督促职工代表大会决议的执行。

续 表

修正前	修正后
第三十六条　集体企业的工会委员会，应当支持和组织职工参加民主管理和民主监督，维护职工选举和罢免管理人员、决定经营管理的重大问题的权力。	第三十七条　集体企业的工会委员会，应当支持和组织职工参加民主管理和民主监督，维护职工选举和罢免管理人员、决定经营管理的重大问题的权力。
第三十七条　本法第三十五条、第三十六条规定以外的其他企业、事业单位的工会委员会，依照法律规定组织职工采取与企业、事业单位相适应的形式，参与企业、事业单位民主管理。	第三十八条　本法第三十**六**条、第三十**七**条规定以外的其他企业、事业单位的工会委员会，依照法律规定组织职工采取与企业、事业单位相适应的形式，参与企业、事业单位民主管理。
第三十八条　企业、事业单位研究经营管理和发展的重大问题应当听取工会的意见；召开讨论有关工资、福利、劳动安全卫生、社会保险等涉及职工切身利益的会议，必须有工会代表参加。 企业、事业单位应当支持工会依法开展工作，工会应当支持企业、事业单位依法行使经营管理权。	第三十九条　企业、事业单位**、社会组织**研究经营管理和发展的重大问题应当听取工会的意见；召开**会议**讨论有关工资、福利、劳动安全卫生、**工作时间、休息休假、女职工保护和**社会保险等涉及职工切身利益的**问题**，必须有工会代表参加。 企业、事业单位**、社会组织**应当支持工会依法开展工作，工会应当支持企业、事业单位**、社会组织**依法行使经营管理权。
第三十九条　公司的董事会、监事会中职工代表的产生，依照公司法有关规定执行。	第四十条　公司的董事会、监事会中职工代表的产生，依照公司法有关规定执行。
第四十条　基层工会委员会召开会议或者组织职工活动，应当在生产或者工作时间以外进行，需要占用生产或者工作时间的，应当事先征得企业、事业单位的同意。 基层工会的非专职委员占用生产或者工作时间参加会议或者从事工会工作，每月不超过三个工作日，其工资照发，其他待遇不受影响。	第四十一条　基层工会委员会召开会议或者组织职工活动，应当在生产或者工作时间以外进行，需要占用生产或者工作时间的，应当事先征得企业、事业单位**、社会组织**的同意。 基层工会的非专职委员占用生产或者工作时间参加会议或者从事工会工作，每月不超过三个工作日，其工资照发，其他待遇不受影响。
第四十一条　企业、事业单位、机关工会委员会的专职工作人员的工资、	第四十二条　**用人单位**工会委员会的专职工作人员的工资、奖励、补贴，

续　表

修正前	修正后
奖励、补贴，由所在单位支付。社会保险和其他福利待遇等，享受本单位职工同等待遇。	由所在单位支付。社会保险和其他福利待遇等，享受本单位职工同等待遇。
第五章　工会的经费和财产	**第五章　工会的经费和财产**
第四十二条　工会经费的来源： （一）工会会员缴纳的会费； （二）建立工会组织的企业、事业单位、机关按每月全部职工工资总额的百分之二向工会拨缴的经费； （三）工会所属的企业、事业单位上缴的收入； （四）人民政府的补助； （五）其他收入。 前款第二项规定的企业、事业单位拨缴的经费在税前列支。 工会经费主要用于为职工服务和工会活动。经费使用的具体办法由中华全国总工会制定。	第四十三条　工会经费的来源： （一）工会会员缴纳的会费； （二）建立工会组织的**用人单位**按每月全部职工工资总额的百分之二向工会拨缴的经费； （三）工会所属的企业、事业单位上缴的收入； （四）人民政府的补助； （五）其他收入。 前款第二项规定的企业、事业单位**、社会组织**拨缴的经费在税前列支。 工会经费主要用于为职工服务和工会活动。经费使用的具体办法由中华全国总工会制定。
第四十三条　企业、事业单位无正当理由拖延或者拒不拨缴工会经费，基层工会或者上级工会可以向当地人民法院申请支付令；拒不执行支付令的，工会可以依法申请人民法院强制执行。	第四十四条　企业、事业单位**、社会组织**无正当理由拖延或者拒不拨缴工会经费，基层工会或者上级工会可以向当地人民法院申请支付令；拒不执行支付令的，工会可以依法申请人民法院强制执行。
第四十四条　工会应当根据经费独立原则，建立预算、决算和经费审查监督制度。 各级工会建立经费审查委员会。 各级工会经费收支情况应当由同级工会经费审查委员会审查，并且定期向会员大会或者会员代表大会报告，接受监督。工会会员大会或者会员代表大会有权对经费使用情况提出意见。 工会经费的使用应当依法接受国家的监督。	第四十五条　工会应当根据经费独立原则，建立预算、决算和经费审查监督制度。 各级工会建立经费审查委员会。 各级工会经费收支情况应当由同级工会经费审查委员会审查，并且定期向会员大会或者会员代表大会报告，接受监督。工会会员大会或者会员代表大会有权对经费使用情况提出意见。 工会经费的使用应当依法接受国家的监督。

续 表

修正前	修正后
第四十五条　各级人民政府和企业、事业单位、机关应当为工会办公和开展活动，提供必要的设施和活动场所等物质条件。	第四十六条　各级人民政府和**用人单位**应当为工会办公和开展活动，提供必要的设施和活动场所等物质条件。
第四十六条　工会的财产、经费和国家拨给工会使用的不动产，任何组织和个人不得侵占、挪用和任意调拨。	第四十七条　工会的财产、经费和国家拨给工会使用的不动产，任何组织和个人不得侵占、挪用和任意调拨。
第四十七条　工会所属的为职工服务的企业、事业单位，其隶属关系不得随意改变。	第四十八条　工会所属的为职工服务的企业、事业单位，其隶属关系不得随意改变。
第四十八条　县级以上各级工会的离休、退休人员的待遇，与国家机关工作人员同等对待。	第四十九条　县级以上各级工会的离休、退休人员的待遇，与国家机关工作人员同等对待。
第六章　法律责任	**第六章　法律责任**
第四十九条　工会对违反本法规定侵犯其合法权益的，有权提请人民政府或者有关部门予以处理，或者向人民法院提起诉讼。	第五十条　工会对违反本法规定侵犯其合法权益的，有权提请人民政府或者有关部门予以处理，或者向人民法院提起诉讼。
第五十条　违反本法第三条、第十一条规定，阻挠职工依法参加和组织工会或者阻挠上级工会帮助、指导职工筹建工会的，由劳动行政部门责令其改正；拒不改正的，由劳动行政部门提请县级以上人民政府处理；以暴力、威胁等手段阻挠造成严重后果，构成犯罪的，依法追究刑事责任。	第五十一条　违反本法第三条、第十二条规定，阻挠职工依法参加和组织工会或者阻挠上级工会帮助、指导职工筹建工会的，由劳动行政部门责令其改正；拒不改正的，由劳动行政部门提请县级以上人民政府处理；以暴力、威胁等手段阻挠造成严重后果，构成犯罪的，依法追究刑事责任。
第五十一条　违反本法规定，对依法履行职责的工会工作人员无正当理由调动工作岗位，进行打击报复的，由劳动行政部门责令改正、恢复原工作；造成损失的，给予赔偿。 对依法履行职责的工会工作人员进行侮辱、诽谤或者进行人身伤害，构成犯罪的，依法追究刑事责任；尚未构成	第五十二条　违反本法规定，对依法履行职责的工会工作人员无正当理由调动工作岗位，进行打击报复的，由劳动行政部门责令改正、恢复原工作；造成损失的，给予赔偿。 对依法履行职责的工会工作人员进行侮辱、诽谤或者进行人身伤害，构成犯罪的，依法追究刑事责任；尚未构成

续　表

修正前	修正后
犯罪的，由公安机关依照治安管理处罚法的规定处罚。	犯罪的，由公安机关依照治安管理处罚法的规定处罚。
第五十二条　违反本法规定，有下列情形之一的，由劳动行政部门责令恢复其工作，并补发被解除劳动合同期间应得的报酬，或者责令给予本人年收入二倍的赔偿： （一）职工因参加工会活动而被解除劳动合同的； （二）工会工作人员因履行本法规定的职责而被解除劳动合同的。	第五十三条　违反本法规定，有下列情形之一的，由劳动行政部门责令恢复其工作，并补发被解除劳动合同期间应得的报酬，或者责令给予本人年收入二倍的赔偿： （一）职工因参加工会活动而被解除劳动合同的； （二）工会工作人员因履行本法规定的职责而被解除劳动合同的。
第五十三条　违反本法规定，有下列情形之一的，由县级以上人民政府责令改正，依法处理： （一）妨碍工会组织职工通过职工代表大会和其他形式依法行使民主权利的； （二）非法撤销、合并工会组织的； （三）妨碍工会参加职工因工伤亡事故以及其他侵犯职工合法权益问题的调查处理的； （四）无正当理由拒绝进行平等协商的。	第五十四条　违反本法规定，有下列情形之一的，由县级以上人民政府责令改正，依法处理： （一）妨碍工会组织职工通过职工代表大会和其他形式依法行使民主权利的； （二）非法撤销、合并工会组织的； （三）妨碍工会参加职工因工伤亡事故以及其他侵犯职工合法权益问题的调查处理的； （四）无正当理由拒绝进行平等协商的。
第五十四条　违反本法第四十六条规定，侵占工会经费和财产拒不返还的，工会可以向人民法院提起诉讼，要求返还，并赔偿损失。	第五十五条　违反本法第四十七条规定，侵占工会经费和财产拒不返还的，工会可以向人民法院提起诉讼，要求返还，并赔偿损失。
第五十五条　工会工作人员违反本法规定，损害职工或者工会权益的，由同级工会或者上级工会责令改正，或者予以处分；情节严重的，依照《中国工会章程》予以罢免；造成损失的，应当承担赔偿责任；构成犯罪的，依法追究刑事责任。	第五十六条　工会工作人员违反本法规定，损害职工或者工会权益的，由同级工会或者上级工会责令改正，或者予以处分；情节严重的，依照《中国工会章程》予以罢免；造成损失的，应当承担赔偿责任；构成犯罪的，依法追究刑事责任。

续 表

修正前	修正后
第七章　附　则	**第七章　附　则**
第五十六条　中华全国总工会会同有关国家机关制定机关工会实施本法的具体办法。	第五十七条　中华全国总工会会同有关国家机关制定机关工会实施本法的具体办法。
第五十七条　本法自公布之日起施行。1950 年 6 月 29 日中央人民政府颁布的《中华人民共和国工会法》同时废止。	第五十八条　本法自公布之日起施行。1950 年 6 月 29 日中央人民政府颁布的《中华人民共和国工会法》同时废止。

第二部分 工会法知识问答

1 本次工会法修改的主要背景是什么？

《中华人民共和国工会法》（以下简称工会法）是我国一部重要的基本法律，对于保障工会在国家政治、经济、社会生活中的地位，充分发挥工会作为党联系职工群众的桥梁和纽带以及国家政权重要社会支柱作用，具有十分重大的意义。现行工会法于 1992 年公布施行。工会法实施以来，为各级工会履行团结引导职工群众听党话、跟党走的政治责任提供了有力法律武器，促进了工人阶级主力军作用的发挥，在维护职工合法权益、构建和谐劳动关系、促进经济社会发展等方面发挥了重要作用。2001 年和 2009 年，工会法先后两次作了修改。总体上看，工会法全面规定了工会的性质、地位、权利、义务，明确了保障工会履职尽责的政治保障、行政保障、司法保障及社会保障，整体上是科学完备的，但自 2001 年修改至今（2009 年是技术性修改），已经过了 20 多年。20 多年来，特别是党的十八大以来，我国经济、政治、社会、文化等领域发生了历史性变革，取得了历史性成就，中国特色社会主义进入了新时代，我国发展已经站在了新的历史方位。工会工作的对象、领域、任务、方式、环境发生许多新的变化，面临新的机遇和挑战。

习近平新时代中国特色社会主义思想已经写入党章、宪法，是党和国家长期坚持的指导思想，也是工会组织和工会工作必须长期坚持的指导思想。习近平总书记对坚持党对工会工作的领导提出明确要求，指出工会要认真履行维护职工合法权益、竭诚服务职工群众的基本职责，构建联系广泛、服务职工的工会工作体系。在中央党的群团工作会议上，习近平总书记强调，要切实保持和增强党的群团组织的政治性、先进性、群众性。习近平总书记指示和党中央部署，对修改工会法提出了新要求。工会法实施以来国家法制建设取得的新进展，各级工会在推进产业工人队伍建设改革和工会改革中积累的经验，也有必要通过修改工会法予以衔接和确认。工会是党领导下的国家治理体系的重要环节，作为规范工会组织和工会工作的基本法律，工会法亟须适应时代要求、回应职工期盼，作进一步修改完善。

2 本次工会法修改有什么重大意义？

工会法修改的重大意义主要体现在以下四个方面：

（1）工会法修改是深入贯彻落实习近平新时代中国特色社会主义思想的必然要求。习近平新时代中国特色社会主义思想已经写入党章、宪法，成为党和国家长期坚持的指导思想，也是工会组织和工会工作必须长期坚持的指导思想。通过工会法修改，进一步明确中国共产党对工会的领导，明确将习近平新时代中国特色社会主义思想确立为工会工作的指导思想，将习近平总书记和党中央对工会工作提出的根本要求通过立法形式确定下来，有利于工会组织和工会干部深入学习贯彻习近平新时代中国特色社会主义思想，学习贯彻习近平总书记关于工人阶级和工会工作的重要论述，深刻领悟“两个确立”的决定性意义，不断增强“四个意识”、坚定“四个自信”、做到“两个维护”，通过扎实有效的工作，把党中央决策部署全面具体落实到工会各项工作中去，团结引导广大职工听党话、跟党走。

（2）工会法修改是工会围绕中心服务大局的时代要求。进入新发展阶段、贯彻新发展理念、构建新发展格局、推动高质量发展，对工会工作围绕中心服务大局赋予新使命、提出新要求。实现高质量发展，加快推进产业结构转型升级，促进产业结构深度调整，迫切需要一支高素质职工队伍。通过工会法修改，明确新时期产业工人队伍建设改革的任务、内容和目标，进一步拓展工会的基本职责，赋予工会更多参与国家和社会治理的机制和手段，有利于工会围绕中心服务大局，在推动经济高质量发展中展现新作为、作出新贡献。

（3）工会法修改是工会落实全面依法治国基本方略的必然要求。依法治国是党领导人民治理国家的基本方略。党的十八大以来，以习近平同志为核心的党中央明确提出全面依法治国，并将其纳入“四个全面”战略布局予以推进。工会组织是推动全面依法治国的重要力量。修改工会法，是以习近平法治思想为指导，推动国家立法与时俱进、引领工会工作创新发展的生动实践，是工会组织参与国家法治建设、推动工会工作法治化的重要举措。通过工会法修改，进一步明确工会的政治责任、法律地位和工作职责，强化依法行使权利、依法开展工作的法律保障，有利于把工会工作融入全面依法治国总体部署，带动职工群众办事依法、遇事找法、解决问题用法、化解矛盾靠法，切实维护好职工的经济、政治、文化、社会权益，维护职工队伍团结统一和社会和谐稳定。

（4）工会法修改是进一步完善工会法律制度体系的内在要求。习近平总书记 2020 年 11 月 24 日在全国劳动模范和先进工作者表彰大会上强调，要健全党政主导的维权服务机制，完善政府、工会、企业共同参与的协商协调机制，健全劳动法律法规体系，为维护工人阶级和广大劳动群众合法权益提供法律和制度保障。工会法是各级工会依法建会、依法管会、依法履职、依法维权的重要依据和法治保障。通过工会法修改，扩大工会组织覆盖面，完善工会参与协调劳动关系的制度机制，实现与其他相关法律有机衔接，有利于促进我国工会法律制度体系更加科学完备，提升依法开展工作的主动性、自觉性，为工会有效应对新挑战、解决新问题提供法治源头上的坚实支撑。

3 工会法制定修改的主要过程是什么？

1950 年 6 月 29 日由中央人民政府颁布的工会法，是新中国成立后最早出台的三部法律之一。1950 年工会法对于明确工会在新民主主义国家政权下的法律地位与职责，使全国工人阶级更好地组织起来，发挥其在新民主主义建设中的应有作用，具有重要意义。1978 年党的十一届三中全会后，中华全国总工会即着手推动对 1950 年工会法的修改。由于国家各项改革正在进行当中，工会法修改进展缓慢。到 20 世纪 90 年代初，立法步伐明显加快。1992 年 4 月 3 日，第七届全国人民代表大会第五次会议审议通过了新的工会法，1950 年工会法同时废止。随着经济社会不断发展，特别是社会主义市场经济体制的建立，职工队伍状况和劳动关系发生了重大变化，对工会法修改提出新要求。1998 年 12 月，第九届全国人民代表大会将修改工会法列入立法规划。1999 年初，组成了由全国人大常委会法工委牵头、全国人大内司委和全国总工会参加的起草小组，开始起草工会法修正案（草案）。之后，工会法修改列入全国人大常委会 2001 年立法计划。2001 年 10 月 27 日，全国人大常委会审议通过了关于修改工会法的决定。2009 年，全国人大常委会对工会法作了一处技术性修改，将原第五十一条中的“治安管理处罚条例”修改为“治安管理处罚法”。

2019 年以来，全国人大常委会法工委和全国总工会密切沟通，围绕工会法修改作了比较充分的准备工作。2019 年上半年，全国总工会在全国范围内开展了工会法实施情况专题调研，广泛听取了社会各方面和各级工会组织、广大职工群众对工会法实施情况及修改完善工会法的意见建议，在此基础上形成修正草案建议稿，此后几经修改完善。全国总工会专门就工会法修改及修改的重要内容向党中央请示，党中央同意全国总工会建议。2021 年 4 月，工会法修改列入全国人大常委会 2021 年立法工作计划。2021 年 8 月之后，全国人大常委会法工委会同全国总工会按照中央要求，开展了调研，并征求中央有关部门及部分地方意见，反复修改完善，形成了《中华人民共和国工会法（修正草案）》。2021 年 11 月 5 日，第十三届全国人民代表大会常务委员会第一百零五次委员长会议审议通过了法工委在全国总工会建议稿基础上修改完善，代委员长会议形成的《中华人民共和国工会法（修正草案）》的议案代拟稿。法工委结合征求地方及中央有关部门意见情况和全国总工会意见建议，对修正草案进一步修改完善，于11月29日提请委员长会议审议。12月24日，第十三届全国人民代表大会第三十二次会议审议通过关于修改《中华人民共和国工会法》的决定，自2022年1月1日起施行。

4 工会法的立法宗旨和立法依据是什么？

工会法的立法宗旨主要体现在以下三个方面：

（1）保障工会在国家政治、经济和社会生活中的地位。工会在国家政治、经济和社会生活中所处的位置共同构建了工会的地位，这种地位是由法律规定的工会的权利义务所确定的，是通过工会在政治、经济和广泛的社会生活中所发挥的作用而实现的。

工会在政治生活中的地位，主要指工会是我国重要的社会政治团体，是国家政治体系中不可缺少的重要组成部分。工人阶级是党的阶级基础，是国家的领导阶级，其领导地位由本阶级的先锋队组织中国共产党的领导地位集中体现。坚持和发展中国特色社会主义，必须坚持党的领导，必须坚持全心全意依靠工人阶级方针，巩固工人阶级的领导阶级地位，保证工会在国家政治体系中的重要社会政治团体的地位。工会是国家政权的重要社会支柱，社会主义国家必须依靠最广大职工群众的支持，并以职工群众为基础才能得到巩固，而工会正是提供这种群众基础的重要组织。人民当家作主是社会主义民主政治的本质特征，社会主义民主政治的一个最基本的要素，就是保障广大职工的政治地位和民主权利，保障和不断发展广大职工依法、有序、广泛参与管理国家事务和社会事务、管理经济和文化事业。在这个过程中，作为职工代表的工会，从法律上对工会地位予以保障，是必然要求。

工会在经济生活中的地位，是指工会在社会经济关系中所处的具体地位。在社会主义市场经济条件下，工会的地位主要通过其对劳动关系的影响而体现。工会产生于社会经济关系和社会经济矛盾之中，并在其中发挥作用，作为社会经济构成的一个基本要素直接参与这种经济关系运行。在市场经济中，如果缺少工会这一要素，或这一要素的作用不能正常发挥，就会影响社会经济关系正常运行，影响社会经济矛盾有效调节。我国工会在经济关系中的地位集中体现在它是劳动关系中劳动者一方合法权益的代表。而在社会经济关系和劳动关系中，劳动者是不可或缺的基本要素。工会作为协调劳动关系的重要组织，是推进改革、促进经济发展、维护社会稳定的重要力量。工会的地位还表现在劳动争议处理上，在参与处理劳动争议过程中，工会是帮助职工群众解决实际问题和沟通情况、化解矛盾的重要角色。随着我国劳动关系市场化程度越来越高，工会在其中的作用和地位也越来越突出。而这种作用和地位，需要从法律上加以保障，这是保障职工合法权益、保持劳动关系和谐稳定的必然要求。

工会在社会生活中的地位，主要是指工会作为社会团体在现实而广泛的社会生活中的影响力和声望。工会是职工合法权益的代表者和维护者。这里的合法权益，主要是指与其职工这一身份直接相关的劳动经济权益、民主政治权益、精神文化权益，但在这些权益之外，职工作为公民的权益，工会组织也应当给予关注。工会应该关心并参与广泛的社会生活，表达职工对于其社会权益的意愿和关切，为推动社会全面发展发挥其应有作用。

（2）确定工会的权利与义务。我国推进全面依法治国方略，一方面要求进一步完善社会主义法治，另一方面要求包括国家机关、企业事业单位、社会组织和公民个人在内的所有主体都应依法行事，即在法律的范围内进行活动。工会作为群众组织也必须在法律规定的范围内活动，享有法律赋予的权利，履行法律规定的义务。工会法是调整工会活动关系的法律。它为保障工会在国家政治、经济和社会生活中的地位和作用，赋予了工会广泛、具体的权利，同时也规定了相应的责任和义务。工会法确立的工会的权利和义务，主要包括：

维护职工的民主权利；帮助、指导职工与企业、实行企业化管理的事业单位、社会组织签订劳动合同，代表职工与企业、实行企业化管理的事业单位以及社会组织进行平等协商，签订集体合同并监督集体合同的履行；对企业、事业单位、社会组织处分职工，工会认为不适当的，有权提出意见；对企业、事业单位、社会组织违反劳动法律法规规定，严重侵犯职工合法权益的，工会应当代表职工与企业、事业单位、社会组织交涉；工会有权对危及职工生命安全的情况提出解决的建议；企业、事业单位、社会组织发生停工、怠工事件，工会应当代表职工同企业、事业单位、社会组织或者有关方面协商，反映职工的意见和要求并提出解决意见；工会有权参加劳动争议调解和仲裁工作，有权为其所属的工会和职工提供法律援助等法律服务；建立联系广泛、服务职工的工会工作体系，密切联系职工，听取和反映职工的意见和要求，关心职工生活，帮助职工解决困难，全心全意为职工服务；动员和组织职工积极参加建设和改革，努力促进经济、政治、文化、社会和生态文明建设；代表和组织职工参与国家和社会事务管理，参与涉及职工切身利益的相关立法和政策的制定，参与所在单位的民主选举、民主协商、民主决策、民主管理和民主监督；加强对职工的思想政治引领，教育职工以国家主人翁态度对待劳动，爱护国家和单位的财产；组织职工开展群众性的合理化建议、技术革新、劳动和技能竞赛活动，进行业余文化技术学习和职工培训，参加职业教育和文化体育活动，推进职业安全健康教育和劳动保护工作；推动产业工人队伍建设改革，提高产业工人队伍整体素质，发挥产业工人骨干作用，维护产业工人合法权益，保障产业工人主人翁地位，造就一支有理想守信念、懂技术会创新、敢担当讲奉献的宏大产业工人队伍；根据政府委托，与有关部门共同做好劳动模范和先进生产（工作）者的评选、表彰、培养和管理服务工作。工会法明确了工会的权利和义务，为更好发挥工会在社会主义现代化建设事业中的作用提供了依据和保障。

（3）发挥工会在社会主义现代化建设事业中的作用。中国特色社会主义进入新时代，立足新发展阶段，贯彻新发展理念，构建新发展格局，推动高质量发展，工会必将承担更艰巨的任务，发挥更重要的作用。这是党的重托，是职工群众的期望。我国正处于转变发展方式、优化经济结构、转换增长动力的攻关期，劳动关系领域面临很多新情况新问题，更好保障广大职工的劳动权利、经济利益、政治地位、民主权利等，是党的要求、职工的期盼。新的历史时期，党需要工会组织更加重视职工利益，反映职工诉求，更加密切与职工群众的联系，充分发挥党联系职工群众的桥梁和纽带作用，团结引导职工群众听党话、跟党走。职工群众需要工会敢于和善于为自己说话办事，更好地代表和维护自己的合法权益与合理利益，充分发挥民主渠道和社会调节作用。当前，我国社会主要矛盾已经转化为人民日益增长的美好生活需要和不平衡不充分的发展之间的矛盾。职工队伍规模不断壮大、结构深刻变化，同时在收入分配、利益诉求、价值取向、思想观念等方面呈现日益多样化、差异化的新特征。这就要求工会组织坚持以职工为中心的工作导向，深化对职工队伍发展变化特点与规律的认识，研究解决职工在劳动经济、精神文化、民主法治、公平公正、安全环境等方面多样化的需求，协调不同职工群体之间的利益关系，更好地促进职工体面劳动、舒心工作、全面发展。特别是随着新一轮科技革命和产业变革不断深入，数字经济、共享经济等蓬勃兴起，企业组织形式、管理模式、生产经营方式及用工方式等发生深刻变化，劳动关系的确立与运行、职工权益的维护和保障，面临许多新情况新问题，要求工会组织把推动构建中国特色和谐劳动关系作为重点工作，及时研究劳动关系的新动向、新特征和新问题，积极化解劳动关系矛盾，组织动员职工积极参与社会治理，构建企业与职工命运共同体，维护职工队伍团结统一与社会和谐稳定，在完善社会治理体制与提高社会治理水平中发挥工会的优势和作用。

工会法的立法依据是《中华人民共和国宪法》（以下简称宪法）。宪法是国家的根本大法，规定国家的根本制度和原则，具有最高的法律效力，是一切立法的依据和准则。根据宪法规定，我国是工人阶级领导的、以工农联盟为基础的人民民主专政的社会主义国家，人民依照法律规定，通过各种途径和形式，管理国家事务，管理经济和文化事业，管理社会事务。工会法的任务就是以宪法为依据，总结实践经验，将工会的性质、地位、权利、义务、职能等纳入法治轨道，以最大限度保护职工合法权益，最大限度保障社会主义现代化建设事业的顺利进行，最大限度保障我国人民民主专政的政权性质。

5 如何理解我国工会的性质？

工会的性质，是指工会的本质属性或本质特征。我国工会的性质，即工会是中国共产党领导的职工自愿结合的工人阶级群众组织，是中国共产党联系职工群众的桥梁和纽带。这一规定表明了中国工会具有政治性、先进性、群众性相统一的本质特征。

本次工会法修改在工会法第二条第一款“职工自愿结合”前增加了“中国共产党领导的”，并在本款新增加了“是中国共产党联系职工群众的桥梁和纽带”的表述，这是对中国工会强化党的领导、突出其政治属性的进一步明确。

工会必须坚持党的领导。增加“中国共产党领导的”，从法律上确定了坚持党的领导是工会工作的根本要求和政治保证，为工会坚持正确政治方向，自觉接受党的领导，贯彻党的意志和主张，在思想上政治上行动上始终同以习近平同志为核心的党中央保持高度一致，提供了坚强的法律保障。中国特色社会主义最本质的特征是中国共产党领导，中国特色社会主义制度的最大优势是中国共产党领导。坚持中国特色社会主义制度，最根本的是坚持中国共产党的领导。中国工会具有社会主义性质，是党领导的工人阶级群众组织。受社会意识形态、政治经济制度、历史文化传统、社会发展阶段等影响，中国工会在产生、性质、地位、职能、组织体制等方面，都有自身特点，与其他国家工会特别是西方工会有着本质区别和显著不同。工会工作是党的群团工作、群众工作的重要组成部分，坚持党对工会工作的领导，是做好工会工作的政治原则和根本保证。工会必须从自身性质和特点出发，把贯彻党的主张和反映职工群众的愿望紧密结合起来，在政治上坚持党指引的方向，在思想上以党的理论武装头脑，在组织上接受党委领导，通过工会的决议、政策等，把党的理论和路线方针政策以及党委决策部署转化为工会组织和广大职工的自觉行动，把职工群众紧密团结在党的周围。

工会是工人阶级的群众组织。一方面，工会会员必须是工人阶级成员；另一方面，工会会员的构成仅限于工人阶级范围之内。这就表明，工会具有鲜明的阶级性，工人阶级是工会的阶级基础。工会必须维护工人阶级利益。我国是工人阶级领导的社会主义国家，维护国家利益，巩固人民民主专政是工人阶级义不容辞的责任。工会作为工人阶级群众组织，虽然它维护的重点是工人阶级群众的具体利益，但必须把维护总体利益和维护具体利益结合起来。工会是群众组织，群众性是其自然属性。工会组织的群众性是其区别于国家机关的显著特征，这一特性决定了工会无论是建立组织、吸纳会员或开展其他任何工作，都必须立足职工特点、围绕职工所需、号召和组织广大职工广泛参与。

工会要始终做党联系职工群众的桥梁和纽带。工会是党直接领导的群众组织，承担着组织动员广大职工为完成党的中心任务而共同奋斗的重大责任。各级工会必须牢牢把握为实现中华民族伟大复兴的中国梦而奋斗的时代主题，紧紧围绕党和国家工作大局，组织动员广大职工走在时代前列，在改革发展稳定第一线建功立业。以先进引领后进，以文明进步代替蒙昧落后，以真善美抑制假恶丑，教育引导广大职工不断提高思想觉悟和道德水平，坚定走中国特色社会主义道路，自觉践行社会主义核心价值观，真正成为党执政的坚实依靠力量、强大支持力量、深厚社会基础。必须始终站在党和人民的立场上，坚持为党分忧、为民谋利，把思想政治工作贯穿所开展的各项活动中，多做组织职工、宣传职工、教育职工、引导职工的工作，多做统一思想、凝聚人心、化解矛盾、增进感情、激发动力的工作。必须旗帜鲜明讲政治，切实增强“四个意识”，坚定“四个自信”，做到“两个维护”，始终在思想上政治上行动上同以习近平同志为核心的党中央保持高度一致。必须认真履行工会政治责任，充分发挥党联系职工群众的桥梁和纽带作用，团结引导亿万职工群众坚定不移听党话、矢志不渝跟党走。

工会是职工群众自愿结合的组织。这是工会组织群众性的重要体现。工会不是按照某种指令组织起来的，而是职工群众为了谋求共同利益、实现共同愿望自觉自愿地组织起来的群众团体。工会组织的自愿性包括两个方面：一是坚持职工自愿入会的原则；二是工会组织或者开展的一切活动，必须适合大多数职工群众，建立在职工群众自觉自愿的基础之上。

6 为什么要坚持中国共产党对工会的领导？

中国特色社会主义最本质的特征是中国共产党领导，中国特色社会主义制度的最大优势是中国共产党领导，中国共产党是最高政治领导力量。坚持中国特色社会主义制度，最根本的是坚持中国共产党的领导。本次工会法修改的一个鲜明特点是突出坚持党的领导。其中第二条第一款修改为“工会是中国共产党领导的职工自愿结合的工人阶级群众组织，是中国共产党联系职工群众的桥梁和纽带”。把工会坚持党的领导写入工会法，是贯彻习近平新时代中国特色社会主义思想，特别是习近平总书记关于工人阶级和工会工作的重要论述的必然要求，是切实加强党对工会工作的领导，保持和增强工会组织政治性、先进性、群众性的有力保障。

马克思主义经典作家认为，工会是工人的阶级联合的初级形式，是工人阶级最广泛的群众组织，是无产阶级政党进行革命活动的“基地”，是争取无产阶级革命胜利的重要依靠力量；工人阶级政党则是工人的阶级联合的最高形式，是由工人阶级中最有觉悟的先进分子组成、以科学理论武装、具有极严格的铁的纪律的工人阶级先锋队，负有在政治上统一领导工会等工人阶级组织的重要责任。工人阶级要完成自己的历史使命，必须靠工人阶级政党来加强领导，必须靠工会来巩固团结。

党的十八大以来，习近平总书记多次就工会自觉接受党的领导作出重要指示、提出明确要求，强调“工会工作是党的群团工作、群众工作的重要组成部分，是党治国理政的一项经常性、基础性工作”，“工会工作做得好不好、有没有取得明显成效，关键看有没有坚持正确政治方向。坚持正确政治方向，一言以蔽之，就是要坚持中国共产党领导和社会主义制度”。因此，自觉接受党的领导是中国工会不可动摇的政治原则，也是中国工运事业和工会工作从胜利走向胜利的根本保证。中国工会接受中国共产党的领导，是历史的选择，也是中国工会的优良传统和政治优势。

从历史经验看，中国工会是在中国共产党直接领导下的中国工人运动蓬勃发展的基础上诞生的。1920 年 11 月，在上海共产主义小组领导下，成立了上海机器工会，这是党领导工人阶级建立的第一个工会组织。1921 年 7 月，我们党成立后通过的《中国共产党第一个纲领》和《中国共产党第一个决议》，对领导工人运动作出部署。从 1925 年中华全国总工会成立至今，无论是在中国革命、建设、改革开放时期，还是进入新时代以来，中国工会始终把自觉接受中国共产党的领导作为根本政治原则，在党的领导下创造性地开展工作，作出了重大贡献，谱写了壮丽篇章。一部中国工会运动史，就是一部中国共产党领导中国工会运动的历史，党的领导是贯穿于中国工会运动始终的一条主线，并赋予了中国工会运动以鲜明的时代特征。历史经验表明，党的正确领导是工运事业和工会工作胜利前进的根本法宝，只有坚持党的领导，工运事业和工会工作才能方向明确、不走偏路，才能蓬勃发展，反之就会遭受挫折。因此，只有坚持自觉接受党的领导，在思想上政治上行动上同以习近平同志为核心的党中央保持高度一致，坚决贯彻党的路线方针政策和决策部署，工会工作才能始终坚持正确的政治方向，工运事业才能永葆生机和活力。

坚持党的领导是具体的而不是抽象的，不仅是重大理论问题，也是重大实践问题。在中央党的群团工作会议上，习近平总书记提出保持和增强群团工作和群团组织政治性、先进性、群众性的要求。这“三性”抓住了群团工作的本质属性，确立了群团组织的基本定位，深刻回答了群团事业坚持什么原则、朝着什么目标努力的问题。因此，从实践逻辑的角度看，坚持党的领导，不仅是政治立场和政治原则，也是工作准则和具体要求，其焦点必须集中到保持和增强“三性”上，做到所有工作、所有活动、所有服务都在增强“三性”的要求下进行。

在工会法修改中突出坚持党的领导，强调加强“保持和增强政治性、先进性、群众性”，为工会工作改革创新指明了方向，提供了法律保障，也为新时代工会工作改革创新注入了强大动力。引导广大职工群众听党话、跟党走，巩固党执政的阶级基础和群众基础，是工会的政治责任。对工会组织来说，离开党的领导，就会丢掉灵魂、迷失方向。坚持党的领导，增强“四个意识”，坚定“四个自信”，拥护“两个确立”，做到“两个维护”，切实提高工会组织政治判断力、政治领悟力、政治执行力，既是做好工会工作的根本保证，也是党赋予工会的政治使命。

7 如何理解工会的桥梁和纽带作用？

党和工会的关系，本质上是工人阶级的先锋队和工人阶级群众组织之间的关系。这种关系是由党和工会的性质决定的。中国共产党是中国工人阶级的先锋队，同时是中国人民和中华民族的先锋队，是中国特色社会主义事业的领导核心。工会是党领导的工人阶级群众组织，是党联系职工群众的桥梁与纽带。党通过工会的桥梁和纽带作用，通过工会全面履行各项职能，组织、动员和团结广大工人阶级群众，投身和服务于党的中心工作，实现党的奋斗目标。

社会主义国家的领导阶级是工人阶级，其领导地位由本阶级的先锋队组织——共产党集中体现。党的领导代表了工人阶级的利益、意志、愿望和要求，党的领导地位体现了工人阶级的领导地位。党是由工人阶级中的先进分子所组成的，党的正确领导从来都离不开自己的阶级基础。工人阶级作为党的阶级基础要通过一定的组织形式发挥作用。工会是工人阶级最为广泛的组织形式，必须发挥好党联系职工群众的桥梁和纽带作用。工会自觉接受党的领导，必须从自身的性质和特点出发，把贯彻党的主张和反映职工群众的愿望紧密结合起来，在政治上坚持党指引的方向，在思想上以党的理论武装头脑，在组织上接受党委的领导，通过工会的决议、政策等，把党的理论和路线方针政策以及党委决策部署真正转化为工会组织和广大职工群众的自觉行动，把职工群众紧密团结在党的周围，始终做党联系职工群众的桥梁和纽带。

8 如何理解工会代表职工利益、依法维护职工合法权益？

工会法第二条第二款规定，中华全国总工会及其各级工会组织代表职工的利益，依法维护职工的合法权益。对此，可以从以下三个方面理解：

（1）在市场经济条件下，和谐稳定的劳动关系是经济健康运转和经济活力不断增强的必要条件。劳动关系是最基础的社会关系。劳动关系中的劳动者是社会的人，他们有人格尊严、有利益诉求、有思想感情。与此同时，劳动者又是相对分散的。这就要求有一个代表劳动者利益的组织来参与劳动关系的协调，这是工会存在的基本意义。工会以劳动者代表的身份参与协调劳动关系，一方面可以保护劳动者的合法权益，另一方面可以推动建立和谐稳定的劳动关系，调动劳动者的生产积极性，促进经济社会健康发展。特别是随着改革开放不断深入和社会主义市场经济进一步发展，社会经济成分、组织形式、就业方式、利益关系和分配方式日益多样化，经济关系、劳动关系日趋复杂化，劳动关系领域的矛盾相对突出，工会调整劳动关系、维护职工合法权益任务更加重大。在这种形势下，党更加需要工会时刻关心职工群众，维护职工合法权益，进一步密切与职工群众的联系，更好地发挥党联系职工群众的桥梁和纽带作用。各级政府和企业更加需要工会及时反映职工群众的意见诉求，更好地协调劳动关系，调处劳动争议，团结广大职工完成各项任务，促进企业发展。同时，更加需要工会从职工的利益出发，敢于和善于为职工说话办事，更好地代表和维护职工的合法权益，保护和调动职工的积极性。

（2）党的十九大报告指出，我国社会主要矛盾的变化，没有改变对我国社会主义所处历史阶段的判断，我国仍处于并将长期处于社会主义初级阶段的基本国情没有变，我国是世界最大发展中国家的国际地位没有变。我国宪法规定，国家在社会主义初级阶段，坚持公有制为主体、多种所有制经济共同发展的基本经济制度，坚持按劳分配为主体、多种分配方式并存的分配制度。在这样的大背景下，职工群众在就业、工资、工时、社会保险、生活福利等方面的具体利益需要充分表达，也需要得到切实维护，作为工人阶级群众组织的工会，必须承担起这一重要责任。

（3）目前，有法不依、执法不严的现象还不同程度存在，职工群众的合法权益和民主权利受到漠视和侵犯的问题仍有发生，这不仅需要国家的法律保护，也需要工会忠实履行自己的职责，依法维护好职工的合法权益。

9 参加和组织工会是何种性质的权利？

从权利的类型看，参加和组织工会的权利是一种结社权。结社权是指公民享有为了一定的宗旨而依照法律规定的程序参加或者组建某种社会团体（或者组织）的权利，并享有以该社会团体（或者组织）或者其成员的名义依法开展活动的权利和自由。结社权是一项宪法权利。我国宪法第三十五条明确规定，中华人民共和国公民有言论、出版、集会、结社、游行、示威的自由。依据宪法规定，结社权是我国公民所享有的一项基本政治权利和自由。公民依法行使结社权，任何组织或者个人不得阻挠和限制，否则就违反了宪法规定。

工会法第三条规定，在中国境内的企业、事业单位、机关、社会组织（以下统称用人单位）中以工资收入为主要生活来源的劳动者，不分民族、种族、性别、职业、宗教信仰、教育程度，都有依法参加和组织工会的权利。任何组织和个人不得阻挠和限制。这是结社权在工会法上的体现，是对劳动者参加和组织工会这一结社权作出的具体规定，即在中国境内的用人单位中以工资收入为主要生活来源的劳动者，都有依法参加和组织工会的权利，任何组织和个人不得阻挠和限制。所谓参加工会，是指劳动者可以依法申请加入已经成立于各用人单位之内的基层工会或者这些单位之外的基层工会联合会。所谓组织工会，是指劳动者可以依法在用人单位中组建基层工会委员会或者可以在这些单位之外联合组建基层工会联合会。

上文所说的基层工会委员会和基层工会联合会都是中华全国总工会所属

的工会组织。依照宪法、工会法、《中华人民共和国劳动法》（以下简称劳动法）等法律规定，中华全国总工会及其各工会组织是我国唯一合法的工会；我国不存在、法律也不允许在中华全国总工会之外成立第二工会。

10 工会法对参加和组织工会的权利是否作了限制？

工会法第三条第一款有关“以工资收入为主要生活来源”的规定，仅从字面上理解，是指生活费用支出的大部分依赖于个人的工资、津贴、奖金或者其他工资性收入。符合该情形的劳动者与所在用人单位关系十分紧密，相对于处于强势地位的用人单位，需要工会维护他们的合法权益、为他们提供服务。分析现行工会法制定的历史背景，并联系工会法其他规定可以看出，“以工资收入为主要生活来源的劳动者”是对“工人阶级”范畴的界定，同时确定了工会会员的成分构成。工会法第二条明确规定，工会是中国共产党领导的职工自愿结合的工人阶级群众组织。这一规定指明了工会会员的组成和范围，即工会是工人阶级的群众组织，加入工会成为工会会员，首先必须是工人阶级的一分子。工人阶级泛指不拥有生产资料、以提供劳动力获取报酬的阶级。工资是劳动力的对价，劳动者挣取工资并以此为主要生活来源，表明其在阶级属性上属于以出让劳动力换取报酬的工人阶级。现行工会法制定于 1992 年，在当时的历史条件下，符合“以工资收入为主要生活来源”条件者，即可被归入“工人阶级”，也就因此而具备了依法参加和组织工会的权利。

随着经济社会发展，“以工资收入为主要生活来源”作为对工人阶级范畴的界定方式，其科学性已经有所欠缺。某种程度上说，这一界定方式已经不能涵盖新形势下工人阶级这一概念所应囊括的所有群体。但是，工会法第三条规定本质上是对参加和组织工会权利的明确，而不是为了设置所谓“入会条件”。参加和组织工会是宪法权利，对拥有这项权利的主体范围的唯一限制条件，就是“工人阶级”。也就是说，判断某一主体是否有权入会，需要讨论的是该主体是否属于工人阶级，而不应舍本逐末，纠缠于该主体是否以工资收入为主要生活来源。

此外，按照工会法第三条规定，对于劳动者参加和组织工会的权利不得有歧视性待遇，即不得因为他们来自不同的民族、种族，从事不同的职业，信仰不同的宗教或者受教育水平不同，而对他们依法行使参加和组织工会的权利加以区别对待。

11 本次工会法修改为什么要把“社会组织”纳入适用范围？

将工会组织以及工会工作的覆盖面由“企业、事业单位、机关”扩展为“企业、事业单位、机关、社会组织”，是本次工会法修改的一项重要内容。工会法修改参考劳动法、《中华人民共和国劳动合同法》（以下简称劳动合同法）等法律相关规定，引入“用人单位”这一法律概念，作为对“企业、事业单位、机关、社会组织”四类主体的统称。其中的社会组织主要包括社会团体、民办非企业单位、基金会、社会中介组织以及城乡社区社会组织等。

新增社会组织这一适用主体的主要考虑是：2016 年 8 月，中共中央办公厅、国务院办公厅发布《关于改革社会组织管理制度促进社会组织健康有序发展的意见》提出，“以社会团体、基金会和社会服务机构为主体组成的社会组织，是我国社会主义现代化建设的重要力量”。该意见明确了社会组织的内涵，为促进社会组织健康有序发展指明了方向。2021 年 1 月 1 日施行的《中华人民共和国民法典》（以下简称民法典）将社会团体、基金会和社会服务机构纳入非营利性法人的范畴，明确了社会组织作为民事主体的法人地位。2021 年 10 月，民政部编制出台的《“十四五”社会组织发展规划》提出，以社会团体、基金会和社会服务机构为主体组成的社会组织，是我国社会主义现代化建设的重要力量。社会组织与机关、事业单位最大的不同在于它的民间属性，而与企业有显著区别的则是它的非营利性或公益性。作为公共服务主体，社会组织为了公益目的或者会员共同利益等非营利目的而设立，因而在我国政治经济生活中具有举足轻重的独特作用。因此，大力发展社会组织，健全和完善社会组织工会制度，充分发挥社会组织的公益服务作用十分必要。

我国社会组织的规模整体上一直处于稳步增长扩大的趋势，目前社会组织总数量比党的十八大以前翻了近一番，全国登记的社会组织已经超过 90 万个，从业人员超过 1000 万人；全国性社会组织和地方性社会组织已遍布所有行业和各个领域。党中央高度重视加强和改进党的群团工作，就深化工会改革创新、切实做好工会联系引导社会组织工作提出明确要求。党的十九届四中、五中全会对发挥工会组织、社会组织在参与社会治理、夯实基层社会治理基础中的作用提出明确要求。中央党的群团工作会议强调，联系和引导相关社会组织，是群团组织发挥桥梁和纽带作用的一项重要任务。加强社会组织工会建设，有利于团结引导社会组织职工听党话、跟党走，有利于增强工会对社会组织的政治引领、示范带动、联系服务，有利于促进社会组织健康有序发展，在国家治理体系和治理能力现代化进程中更好发挥作用。

以习近平同志为核心的党中央高度重视加强和改进党的群团工作，就深化工会改革创新、切实做好工会联系引导社会组织工作提出明确要求。《中共中央关于加强和改进党的群团工作的意见》要求，群团组织在党组织领导下发挥作用，加强对有关社会组织的政治引领、示范带动、联系服务，通过购买服务等方式吸引社会组织等力量参与服务群众工作。中共中央办公厅、国务院办公厅印发的《意见》提出，支持群团组织充分发挥作用，逐步扩大政府向社会组织购买服务的范围和规模，促进社会组织健康有序发展。

工会联系引导劳动关系领域社会组织工作，是习近平总书记和党中央赋予工会组织的重要使命和政治责任。2016 年 11 月全国总工会印发《关于推进工会联系引导劳动关系领域社会组织工作的意见》，要求各级工会充分认识做好工会联系引导劳动关系领域社会组织工作的重要性和紧迫性，切实加强对劳动关系领域社会组织的政治引领、示范带动和联系服务，引导和促进劳动关系领域社会组织健康有序发展，充分发挥其服务国家、服务社会、服务职工的积极作用。2018 年，各级工会组织专门力量，争取统战、民政等部门支持，初步调查掌握劳动关系领域社会组织数量规模、构成分布、资金来源、活动内容、工作方式等情况。各级工会通过推进社会组织建工会、购买社会组织服务、建立联席会议机制、培育孵化社会组织、搭建社会组织服务平台等方式，加强对劳动关系领域社会组织的联系引导，建立做实联系引导台账。2021 年 8 月全国总工会印发了《关于工会联系引导社会组织为职工提供专业化服务的指导意见》，明确要加强对劳动领域社会组织的政治引领、示范带动和联系服务，通过项目合作、购买服务等社会化、市场化方式，联系引导社会组织为职工提供专业化服务，进一步接长工会手臂、扩大工会朋友圈，推动健全联系广泛、服务职工的工会工作体系。

扩大工会组织覆盖面、夯实工会基层基础，必然要求将社会组织中的广大职工组织到工会中来，充分发挥社会组织工会作用。为进一步加强社会组织工会建设，充分发挥工会和社会组织在构建基层社会治理新格局中的重要作用，2021 年 9 月，全国总工会联合民政部印发了《关于加强社会组织工会建设的意见（试行）》。该意见针对社会组织层次多元、规模不一、运作方式灵活、用工方式多样的特点，采取用人单位建、区域行业覆盖建等灵活组建方式，并对专职、兼职工作人员入会途径分类作出规定，确保最广泛地组织他们加入工会；并以在省级以上民政部门登记的社会组织和在各地民政部门登记的民办医院、学校、幼儿园等就业人数较多的社会组织为重点，开展摸底排查、率先突破，力争用三年左右的时间，推动符合条件的社会组织建立工会工作取得明显突破。2022 年 1 月 10 日，全国总工会下发《关于调查了解工会所属社会组织登记情况的通知》，要求各级工会对工会所属社会组织登记等情况进行调查摸底，贯彻落实工会法相关规定，进一步提高工会所属社会组织的依法合规意识，更好服务职工群众。

12 新就业形态劳动者参加和组织工会的权利在修改后的工会法中如何体现？

随着经济社会发展，职工队伍结构不断发生变化，“以工资收入为主要生活来源”作为对工人阶级范畴的界定方式，已经不完全符合职工队伍实际。例如，在新技术新业态新模式迅速发展的背景下，新就业形态劳动者数量快速增加，这些劳动者与平台企业之间有的存在劳动关系，有的劳动关系不明确；其收入是否属于工资，以及其是否以工资收入为主要生活来源，也无法一概而论。但是，无论是否存在劳动关系，无论他们收入的性质如何界定，基于这些劳动者提供劳动获取收入，并以此收入供养自身及其家庭成员的事实，都足以认定其工人阶级属性。因此，本次工会法修改在第三条中新增一款作为第二款明确规定：工会适应企业组织形式、职工队伍结构、劳动关系、就业形态等方面的发展变化，依法维护劳动者参加和组织工会的权利。这是对第一款规定的延伸规定，是将本条第一款的规定彻底打开，明确了包括新就业形态劳动者在内的非传统就业形态劳动者参加和组织工会的权利，有效解决了“以工资收入为主要生活来源”不能涵盖部分新就业形态劳动者的问题。这一规定适应经济社会发展对工会组织建设提出的新要求，体现原则性和灵活性相结合，在保持关于工人阶级特征表述不变的情况下，与时俱进，赋予工会适应企业组织形式、职工队伍结构、劳动关系、就业形态等方面的发展变化，维护劳动者入会权的权利和职责，为新就业形态劳动者等参加和组织工会提供了明确的法律遵循，为工会开展新就业形态劳动者等建会入会工作提供了坚强的法律保障。依照这一规定，工会在制定自己的内部文件时，可以根据实际需要，作出明确某类群体参加和组建工会具体程序的规定。

13 工会的根本活动准则是什么？

工会法第四条规定，工会必须遵守和维护宪法，以宪法为根本的活动准则。我国宪法是国家的根本大法，具有最高的法律效力。中国境内的一切组织和个人都必须在宪法的范围内进行活动，也就是说，宪法是一切组织和个人的根本活动准则。工会作为一个社会团体，当然也必须以宪法为根本的活动准则，必须在宪法规定的范围内开展活动。

工会法第四条规定工会“以宪法为根本的活动准则”，表明工会活动必须遵循宪法规定的基本原则。宪法规定的党在新时期的基本路线，即以经济建设为中心，坚持四项基本原则，坚持改革开放（即“一个中心，两个基本点”），是工会必须遵守的最重要的活动准则。正是基于这一点，2001 年工会法修改时，在本条将“一个中心，两个基本点”展开，作出了具体规定，明确工会必须以经济建设为中心，坚持社会主义道路、坚持人民民主专政、坚持中国共产党的领导、坚持马克思列宁主义、毛泽东思想、邓小平理论，坚持改革开放。本次工会法修改，又与时俱进，将习近平新时代中国特色社会主义思想，连同“三个代表”重要思想、科学发展观一起写入工会法，从立法上进一步充实和明确了工会的根本活动准则。

14 工会为什么要坚持习近平新时代中国特色社会主义思想？

将习近平新时代中国特色社会主义思想写入工会法，作为工会法和工会工作的指导思想，是本次工会法修改最重要的成果之一。党的十八大以来，以习近平同志为主要代表的中国共产党人，坚持把马克思主义基本原理同中国具体实际相结合、同中华优秀传统文化相结合，坚持毛泽东思想、邓小平理论、“三个代表”重要思想、科学发展观，深刻总结并充分运用党成立以来的历史经验，从新的实际出发，创立了习近平新时代中国特色社会主义思想。习近平总书记高度重视工人阶级和工会工作，发表一系列重要讲话、作出一系列重要指示，形成了习近平总书记关于工人阶级和工会工作的重要论述，科学回答了工人阶级和工会工作的一系列方向性、根本性、战略性重大问题。习近平总书记关于工人阶级和工会工作的重要论述，是习近平新时代中国特色社会主义思想的重要组成部分。将习近平新时代中国特色社会主义思想明确为工会法和工会工作的指导思想，是本次工会法修改最重要的任务之一。

习近平新时代中国特色社会主义思想，是对马克思列宁主义、毛泽东思想、邓小平理论、“三个代表”重要思想、科学发展观的继承和发展，是马克思主义中国化最新成果，是党和人民实践经验和集体智慧的结晶，是中国特色社会主义理论体系的重要组成部分，是全党全国人民为实现中华民族伟大复兴而奋斗的行动指南。党的十九大把习近平新时代中国特色社会主义思想确立为我们党必须长期坚持的指导思想，并写入党章，实现了党的指导思想与时俱进。第十三届全国人民代表大会第一次会议表决通过了《中华人民共和国宪法修正案》，把习近平新时代中国特色社会主义思想载入宪法，把党的指导思想转化为国家指导思想，以国家根本大法的形式确立习近平新时代中国特色社会主义思想在国家政治和社会生活中的指导地位，得到了全党全国各族人民高度的政治认同、思想认同、情感认同。习近平新时代中国特色社会主义思想，是党和国家必须长期坚持的指导思想，也是工会组织和工会工作必须长期坚持的指导思想。

把习近平新时代中国特色社会主义思想写入工会法，反映了广大职工群众和工会干部的热切期盼和共同心声，为推进新时代党的工运事业和工会工作提供了根本遵循。工会法的这一重大修改，是中国工会坚持以习近平新时代中国特色社会主义思想为指导，坚决维护习近平总书记党中央的核心、全党的核心地位，坚决维护党中央权威和集中统一领导，在思想上政治上行动上同以习近平同志为核心的党中央保持高度一致的根本举措；是中国工会坚持自觉接受中国共产党领导，坚定不移走中国特色社会主义工会发展道路，确保工会工作正确政治方向的政治要求；是中国工会积极适应新时代赋予工会组织和工会工作新任务新要求，开创新时代工会工作新局面的基本遵循和科学指针。

15 如何理解工会坚持以经济建设为中心？

工人阶级是党的阶级基础，是社会主义现代化建设的主力军。工会是工人阶级的群众组织。“一个中心，两个基本点”是党在社会主义初级阶段的基本路线，工会必须毫不动摇坚持党的基本路线。以经济建设为中心，是党的基本路线的重要组成部分。工会坚持党的基本路线不动摇，就必须坚持以经济建设为中心。

改革开放以来，我们国家聚精会神搞建设，一心一意谋发展，取得了骄人的成就。党的十八大以来，以习近平同志为核心的党中央领导全党全军全国各族人民砥砺前行，全面建成小康社会目标如期实现；历史性地解决了绝对贫困问题，创造了人类减贫史上的奇迹；在全球率先控制住疫情、率先复工复产、率先恢复经济社会发展，抗疫斗争取得重大战略成果。我们的底气之一就是经济发展取得的举世瞩目成就，积累起来的巨大物质财富。在新阶段，继续推动经济持续健康发展，才能筑牢国家繁荣富强、人民幸福安康、社会和谐稳定的物质基础。要清醒地认识到，我国仍处于并将长期处于社会主义初级阶段，我国社会主要矛盾是人民日益增长的美好生活需要和不平衡不充分的发展之间的矛盾，我国是世界上最大发展中国家，这决定了我们必须坚持以经济建设为中心。

无论是深化改革开放还是保持稳定，都是为了促进我国经济持续健康高质量发展。只有以经济建设为中心，不断发展生产力，解决发展不平衡不充分问题，才能不断满足人民的美好生活需要。职工群众的利益，无论是工资收入、福利待遇、劳动条件或精神文化的满足，都受生产力发展制约，受经济发展水平制约。以经济建设为中心，发展社会生产力，就是对工人阶级根本利益和长远利益的代表和维护。因此，工会工作必须站在全局高度，服从、服务于经济建设这个中心。这是全国人民的总体利益，也是工人阶级的总体利益，是职工群众实现其根本利益和具体利益的根本保证。工会应当通过维护职工合法权益、竭诚服务职工群众，保护和调动广大职工的积极性和创造性，充分发挥广大职工群众在经济建设中的重要作用。

当然，工会以经济建设为中心，不是指工会直接参与经济建设的具体工作。工会是工人阶级的群众组织，以经济建设为中心开展工作，着力点应当放在做好人的工作上，即履行好代表和维护职工的合法权益职责上，通过维护职工合法权益、竭诚服务职工群众，保护好、引导好、发挥好职工投身社会主义现代化建设的积极性，从而积极完成各项生产和建设任务，推动生产力发展和促进社会全面进步。

16 如何理解保持和增强工会的政治性、先进性、群众性？

2015 年 7 月召开的中央党的群团工作会议明确指出，要切实保持和增强群团组织和群团工作的政治性、先进性、群众性。本次工会法修改将工会保持和增强政治性、先进性、群众性写入总则，是落实习近平总书记要求和中央党的群团工作会议精神的重要体现。

（1）关于政治性。习近平总书记强调，政治性是群团组织的灵魂，是第一位的；离开了政治性，群团组织就容易产生脱离党的领导的倾向，就会庸俗化，就会成为一般社会组织，甚至会走向邪路。习近平总书记这一重要论述，深刻揭示了包括工会组织在内的党领导的群团组织与一般社会组织的区别。保持和增强政治性，关键是始终坚持中国共产党的领导。这是工会工作必须时刻遵循的重大政治原则，也是工会工作的根本政治保证。保持和增强政治性，必须毫不动摇坚持中国特色社会主义工会发展道路。中国特色社会主义工会发展道路，既是一个系统化、理论化的科学体系，也是中国工人运动的伟大实践，是工会组织和工会工作始终沿着正确方向前进的重要保证。保持和增强政治性，要切实加强和改善党对工会的领导。这就要求各级党组织充分认识工会在国家政治、经济和社会生活中的重要地位，高度重视和大力支持工会依法依章程独立自主开展工作。

（2）关于先进性。习近平总书记强调，工会必须把保持和增强先进性作为重要着力点，引领职工群众跟党走，使之成为党最坚实的阶级基础。先进性是群团工作的力量之源。工会承担着组织动员广大职工群众为完成党的中心任务而奋斗的重大责任，新时代工会组织必须进一步增强先进性。工会的先进性体现在有先进政党的领导。中国共产党是先进的马克思主义政党，党作为中国一切事业的领导核心，在政治上统一领导工会等群团组织是历史发展的必然。中国工会坚持在中国共产党的领导下开展活动，体现了工会组织的先进性，是工会组织唯一正确的选择。工会的先进性体现在有先进的理论指导。中国特色社会主义工会发展道路是新的历史条件下党的工会工作理论的创新，是工会工作的实践总结，适应时代要求、符合基本国情、体现工会性质，是工会组织和工会工作始终沿着正确方向前进的重要保证，奠定了工会组织先进性的基础。中国工会的先进性还体现在有先进的阶级基础。我国工人阶级属于中国社会的先进阶级，中国工会就是依靠工人阶级组建起来的，工会的先进性具有与生俱来的重要阶级基础。

（3）关于群众性。习近平总书记强调，群众性是群团组织的根本特点。离开了群众性，群团组织就容易走向官僚化、空壳化。工会是职工自愿结合的产物，这是工会存在、发展和开展活动的基本前提，职工群众的利益诉求和兴趣爱好是工会开展各项工作的依据。保持和增强群众性，要求各级工会以职工群众为中心，让更多的职工群众参加到工会工作中来，改变一些工会自娱自乐、隔空喊话、封闭运行的倾向。竭诚服务职工群众是工会一切工作的出发点和落脚点，保持和增强群众性，要求工会在维权和服务上更加有为，为党分忧、为民谋利。

17 如何理解和把握坚持党的领导与工会独立自主开展工作之间的关系？

工会必须接受党的领导，是由我国工会运动的性质决定的。马克思主义的工会运动，是一种争取工人阶级彻底解放的工会运动，这一运动不仅要争取和维护工人的现实和具体的利益，而且还要争取工人阶级的社会解放。为实现这一目标，工会组织必须接受党的领导。这是因为，从性质上看，工会和党都是工人阶级的阶级组织，但工会是工人阶级的群众组织，群众性是工会的基本特点；党是工人阶级的先锋队，是工人阶级的先进组织，先进性是党的基本特点。工会运动作为一个阶级的行动，仅靠自发的和散漫的群众运动是无法实现的，只有接受具有明确的纲领和严格纪律的党的领导，工会运动才能作为一个阶级的自觉的运动。从我国工会运动历史看，中国工会运动是在中国共产党的领导下发展壮大起来的，接受党的领导是中国工会的历史选择。

在社会主义国家中，工会的存在是必然的、长期的。党必须加强和改善对工会工作的领导，发挥工会的作用，通过工会把广大职工群众团结在党的周围，听党话、跟党走。要通过加强和改善党对工会工作的领导，保证工会坚持正确的政治方向。工会只有自觉接受党的领导，才能保证自己坚定的政治方向，工会必须在思想上政治上行动上与党中央保持高度一致，坚决贯彻党的路线方针政策，重大问题要请示同级党委讨论决定。同时，要通过工会自身的改革和建设，建立党领导的工会与职工群众之间的正确关系，实现工会组织群众化和民主化，真正得到广大职工的支持、拥护和信赖。这两个条件中，有一个条件受到破坏，都会影响党对工运事业和工会组织的领导。工会作为党联系广大职工群众的桥梁和纽带，应当密切地与职工群众生活在一起，熟悉职工群众的生活，了解他们的要求和意见，关心并满足职工群众的要求，这样才能真正发挥其桥梁和纽带作用。

工会自觉接受党的领导，必须从自身的性质和特点出发，把自觉接受党的领导同坚决按照法律和工会章程独立自主创造性地开展工作紧密结合起来，把对党负责与对职工负责紧密结合起来，把贯彻党的主张和反映职工群众的愿望紧密结合起来，在政治上坚持党指引的方向，在思想上以党的理论武装头脑，在组织上接受党委的领导，充分发挥工会中党组织的领导作用、战斗堡垒作用和党员的先锋模范作用，把党的路线方针政策和决策部署落实到工会各项工作中去，把党的意志和主张落实到广大职工中去并转化为广大职工的自觉行动，把职工群众紧密团结在党的周围。各级工会要按照工会法要求，创新组织体制、运行机制、活动方式、工作方法，让职工群众真正感受到工会是“职工之家”，工会干部是最可信赖的“娘家人”、贴心人，把工会组织建设得更加充满活力、更加坚强有力。

18 《中国工会章程》是如何制定的?

《中国工会章程》的制定和完善，经历了较长时间的过程。1925 年，中共中央职工运动委员会决定召开第二次全国劳动大会，建立中华全国总工会。在中国共产党领导下，第二次全国劳动大会于 1925 年 5 月 1 日至 7 日在广州召开。这次大会宣告中华全国总工会成立，并通过了《中华全国总工会总章》。这标志着第一部中国工会章程的诞生，也使中国工会第一次有了正式章程。1948 年，第六次全国劳动大会对《中华全国总工会总章》进行全面修改，通过了《中华全国总工会章程》。1953 年，中国工会第七次全国代表大会将《中华全国总工会章程》改名为《中华人民共和国工会章程》。1957 年，中国工会第八次全国代表大会将《中华人民共和国工会章程》改名为《中国工会章程》，并沿用至今。此后，中国工会历次全国代表大会都对《中国工会章程》作出了修改完善。

按照工会法规定,《中国工会章程》制定权和修改权均在中国工会全国代表大会，任何其他各级工会组织，包括中华全国总工会都无权制定或者修改《中国工会章程》。

19 《中国工会章程》的效力是怎样的?

《中国工会章程》是中国工会及其会员的行为规范，是中国工会与其会员的权利义务的重要载体。职工参加或者组建工会组织，首先必须完全接受《中国工会章程》。从性质上看,《中国工会章程》是中国工会组织的内部规章性文件，是处理中国工会内部事务的基本准则，在工会内部规章制度中具有最高效力，中华全国总工会及其各工会组织制定的其他规范性文件及相关规章制度，不得与《中国工会章程》相抵触。按照工会法规定，《中国工会章程》的内容不得与宪法和法律相抵触。

20 国家如何保护工会的合法权益不受侵犯？

依法成立的工会组织，其合法权益受国家保护，任何个人或者组织不得侵犯工会的合法权益。工会法在法律责任一章中对侵犯工会及其工作人员权益应承担的责任，作出了明确规定。对于违反工会法，侵犯工会合法权益的违法行为，工会有权提请人民政府或者有关部门予以处理，或者向人民法院提起诉讼。违反工会法规定，侵占工会经费和财产拒不返还的，工会可以向人民法院提起诉讼，要求返还，并赔偿损失。违反工会法规定，对依法履行职责的工会工作人员无正当理由调动工作岗位，进行打击报复的，由劳动行政部门责令改正、恢复原工作；造成损失的，给予赔偿。对依法履行职责的工会工作人员进行侮辱、诽谤或者进行人身伤害，构成犯罪的，依法追究刑事责任；尚未构成犯罪的，由公安机关依照治安管理处罚法的规定处罚。这些规定，都是工会法为保护工会和工会工作人员权益而作出的制度安排，具有很强的现实针对性，充分体现了国家对工会合法权益的保护。

从工会法有关规定看，国家保护工会合法权益的依据不仅包括工会法，还包括民事、行政、刑事等法律。例如，民法典第二百七十条就明确规定，社会团体法人依法所有的不动产和动产，受法律保护。因此，各级工会应当充分运用工会法等法律法规规定，有效维护工会组织自身及工会工作人员合法权益。

21 工会如何组织和代表职工行使民主政治权利？

工会承担着组织和教育职工依照宪法和法律行使民主权利的责任。长期以来，工会组织和代表广大职工，通过各种途径和形式行使民主政治权利。工会组织和代表职工行使民主政治权利，应当从以下几个方面来实现：

（1）坚持党对工会工作的领导。工会作为中国共产党领导的职工自愿结合的工人阶级群众组织，必须发挥好中国共产党联系职工群众的桥梁和纽带的重要作用。我国宪法、工会法和《中国工会章程》明确规定，中国工会自觉接受党的领导。各级工会组织和广大工会干部必须始终不渝地自觉遵循，任何情况下都不能动摇。工会所有工作最终都要体现到引导职工群众自觉坚持党的领导和我国社会主义制度上来，体现到团结引导职工群众听党话、跟党走上来，通过扎实有效的工作让党的领导具体而深入地落实到职工群众中去，这是工会组织的政治责任。

（2）根据工会法第五条的规定，工会组织和教育职工依照宪法和法律的规定行使民主权利，发挥国家主人翁的作用，通过各种途径和形式，参与管理国家事务、管理经济和文化事业、管理社会事务；协助人民政府开展工作，维护工人阶级领导的、以工农联盟为基础的人民民主专政的社会主义国家政权。如积极发挥人大代表、政协委员的参政议政作用，为职工利益发声；注意发挥人大中的工人代表和政协中的工会界别委员的作用，反映工会的意见和主张，为国家各项建设建言献策。

（3）根据工会法第三十四条的规定，国家机关在组织起草或者修改直接涉及职工切身利益的法律、法规、规章时，在县级以上各级人民政府制定国民经济和社会发展计划涉及职工利益的重大问题时，在县级以上各级人民政府及其有关部门研究制定劳动就业、工资、劳动安全卫生、社会保险等涉及职工切身利益的政策、措施时，积极参与相关立法、政策的制定或者重大问题调查研究工作，并就维护职工权益等向有关国家机关或者政府有关部门提出意见，充分表达职工诉求、反映工会的意见。

（4）根据工会法第三十五条的规定，加强工会源头参与机制建设，推动工会与政府联席会议制度和劳动关系三方协调机制建设与作用发挥，充分表达职工诉求、反映工会的意见和主张。

（5）根据工会法、《中华人民共和国公司法》（以下简称公司法）等相关法律的规定，积极推进企事业单位等用人单位建立健全以职工代表大会为基本形式的职工民主管理制度，组织职工参与本单位的民主选举、民主协商、民主决策、民主管理和民主监督。

（6）引导职工增强法治观念，善于运用法律手段维护自身的合法权益，发挥工会在引导职工有序参与和表达诉求方面的积极作用。

22 工会如何参与国家政治、经济和社会生活？

工会法第五条规定，工会组织和教育职工依照宪法和法律的规定行使民主权利，发挥国家主人翁的作用，通过各种途径和形式，参与管理国家事务、管理经济和文化事业、管理社会事务；协助人民政府开展工作，维护工人阶级领导的、以工农联盟为基础的人民民主专政的社会主义国家政权。上述规定集中体现了工会在国家政治、经济和社会生活中的地位和作用。工会一方面应当组织和教育职工依照宪法和法律规定行使民主权利，发挥国家主人翁的作用，通过各种途径和形式，参与管理国家各项事务；另一方面应当协助人民政府开展工作，维护工人阶级领导的、以工农联盟为基础的人民民主专政的社会主义国家政权。

在我国，人民当家作主是国家政权的本质特征。这一本质特征的集中概括，就是宪法规定的“中华人民共和国的一切权力属于人民”。我国有 14 亿人口，人民行使权力，主要是通过直接或者间接选举各级人民代表大会代表，由他们组成各级国家权力机关，代表人民行使国家权力，产生国家政权机关，这是我国的根本政治制度。同时人民群众还可以依照法律规定，通过各种途径和形式，参与管理国家事务、管理经济和文化事业、管理社会事务等各项事务，这集中体现了我国社会主义民主制度的本质，是社会主义高度民主的具体表现。

我国的工人阶级是人民群众的重要组成部分，是国家的领导阶级，是社会主义建设的主力军，他们的积极性、智慧和创造力的发挥，是社会主义改革与建设事业取得成功的重要保证。长期以来，工会组织和代表广大职工，通过各种途径和形式，参与管理国家事务、管理经济和文化事业、管理社会事务。通过工会把广大职工群众组织起来，依法有序参与国家和社会事务的管理，沟通了国家政权与职工群众的联系。这种联系，一方面使职工的意志和要求得到充分反映，另一方面使国家的各项政治、经济、社会政策得到宣传解释和贯彻执行。工会组织和教育职工参与管理国家和社会事务的根本目的是，引导和教育广大职工提高社会主义觉悟，增强工人阶级的责任感，协助人民政府开展工作，发挥国家主人翁作用，维护工人阶级领导的、以工农联盟为基础的人民民主专政的社会主义的国家政权，最终实现本阶级的历史使命。

工会要立足新时代中国特色社会主义的新方位，主动适应社会主要矛盾发生变化、共建共治共享社会治理新格局和全面深化改革的新阶段的需要，按照党赋予工会组织的新使命、新目标、新要求，努力开创工会工作新局面。要弘扬劳模精神、劳动精神、工匠精神，发挥广大职工的国家主人翁的积极性、主动性和创造性，动员和组织职工积极参加建设和改革，努力促进经济、政治、文化、社会和生态文明建设；要代表、组织、教育职工以国家主人翁的态度，依法有序参与国家事务、经济和文化事业、社会事务等方面的管理，参与企业、事业单位、机关和社会组织的民主管理，把人民当家作主现实地体现到党和国家各个方面各个层级的工作上，推动发展全过程人民民主；要推动完善社会主义劳动法律体系，保障工人阶级特别是产业工人的国家主人翁地位，维护职工的经济、政治、文化和社会权利，维护工人阶级和工会组织的团结统一，为经济社会长期稳定发展、构建社会主义和谐社会作出贡献。

23 工会如何协助政府开展工作？

工会法第五条规定，工会协助人民政府开展工作，维护工人阶级领导的、以工农联盟为基础的人民民主专政的社会主义国家政权。《中国工会章程》规定，中国工会维护工人阶级领导的、以工农联盟为基础的人民民主专政的社会主义国家政权，协助人民政府开展工作，依法发挥民主参与和社会监督作用。因此，应当充分发挥工会在国家和社会事务管理中的民主参与、民主监督作用，协助人民政府开展工作，维护社会主义国家政权。我国是人民当家作主的社会主义国家，工人阶级是国家的主人翁，各级人民政府是为人民服务的政府，工会是为职工群众说话办事的群众组织。工会与政府在维护全国人民利益和工人阶级利益上是完全一致的，作为工人阶级群众组织的工会，应当支持自己的政府，协助政府开展工作，维护政府权威；政府应当全心全意依靠工人阶级，支持工会依法行使权利，通过各种形式加强同工会的联系，对一些重大问题，特别是涉及职工切身利益的问题，应当认真听取工会和广大职工群众的意见，以改进政府的工作，密切政府同职工群众的联系。工会应当成为广大群众有组织、有纪律、有领导地参政议政的民主政治形式之一。各级政府应当依照法律、法规的规定以及中央的有关决定，在实际工作中逐步建立和完善工会对政府工作民主参与的制度。对这些工会法也作了一些基本的规定。如工会法第三十五条规定:“县级以上地方各级人民政府可以召开会议或者采取适当方式，向同级工会通报政府的重要的工作部署和与工会工作有关的行政措施，研究解决工会反映的职工群众的意见和要求。”“各级人民政府劳动行政部门应当会同同级工会和企业方面代表，建立劳动关系三方协商机制，共同研究解决劳动关系方面的重大问题。”工会法第三十四条规定:“国家机关在组织起草或者修改直接涉及职工切身利益的法律、法规、规章时，应当听取工会意见。”“县级以上各级人民政府制定国民经济和社会发展计划，对涉及职工利益的重大问题，应当听取同级工会的意见。”“县级以上各级人民政府及其有关部门研究制定劳动就业、工资、劳动安全卫生、社会保险等涉及职工切身利益的政策、措施时，应当吸收同级工会参加研究，听取工会意见。”工会法的这一系列规定，从法律上保障了工会源头参与的权利。

实践中，各级工会还承担党中央、各级党委或者政府交办的一些具体事项。如负责劳动模范或者五一劳动奖章、五一劳动奖状获得者的推荐、评选、表彰和管理工作，负责职工思想政治教育工作，协助做好促进就业、再就业、就业稳定、协调劳动关系、劳动争议调解处理、困难职工帮扶等与职工利益密切相关的工作。

24 本次工会法修改为什么要拓展工会的基本职责?

劳动关系的发展变化推动我国工会基本职责的确立。随着社会主义市场经济体制的建立和完善，我国劳动关系发生深刻变化，劳资矛盾日益凸显，2001 年工会法修改，明确将中国工会的基本职责确定为“维护职工合法权益”。工会最大的优势是密切联系职工群众，最大的危险是脱离职工群众。工会要赢得职工群众信赖和支持，必须做好维护职工群众切身利益工作，促进社会公平正义。维护好职工群众合法权益，就要把群众观念牢牢根植于心中，努力做到哪里的职工合法权益受到侵害，哪里的工会就要站出来说话。

进入新时代后，我国社会主要矛盾已转化为人民日益增长的美好生活需要和不平衡不充分的发展之间的矛盾，适应这一新变化，不断满足职工群众美好生活需要，成为新时代工会的奋斗目标。随着我国社会经济成分、组织形式、就业方式、利益关系和分配方式日益多样，我国职工队伍在规模不断壮大、结构深刻变化、素质逐步提升、权益得到实现的同时，广大职工群众在收入分配、利益诉求、价值取向、思想观念等方面呈现日益多样化、差异化的新特征。工会组织应当自觉践行以人民为中心的发展思想，坚持以职工为中心的工作导向，适应职工队伍发展变化特点，注重解决职工群众多样化需求，以协调不同职工群体之间的利益关系，更好地促进职工体面劳动、舒心工作、全面发展，不断巩固党执政的阶级基础和群众基础。因此将竭诚服务职工群众拓展为中国工会基本职责是适应我国社会主要矛盾发生变化的需要。

党的十八大以来，以习近平同志为核心的党中央从巩固党执政的阶级基础和群众基础的政治高度，把保持党同人民群众的血肉联系，作为全党重大而紧迫的政治任务。习近平总书记在中央党的群团工作会议上指出，当前干部群众反映比较突出的是一些群团组织不同程度存在“机关化、行政化、贵族化、娱乐化”现象，其实质是脱离群众。这些问题的存在，影响了群团组织履行职责，降低了群团组织对群众的动员力、号召力、影响力，导致群团组织在群众心目中分量下降，制约了党的群团工作健康发展。2018 年，习近平总书记进一步指出，工会要坚持以职工为中心的工作导向，抓住职工群众最关心最直接最现实的利益问题，认真履行维护职工合法权益、竭诚服务职工群众的基本职责；要做好城市困难职工解困脱困工作，及时做好因各种原因返贫致困职工的帮扶救助，为广大职工提供具有工会特点的普惠性、常态性、精准性服务。

新时期党和国家事业的发展，对工会工作提出了新要求，有必要通过修改工会法，贯彻落实党中央决策部署和习近平总书记重要指示精神，及时将行之有效的经验做法上升为法律规定。本次工会法修改，就是要落实党中央对工会改革的新要求，坚持从国情出发，将工会的基本职责由“维护职工合法权益”拓展为“维护职工合法权益、竭诚服务职工群众”；要求工会推动健全劳动关系协调机制，构建和谐劳动关系；同时完善职工民主权利，增加规定工会组织职工参与本单位的民主选举、民主协商；要求工会建立联系广泛、服务职工的工会工作体系以全心全意为职工服务。通过完善工会工作相关制度和工作机制，为工会履行维护职工合法权益、竭诚服务职工群众基本职责提供有力的法治保障。

工会组织是党领导的群团组织，扎根在职工群众，力量源泉在职工群众，群众性是根本特点，做好群众工作，工会组织责无旁贷。将“竭诚服务职工群众”拓展为工会基本职责，对工会增强群众观念、强化服务意识、提升服务能力、挖掘服务资源提出了更高要求，是工会组织基本职责在新时代的新发展，是新时代党对工会组织的政治要求，也是工会法赋予工会的法定职责。

25 如何理解工会在维护全国人民总体利益的同时，代表和维护职工的合法权益？

工人阶级及其政党是人民利益的最高代表，以解放全人类为己任，没有自己特殊的私利。工人阶级在取得政权、建立社会主义制度后，作为领导阶级的工人阶级及其执政党，必然也必须坚持人民利益至上的价值立场和价值取向。作为工人阶级先锋队的中国共产党的全部任务和责任，就是为人民谋利益，团结和带领人民群众为实现自己的根本利益而奋斗，在任何时候任何情况下，党的一切工作和方针政策，都要以是否符合最广大人民群众的利益为最高衡量标准。如“四个全面”既是战略布局也是行动纲领，深刻反映了人民利益至上的价值立场和价值取向：全面建设社会主义现代化国家，是人民群众经济、政治、文化、社会、生态文明各方面利益的整体性实现和发展；全面深化改革，目的是让改革发展成果更多更公平惠及全体人民；全面依法治国，是从法治高度保证人民当家作主，维护社会公平正义和全体人民利益；全面从严治党，为的是使我们党始终代表人民利益，带领人民实现更全面、更充分的利益和发展。

我国工会是中国共产党领导的职工自愿结合的工人阶级群众组织，是中国共产党联系职工群众的桥梁和纽带。工运事业是党的事业的重要组成部分，工会工作是党治国理政的一项经常性、基础性工作。工会要忠诚党的事业，通过扎实有效的工作把坚持党的领导和我国社会主义制度落实到广大职工群众中去；要把执行党的意志的坚定性和为职工服务的实效性统一起来，把党的路线方针政策和决策部署落实到工会各项工作中去，把党的意志和主张落实到广大职工中去。新的历史时期，我们党的使命是领导全国人民坚持和发展中国特色社会主义，全面建设社会主义现代化国家，实现“两个一百年”奋斗目标和中华民族伟大复兴的中国梦，这是全国人民的总体利益的集中体现。国家经济社会发展的全局，全国各族人民的团结和社会安定的全局都是全国人民总体利益的体现。维护好实现好全国人民总体利益必须充分发挥工人阶级主力军作用。代表好维护好发展好职工群众的合法权益，努力让广大职工群众实现体面劳动、全面发展，我国工人阶级和广大职工群众就一定能进一步焕发劳动热情、释放创造潜能，在实现中国梦的伟大进程中继续拼搏奋斗。工会必须代表和组织广大职工牢牢把握时代主题，把自身前途命运同国家和民族前途命运紧密联系在一起，把个人梦同中国梦紧密联系在一起，把实现党和国家确立的发展目标变成自己的自觉行动。

工会在维护全国人民总体利益的同时，更好地表达和维护职工的具体利益。工会最大的优势是密切联系职工群众，最大的危险是脱离职工群众。工会要赢得职工群众信赖和支持，必须做好维护职工群众切身利益工作，促进社会公平正义。维护好职工群众合法权益，就要把群众观念牢牢根植于心中，努力做到哪里的职工合法权益受到侵害，哪里的工会就要站出来说话。要健全以职工代表大会为基本形式的企事业单位民主管理制度，推动以工资集体协商为重点的平等协商和集体合同制度实施，同时强化政府、工会、企业三方劳动关系协商协调机制，认真做好劳动关系矛盾预防和化解工作，不断提升职工群众的获得感、幸福感、安全感。保障职工群众经济、政治、文化、社会权益是我国社会主义制度的根本要求，是党和国家的神圣职责，也是发挥广大职工群众积极性、主动性、创造性最重要最基础的工作。工会维权要讲全面，也要讲重点，重点就是职工群众最关心最直接最现实的利益问题，要扎扎实实解决好职工群众最困难最忧虑最急迫的实际问题，使改革发展成果更多更公平惠及职工群众。

26 工会协调劳动关系的方式有哪些？

劳动关系是生产关系的重要组成部分，是最基本、最重要的社会关系之一。劳动关系是否和谐，事关广大职工和企业的切身利益，事关经济发展与社会和谐。党和国家历来高度重视构建和谐劳动关系，制定了一系列法律法规和政策措施并作出工作部署。党的十八大明确提出构建和谐劳动关系。在新的历史条件下，努力构建中国特色和谐劳动关系，是加强和创新社会管理、保障和改善民生的重要内容，是经济持续健康发展的重要保证，是增强党的执政基础、巩固党的执政地位的必然要求。2015 年，《中共中央、国务院关于构建和谐劳动关系的意见》，明确了构建和谐劳动关系的指导思想、工作原则和目标任务，要求依法保障职工取得劳动报酬、休息休假、获得劳动安全卫生保护、享受社会保险和接受职业技能培训等基本权益，强调要从全面实行劳动合同制度、推行集体协商和集体合同制度、健全协调劳动关系三方机制等方面健全劳动关系协调机制；要从健全企业民主管理制度，推进厂务公开制度化、规范化，在公司制企业推行职工董事、职工监事制度等方面加强企业民主管理制度建设；要从健全劳动保障监察制度、健全劳动争议调解仲裁机制、完善劳动关系群体性事件预防和应急处置机制等方面健全劳动关系矛盾调处机制。同时要求加强对职工的教育引导和人文关怀，教育引导企业经营者积极履行社会责任，优化企业发展环境，营造加强构建和谐劳动关系的法治保障，以构建和谐劳动关系的良好环境。

随着改革的不断深化，多种经济成分、多种经营方式和多种分配方式的并存，社会利益趋向多元化，各个利益群体之间的矛盾也变得突出起来。特别是当前经济增速放缓，新技术新业态新模式发展，劳动关系领域出现了一些新情况新问题，劳动关系矛盾凸显。这就要求各级工会组织要认真研究新形势下劳动关系及各方面利益的变化，把协调社会矛盾、构建和谐劳动关系，作为自己的一项重要工作内容，以促进经济发展和社会的长期稳定。要高度重视解决当前劳动关系领域的突出问题，创新和谐劳动关系体制机制，加快和谐劳动关系制度建设，努力形成职工得实惠、企业得效益、经济得发展、社会得稳定的和谐劳动关系新局面。

本次工会法修改，不仅拓展了工会的基本职责，还结合新时代工会性质定位，对工会履行好基本职责、做好维权服务工作提出了新的更高要求，明确要求工会构建和谐劳动关系。工会法第六条第二款规定，工会通过平等协商和集体合同制度等，推动健全劳动关系协调机制，维护职工劳动权益，构建和谐劳动关系。特别是在“集体合同制度”后面增加一个“等”字，实际上就打开了工会协调劳动关系制度机制建设的可能性，也就是说，除平等协商和集体合同制度之外，工会组织还可以通过适应形势发展变化需要的其他新制度、新机制推动构建和谐劳动关系。

工会构建和谐劳动关系，要坚持以职工为中心的工作导向，把解决广大职工最关心最直接最现实的利益问题，切实维护他们的劳动经济权益、政治权益、文化权益、社会权益，服务好职工群众作为根本出发点和落脚点；要坚持促进企业发展和维护职工权益相统一，同时调动劳动关系主体双方的积极性、主动性，推动企业与职工群众协商共事、机制共建、效益共创、利益共享；要从不同类型企业的实际出发，把构建和谐劳动关系必须遵循的总的共同要求与具体的具有差异性的措施结合起来，统筹兼顾、分类指导，既整体推进，又突出重点、突破难点。工会要注重源头治理，代表职工主动参与涉及职工利益的法律法规政策的制定修改，要着重抓好进一步完善劳动法律法规并保障其贯彻实施。

27 工会如何参与本单位的民主选举、民主协商、民主决策、民主管理和民主监督？

工会法第六条第三款规定，工会依照法律规定通过职工代表大会或者其他形式，组织职工参与本单位的民主选举、民主协商、民主决策、民主管理和民主监督。这是对职工如何在本单位行使民主权利参与本单位民主管理的规定。我国是社会主义国家，职工民主管理作为一种民主形式，是社会主义民主的组成部分。职工民主管理，是职工依照宪法和法律的有关规定，通过一定的组织形式，参加企业、事业管理，行使民主权利的活动。以职工代表大会为基本形式的企事业单位民主管理制度是职工依法参与企事业单位决策、管理和监督的基本制度，它与农村村民自治、城市居民自治等共同组成了我国社会主义基层民主。一直以来，推进我国社会主义民主政治建设的一个重要方面和措施，就是要不断扩大基层民主，坚持和完善以职工代表大会为基本形式的企事业民主管理制度，组织职工参与改革和管理，维护职工合法权益。职工代表大会制度，是企事业单位推进民主政治建设的制度保证，对于推进党的全心全意依靠工人阶级的指导方针的落实，维护企事业改革、发展和稳定，保障职工群众民主权利，加强企事业科学管理，充分调动职工的积极性和创造性等方面发挥了重要作用。邓小平同志多次强调，充分发扬人民民主，保证全体人民真正享有通过各种有效形式管理国家，特别是管理基层地方政权和各项企事业的权力，是充分发挥社会主义制度优越性的一个重要环节。习近平总书记深化对民主政治发展规律的认识，强调要扩大人民有序政治参与，保证人民依法实行民主选举、民主协商、民主决策、民主管理、民主监督，并创造性地提出全过程人民民主的重大理念。2021 年 10 月，习近平总书记在中央人大工作会议上对中国特色社会主义民主，特别是全过程人民民主作了全面深刻阐述。习近平总书记强调，要把民主选举、民主协商、民主决策、民主管理和民主监督贯通起来，不断发展全过程人民民主，全过程、全方位地实现人民当家作主，为中华民族伟大复兴提供最广泛、最可靠、最牢固的群众基础和力量源泉。企事业单位民主管理制度是我国全过程人民民主的生动实践，具有完整的制度程序。本次工会法修改，在“民主决策、民主管理和民主监督”规定的基础上，增加“民主选举、民主协商”，进一步丰富完善工会组织职工参与本单位民主管理的内容。

我国职工实现民主管理的形式包括：职工代表大会和职工代表大会以外的其他形式。我国宪法第十六条第二款和第十七条第二款规定：“国有企业依照法律规定，通过职工代表大会和其他形式，实行民主管理。”“集体经济组织实行民主管理，依照法律规定选举和罢免管理人员，决定经营管理的重大问题。”劳动法第八条规定，劳动者依照法律规定，通过职工大会、职工代表大会或者其他形式，参与民主管理或者就保护劳动者合法权益与用人单位进行平等协商。工会法第三十六条、第三十七条、第三十八条分别规定，国有企业职工代表大会是企业实行民主管理的基本形式，是职工行使民主管理权力的机构，依照法律规定行使职权；国有企业的工会委员会是职工代表大会的工作机构，负责职工代表大会的日常工作，检查、督促职工代表大会决议的执行，选举和罢免管理人员、决定经营管理的重大问题。集体企业的工会委员会，应当支持和组织职工参加民主管理和民主监督，维护职工选举和罢免管理人员、决定经营管理的重大问题的权力。国有企业、集体企业以外的其他企业、事业单位的工会委员会，依照法律规定组织职工采取与企业、事业单位相适应的形式，参与企业、事业单位民主管理。《中华人民共和国乡镇企业法》第十四条规定，乡镇企业依法实行民主管理，投资者在确定企业经营管理制度和企业负责人，作出重大经营决策和决定职工工资、生活福利、劳动保护、劳动安全等重大问题时，应当听取本企业工会或者职工的意见，实施情况要定期向职工公布，接受职工监督。公司法第十八条规定，公司职工依照工会法组织工会，开展工会活动，维护职工合法权益。公司应当为本公司工会提供必要的活动条件。公司工会代表职工就职工的劳动报酬、工作时间、福利、保险和劳动安全卫生等事项依法与公司签订集体合同；公司依照宪法和有关法律的规定，通过职工代表大会或者其他形式，实行民主管理；公司研究决定改制以及经营方面的重大问题、制定重要的规章制度时，应当听取公司工会的意见，并通过职工代表大会或者其他形式听取职工的意见和建议。

28 如何理解联系广泛、服务职工的工会工作体系？

工会法第六条第一款将工会组织的基本职责由“维护职工合法权益”拓展为“维护职工合法权益、竭诚服务职工群众”，相应地，在该条第四款规定，工会建立联系广泛、服务职工的工会工作体系，密切联系职工，听取和反映职工的意见和要求，关心职工的生活，帮助职工解决困难，全心全意为职工服务。其中“建立联系广泛、服务职工的工会工作体系”是本次工会法修改新增内容。

面对工会基本职责的新定位，各级工会要建立联系广泛、服务职工的工会工作体系，要改革和改进机构设置、管理模式、运行机制，减少中间层次，不搞叠床架屋，进一步形成眼睛向下、面向基层、职责明确、运转高效的格局，只有这样才能更好适应基层工作和职工群众需要。要健全服务职工体系，拓宽服务职工领域，推进“互联网 +”工会普惠性服务，让工会在职工需要时能够看得见、找得到、信得过、靠得住。要建立服务职工群众满意度评价制度，服务做得怎么样要让职工群众说了算，并且要根据职工群众意见不断提高服务水平。要推动完善职工福利制度，注重对职工的人文关怀和心理疏导服务，在做好物质服务、生活服务的同时提供更高水平的精神和文化服务。要创新基层工会组织形式，动员职工依照工会法和《中国工会章程》组建和参加工会。在各类企事业单位特别是非公有制经济组织、社会组织中普遍建立工会组织，在中小企业集中的地方推进区域性、行业性工会联合会建设，提高建会质量，实现对非公有制企业职工、科技工作者和灵活就业人员等有效覆盖。依法规范基层工会民主选举，增强工会组织代表性。要坚持重心下移，力量配备、服务资源向基层倾斜，立足自身挖掘潜能，善于借船出海、借梯登高，把神经末梢搞敏感、把毛细血管搞畅通。要建立完善社会化工会工作者队伍管理制度，加大干部培训和实践锻炼力度，提高各级工会干部联系引导能力、维权服务能力、调查研究能力、沟通协调能力。

29 如何理解工会全心全意为职工服务?

全心全意为人民服务是我们党的宗旨，也是工会工作必须遵循的行动准则。工会作为中国共产党领导的职工自愿结合的工人阶级群众组织，是党联系职工群众的桥梁和纽带，必须全心全意为职工服务。本次工会法修改，将工会的基本职责由“维护职工合法权益”拓展为“维护职工合法权益、竭诚服务职工群众”，也对工会全心全意为职工服务提出了更高的要求。要把群众观念牢牢根植心中，增强与职工群众的血肉联系，就要把对工人阶级和职工群众的真挚感情落实到工会工作的方方面面。各级工会组织要经常到职工群众中去，说职工群众听得懂的话，办职工群众期望办的事，用自己的眼睛看最真实的情况，用自己的耳朵听最真实的声音，面对面、心贴心、实打实做好职工群众维权服务工作，把职工群众呼声作为第一信号，把职工群众需求作为第一选择，把职工群众利益放在第一位置，把职工群众满意当作第一标准，始终做职工群众的贴心人。各级工会要把为职工群众服务作为天职和生命线，坚持以职工为中心的导向，牢固树立职工利益无小事理念，满腔热情为职工群众服务，一切为了职工群众，一切依靠职工群众，多谋职工群众之利，多解职工群众之忧，维护和发展群众利益，不断增强自身影响力和感召力，把党和政府关怀送到广大职工群众心坎上。为解决好职工群众最关心最直接最现实的利益问题殚精竭虑、倾尽所能，以服务职工群众实效赢得人心。要着力提高工会维权服务工作质量，切实提升职工群众获得感、幸福感、安全感。

30 为什么要将产业工人队伍建设改革写入工会法?

产业工人是工人阶级中发挥支撑作用的主体力量，是创造社会财富的中坚力量，是创新驱动发展的骨干力量，是实施制造强国战略的有生力量。党中央历来高度重视产业工人队伍建设，特别是党的十八大以来，以习近平同志为核心的党中央坚持以人民为中心的发展思想和全心全意依靠工人阶级的方针，就推进产业工人队伍建设改革作出一系列决策部署，产业工人队伍建设不断取得新进展。习近平总书记多次就产业工人队伍建设发表重要讲话、作出重要指示，提出了一系列新思想新观点新要求。集中体现在以下几方面：一是充分肯定产业工人的地位作用，指出工人阶级和广大劳动群众始终是推动我国经济社会发展、维护社会安定团结的根本力量，是我们党最坚实最可靠的阶级基础，产业工人是工人阶级的主体力量；二是明确提出产业工人队伍建设改革的目标任务，指出按照“政治上保证、制度上落实、素质上提高、权益上维护”的总体思路，造就一支有理想守信念、懂技术会创新、敢担当讲奉献的宏大的产业工人队伍；三是不断强化对产业工人的思想政治引领，指出要求加强和改进职工思想政治工作，使广大职工在理想信念、价值理念、道德观念上紧紧团结在一起；四是强调发挥劳动模范和工匠人才的示范带动作用，大力弘扬劳模精神、劳动精神、工匠精神，培养造就更多劳动模范、大国工匠；五是重视产业工人的素质提升，要求高度重视提高劳动者素质，培养宏大的高素质劳动者大军；六是切实维护产业工人合法权益，要求实现好、维护好、发展好广大普通劳动者根本利益，帮助广大劳动群众排忧解难，积极构建和谐劳动关系。

为贯彻落实习近平总书记重要指示精神，2017 年 4 月，中共中央、国务院印发《新时期产业工人队伍建设改革方案》（以下简称改革方案）；同月，中共中央办公厅、国务院办公厅印发贯彻落实改革的责任分工方案。改革方案明确了改革的指导思想、基本原则、目标任务，从加强和改进产业工人队伍思想政治建设、构建产业工人技能形成体系、运用互联网促进产业工人队伍建设、创新产业工人发展制度、强化产业工人队伍建设支撑保障等 5 个方面，提出了 25 条具体改革举措，厘清了新时期产业工人队伍建设改革为什么改、怎么改、通过什么途径、达到什么目标等一系列重大问题，是对产业工人把握为实现中国梦而奋斗这一工运时代主题的政治动员，进一步焕发广大产业工人创新创造创优的热情和活力，引导产业工人更加紧密地团结在以习近平同志为核心的党中央周围，坚定不移听党话、跟党走。

产业工人队伍建设改革推进以来，取得重要阶段性成果，相关制度建设得到加强，重点任务取得积极进展，产业工人队伍逐步壮大、素质不断提升，全社会关心支持产业工人队伍建设的良好氛围逐步形成。在这种背景下，需要在工会法修改中，深入贯彻落实习近平总书记有关重要论述和党中央决策部署，系统总结产业工人队伍建设改革实践经验，及时将行之有效的经验做法上升为法律规定，为改革深入推进提供更加有力的法治保障。为此，在2021年工会法修改中，专门增加一条，对推动产业工人队伍建设改革、发挥产业工人作用等作出明确规定。

31 工会在推动产业工人队伍建设改革中如何发挥作用？

根据工会法第八条规定，工会承担推动产业工人队伍建设改革的重要职责。工会作为党领导的工人阶级群众组织，是国家政权的重要社会支柱，是会员和职工利益的代表，在产业工人队伍建设改革中工会责无旁贷、义不容辞。改革方案提出的各方面改革举措，涉及党委、人大、政府、政协和工会等多个部门和单位，许多工作都与工会有关。改革方案明确提出，“建立贯彻落实协调机制，由全国总工会牵头、各相关部门参与，加强对产业工人队伍建设改革的宏观指导、政策协调和组织推进，实现产业工人队伍建设与宏观政策、产业政策、就业政策、社会政策联动，打破部门界限，形成整体合力，勇于责任担当，提高产业工人队伍建设科学化水平”。按照改革方案要求，全国总工会要切实履行宏观指导、政策协调、组织推进、督促检查的职责，发挥好牵头作用。各地方、各产业工会和基层工会也要在同级党委领导下，按照统一部署，积极参加贯彻落实协调机制，搞好协调配合，主动开展工作，努力推动改革举措落地见效。

工会法第八条的规定，体现了工会在推动产业工人队伍建设改革的任务、内容、目标。一是规定了工会推动产业工人队伍建设改革的任务，推动产业工人队伍建设改革成为工会的法定职责。此处的工会包括各级工会，各级工会均应推动产业工人队伍建设改革。当然，产业工人队伍建设改革不仅是工会的任务。从2016年产业工人队伍建设改革制度设计伊始，我国建立的就是一种合力推进改革的工作格局。要求坚持党委统一领导，政府有关部门各司其职，工会、行业协会、企业代表组织充分发挥作用，统筹社会组织的协同力量。二是明确了工会推动产业工人队伍建设改革的内容。一方面，提高产业工人队伍整体素质，发挥产业工人骨干作用；产业工人骨干作用的发挥依托于产业工人整体素质的提升。另一方面，维护产业工人合法权益，保障产业工人主人翁地位；产业工人主人翁地位的保障有赖于对其合法权益的维护。"提升素质、维护权益"是习近平总书记多次提到的产业工人队伍建设改革的工作举措。就提升素质而言，既包括政治素质也包括职业技能素质，工会应通过加强和改进产业工人队伍思想政治建设、构建产业工人技能形成体系等，全面提升产业工人素质。就维护权益而言，维护的权益既包括劳动经济权益，如公平的就业环境、正常增长的工资、健全的社会保险等，也包括民主政治权益，如参与本单位的民主选举、民主协商、民主决策、民主管理和民主监督；权益维护的方式既包括创新产业工人创新发展制度，也包括完善产业工人劳动经济权益保障机制等。三是确定了产业工人队伍建设改革的基本目标，即造就一支有理想守信念、懂技术会创新、敢担当讲奉献的宏大产业工人队伍。

32 如何理解产业工人队伍建设改革的目标？

2017年4月，改革方案明确提出，产业工人队伍建设改革的目标任务是，把产业工人队伍建设作为实施科教兴国战略、人才强国战略、创新驱动发展战略的重要支撑和基础保障，纳入国家和地方经济社会发展规划，通过改革，产业工人队伍不断壮大、综合素质明显提高，保障产业工人地位的制度更加健全，产业工人合法权益进一步实现，劳动光荣、技能宝贵、创造伟大的时代风尚更加浓厚，造就一支有理想守信念、懂技术会创新、敢担当讲奉献的宏大的产业工人队伍。2020 年 11 月 24 日，习近平总书记在全国劳动模范和先进工作者表彰大会上发表重要讲话，要求推进产业工人队伍建设改革，落实产业工人思想引领、建功立业、素质提升、地位提高、队伍壮大等改革措施，造就一支有理想守信念、懂技术会创新、敢担当讲奉献的宏大产业工人队伍。为此，2021 年工会法修改中，以法律规定的形式再次明确产业工人队伍建设改革的目标任务。

这一目标，既包含质的要求，即有理想守信念是思想政治目标，懂技术会创新是职业技能目标，敢担当讲奉献是职业道德目标；还包括量的要求，即宏大产业工人队伍。宏大产业工人队伍涵盖第一产业的农场、林场，第二产业的采矿业、制造业、建筑业和电力、热气、燃气及水生产和供应业，以及第三产业的交通运输、仓储及邮政业和信息传输、软件和信息技术服务业等行业中从事集体生产劳动，以工资收入为生活来源的工人。从当下来看，既包括传统工业领域的劳动者，也包括农民工和新就业形态劳动者。

33 工会的职能有哪些？

工会的职能是工会通过自身职责的确定和履行所发挥的社会功能，即工会的社会职责与社会功能的有机统一。职责，所要说明的是工会这个社会组织究竟是干什么的，有哪些社会责任，应该干什么和能够干什么。功能，是指工会在履行了自身职责之后，会起到什么样的社会效果、社会作用，具有什么样的社会价值。

工会法对工会职能的定位可以概括为：维护，即工会在维护全国人民总体利益的同时，代表和维护职工的合法权益；建设，即发动和组织职工努力完成生产任务和工作任务；参与，即参与管理国家事务、管理经济和文化事业、管理社会事务；教育，即对职工进行爱国主义、集体主义、社会主义教育，民主、法治、纪律教育，以及科学、文化、技术教育。

工会的性质决定了工会的维护职能。在社会主义市场经济条件下，党和国家政权都是职工利益的维护者，但由于社会利益主体多元化，企业内形成的市场化劳动关系等因素会使职工群众的合法权益受到侵害，因此，工会需要承担起维护职工群众合法利益和民主权利的职能，要为职工群众说话办事，维护职工群众在经济、政治、文化、社会等各个领域内的具体权益。

工人阶级的历史任务要求工会具有建设职能。在社会主义条件下，发展经济，推进改革提高效益，增强企业活力，是工人阶级的光荣责任，也是实现职工切身利益和长远利益的可靠基础。工会具有建设职能，是因为工会是实现工人阶级历史任务的重要组织形式之一。工会所履行的建设职能有着符合自身性质的特点，主要表现在工会履行建设职能不仅在生产这一个领域，而是包括生产、交换、分配、消费的全部经济建设领域，也不单纯是实现经济任务，同时也要促进社会任务的完成。

工会的地位决定了工会的参与职能。从国家政治生活来看，社会主义政治制度的民主性质客观要求工会代表职工群众参与管理；从国家经济生活来看，社会主义国家的基本性质决定了经济活动领域的民主性质；从国家社会生活来看，随着经济社会的不断发展，人民群众社会生活的自治性将会逐渐增加。工会组织和代表职工群众参与社会事务的管理是义不容辞的职责。工会参与职能具有两个层次的主要内容：一是各级工会要成为职工群众有组织地参政议政的民主渠道，二是基层工会要做好职工代表大会、厂务公开等民主管理日常工作。工会履行参与职能的主要手段是通过监督和制约来实现职工群众的民主权利。

工人阶级的历史使命要求工会具有教育职能。工会具有教育职能的原因，在于工人阶级肩负的伟大历史使命与职工群众基本素质之间的矛盾。只有通过教育，才能使职工群众得到全面发展，才能造就一支有理想守信念、懂技术会创新、敢担当讲奉献的宏大的产业工人队伍。工会教育职能包括两个方面的内容：一是思想政治教育，二是文化技术教育。工会履行教育职能也有自身特点，不是以正规化的学校教育为主体，而是寓思想政治教育和文化技术教育于工会的各项活动之中。除了工会举办的各类职工学校进行部分岗位培训和职业教育之外，工会履行教育职能主要是在开展各项实践活动中对职工群众进行教育。工会履行教育职能的另一个途径是建立学习型组织，实现职工群众的自我教育。

34 工会的建设职能、教育职能如何体现？

工会法第七条规定，工会动员和组织职工积极参加经济建设，努力完成生产任务和工作任务。教育职工不断提高思想道德、技术业务和科学文化素质，建设有理想、有道德、有文化、有纪律的职工队伍。

建设职能和教育职能是我国工会具有的两项重要职能。中国工会曾在较长时间内把工作方针概括为以生产为中心，生产、生活、教育三位一体。20世纪50年代，在重申工会的生产作用、教育作用的同时，明确工会的维护、建设、教育和调节职能。改革开放以后，中国工会积极进行了理论和实践探索，明确了工会的维护、建设、参与、教育四项社会职能。2001年工会法修改，强调了工会的建设职能和教育职能。

（1）建设职能。工人阶级是物质文明的创造者。改革开放以后，党的指导方针转变到以经济建设为中心，强调社会主义的根本任务是发展生产力，增强社会主义国家的综合国力，使人民的生活日益改善。人是生产力中最具有决定性的力量，工人阶级是推动我国先进生产力发展的基本力量，发展生产力是工人阶级所承担的历史任务。因此，工会应当始终坚持其在生产建设中的重要职能。

工会具有建设职能的意义在于：第一，这是完成工人阶级历史任务的要求。工会做好吸引和团结职工积极参加经济建设，充分发挥工人阶级在改革和建设中的主动性、积极性、创造性和主力军作用，正是直接地促进生产力的发展。第二，工会吸引职工参加改革和建设，以自己的活动领域和活动方式，去解放生产力、发展生产力。第三，发展生产力，是全国人民整体利益、根本利益所在，又是职工具体利益、现实利益所在。

新的历史时期，我们党的使命是领导全国人民坚持和发展中国特色社会主义，全面建设社会主义现代化国家，实现两个一百年奋斗目标和中华民族伟大复兴的中国梦，这是全党全国各族人民的共同任务，更是我国工人阶级的历史使命。进入新发展阶段，服从服务于党和国家的工作大局是工会工作的基本方向。工会要动员和组织广大职工群众，积极参加建设和改革，紧紧围绕全面贯彻新发展理念、推动构建新发展格局、服务高质量发展，围绕“十四五”时期国家重大战略、重大工程、重大项目、重点产业，努力完成各项生产任务和工作任务，努力促进经济、政治、文化、社会和生态文明建设。一是要不断开展劳动竞赛，促进安全生产，提高企业经济效益。工会要正确利用法律所赋予的权利，发挥好执法监督作用，定期检查劳动保护措施的落实情况，监督处理生产过程中违反劳动保护有关规定的行为，切实做好劳动安全工作。开展劳动竞赛是工会组织群众生产的一项重要活动，是促进生产、提高经济效益的有效形式。劳动竞赛必须紧紧围绕安全生产、提高工作质量和经营管理水平、降低成本、提高效益来开展。通过开展劳动竞赛，充分调动广大职工群众在发展生产中的积极性，为实现企业的各项目标任务贡献力量。二是要大力开展合理化建议和“双增双节”活动。要按照科学规律、市场规律和建立现代企业制度的要求，在广大职工中深入开展提合理化建议、技术革新、技术协作、发明创造等活动，激发广大职工的主人翁精神，为企业的改革和发展多作贡献。三是要深化产业工人队伍建设改革，激发人才创新活力，壮大高技能人才队伍，为经济高质量发展贡献智慧和力量。

（2）教育职能。我国社会主义社会的工人阶级是先进生产力和先进生产关系的代表，是最先进的阶级。工人阶级在社会化大生产的环境中锻造了坚强的组织性和纪律性，是最有发展前途的阶级，代表着人类社会的发展方向。工人阶级不仅是社会物质文明的建设者，也是精神文明的建设者，它在改造客观世界的同时，也在不断地改造着自己的主观世界，以更好地改造客观世界，如此才能始终保持和发展工人阶级的先进性。这需要工会充分履行其教育职能，提高广大职工的综合素质，进而维护工人阶级根本利益。工会履行教育职能，就是要把远大理想和现实目标结合起来，通过日常的工作和各种群众活动，教育和团结广大职工，不断地把他们吸引到实现工人阶级各个阶段面临的任务的实践中来，真正做到教育人、引导人、培育人，促进职工思想道德、技术业务和科学文化素质的不断提高，为我国经济发展和社会进步提供精神动力和智力支持。

教育职工首先要提高职工思想道德素质，切实强化对职工群众的思想政治引领。贯彻落实中共中央办公厅、国务院办公厅印发的《关于加强和改进新时代产业工人队伍思想政治工作的意见》，深化理想信念教育和劳动精神教育，引导广大职工积极践行社会主义核心价值观，坚定不移听党话、跟党走。在工会干部和职工群众中组织开展中国特色社会主义制度宣传教育，认真落实《新时代爱国主义教育实施纲要》，进一步坚定制度自信。加强对职工特别是新生代职工和农民工的人文关怀和心理疏导，把解决思想问题与解决实际问题结合起来，增强思想政治工作的针对性和实效性。落实意识形态工作责任制，加强网上思想引领工作，做好非公经济组织等重点领域和青年职工、农民工等重点群体工作，筑牢工会意识形态安全防线。其次要提高职工业务技术素质和科学文化素质。要进一步弘扬劳模精神、劳动精神、工匠精神，形成“尊重劳动、尊重知识、尊重人才、尊重创造”的社会氛围。要结合不同岗位的特点，积极开展技术革新活动、劳动和技能竞赛活动等，提高职工的学习能力、创新能力、竞争能力和创业能力。要制定切合实际的工作方案，有计划有步骤地组织职工学习科学文化知识和岗位职业培训与教育，不断提高职工的学习能力和综合素质。要逐步完善育人用人机制，注重对企业经营管理人才、科技专业人才和优秀技术工人的培养，使之成为具有创新能力的一流人才。要更好满足广大职工不断增长的精神文化需求。根据职工需求多样、参与意识增强、思想观念多元等新情况新特点，推出更多内涵精深、制作精良，有思想、有温度、有价值、有品质的文化产品。深入开展全国职工主题阅读活动，推动形成健康文明、昂扬向上、全员参与的职工文化。充分发挥工会报刊、网站、出版社、文化宫、职工书屋、文艺团体等宣传文化阵地及新媒体作用，深入职工生活，把职工的精神面貌和奋斗风采搬到舞台和作品中，讲好中国故事、中国工人故事、中国工会故事。注重在职工群众中宣传中华优秀传统文化，将其丰富内涵和精髓更好地融入职工生产生活各方面，将其智慧、气度、神韵更多地植根于职工群众的心灵深处，做到以文化人、以文育人、以文培元、以文养心，引导广大职工坚定文化自信，使中华文化成为职工群众的精神家园。职工教育是一项涉及面广、层次性强的系统工程。工会组织要站在长远发展的战略高度，从自身特点和优势出发，充分发挥工会的教育职能作用，全面提高职工素质，建设有理想、有道德、有文化、有纪律的“四有”职工队伍，不断发展工人阶级的先进性。

35 中国工会在加强同各国工会组织的友好合作关系中应坚持什么原则？

工会法第九条规定，中华全国总工会根据独立、平等、互相尊重、互不干涉内部事务的原则，加强同各国工会组织的友好合作关系。这是对中国工会在加强同各国工会组织的友好合作关系中应坚持的原则的明确规定。

中国工会是中国共产党领导的职工自愿结合的工人阶级群众组织。工会对外交流与合作工作是我国对外交往工作的重要组成部分，也是我国民间外交的重要组成部分。全国总工会对外代表中国工会，积极开展对外交流与合作，是其发挥民间外交作用的重要体现。党中央高度重视工会的对外交往交流工作。在中国革命、建设、改革各个历史时期，党和国家领导人都曾就工会外事工作作出重要批示，并多次出席工会多边会议。工会外事工作在党的领导下，始终围绕党和国家的中心工作来谋划和推进，开展了广泛的对外友好交流合作。截至目前，中国工会已与世界上 150 多个国家、400 多个工会组织建立了友好关系。中国工会代表连续 4 次成功当选国际劳工组织理事会工人组正理事。

中国工会在加强同各国工会组织的友好合作关系中应坚持以下四项原则。一是独立原则，指每个国家或者地区的工会都有权根据本国国情和广大工会会员及职工的愿望，选择自身的发展模式，确定自己的对外政策，采取自己的方式方法，从事自己的工会业务，任何别国工会或者国际工会组织不得进行干预。二是平等原则，指各国家或者各地区的工会，不论大小强弱，都具有平等地位和权利，有权平等地参与协商解决国际工会运动事务，不能由少数几个大工会或者某个国际工会组织进行垄断。三是互相尊重原则，指每个国家或地区的工会不得歧视任何别国工会，要对别国工会的发展模式和内部政策给予充分的理解。各国工会应该进一步增进相互理解和尊重，进一步加强对话，平等交流，求同存异，扩大交往，增强合作，共同推动发展相互尊重、友好合作、民主和谐的国际工会关系，进一步推动公正合理、民主和谐的国际工运新秩序的构建，推动构建人类命运共同体。四是互不干涉内部事务原则。这与国与国之间互不干涉内政原则类似。国家之间互不干涉内政，任何国家不得以任何借口直接或间接地干预他国的国内事务和外交事务；任何国家不得组织、协助、煽动、资助以颠覆别国合法政府为目的的组织或者活动。与此相应，任何别国工会和国际工会组织不得以任何借口干涉他国工会的内部事务，不得以任何借口损害各国工人的根本利益。各国工会都要发扬国际工会运动团结声援的传统，支持各国工人和人民的正义斗争，促进各国工会之间互相尊重、求同存异、平等相待、互利合作的精神，增强团结、互相支持。

长期以来，中国工会始终坚持“独立自主、互相尊重、求同存异、加强合作、增进友谊”的方针，在独立、平等、互相尊重、互不干涉内部事务的原则基础上，与各国、各国际工会组织建立和发展关系，在工会对外交往交流工作上取得显著进展，向世界广泛宣传中国工会的理念和工作成就，极大地增进了各工会组织之间的相互了解和友谊。近年来，中华全国总工会进一步加强工会外事工作，坚持工会外事工作服务国家总体外交、服务工会全局工作，深化同港澳台工会和劳动界的交流合作，高举和平、发展、合作、工人权益的旗帜，加大与各国、各地区、国际性工会组织和劳动界的交流交往力度，拓展工会外事工作的有效平台，进一步发展了同各国工会组织、国际和区域工会组织的双边和多边关系，增进了同各国工人阶级的友谊，增强了在国际工运中的话语权，提升了我国工会的国际影响力，促进国际工运秩序更加公正合理、民主和谐。

当前，国际工会运动正越来越多地受到国际政治经济形势变化的影响，处在一个重要的变化时期。新冠肺炎疫情对全球经济和国际形势变化产生了深刻的影响，要解决由此给各国劳动者带来的新问题、新挑战，切实维护广大劳动者权益，推进国际工会运动健康发展，需要各国工会和国际工会组织的共同努力和协商交流，必须促进对话交流，协商应对挑战，谋求合作共赢。各国工会组织要超越意识形态和所属国际组织的差别，把推动经济发展、维护职工利益、促进共同繁荣作为重要前提，相互尊重、增进理解，加强交流、扩大合作，共同应对挑战、共迎发展机遇、共担发展责任、共享发展成果。中国工会应当始终坚持独立、平等、互相尊重、互不干涉内部事务的原则，紧紧围绕党和国家外交战略布局，充分发挥工会民间外交优势，努力为推动构建人类命运共同体、增进各国劳动者福祉作出新的更大贡献。

36 工会各级组织按照什么原则建立?

工会法第十条第一款规定，“工会各级组织按照民主集中制原则建立”。《中国工会章程》第九条也明确规定，“中国工会实行民主集中制”，并对其主要内容作了具体规定。民主集中制原则是我国工会始终坚持的组织原则，也是非常重要的组织原则，工会组织和会员都必须按照这个原则进行活动。这一原则体现了中国工会作为工人阶级群众组织的性质，体现了中国共产党领导下的中国工会的根本特征。具体体现在以下几个方面：

（1）各级工会委员会由会员大会或者会员代表大会民主选举产生。这是实现民主集中制的重要保证。工会的地方各级代表大会和工会委员会是地方各级工会的领导机关，它们的产生要充分体现选举人的意志。由会员民主选举工会干部并对工会干部实行监督，体现了会员在工会内的民主权利，必然增强会员的责任感，发挥他们的积极性、主动性和创造性。

（2）各级工会委员会向同级会员大会或者会员代表大会负责并报告工作，接受其监督。各级工会委员会由会员大会或者会员代表大会选举产生，各级工会委员会在代表大会闭会期间，负责贯彻执行上级工会的决定和同级工会代表大会的决议，领导本地区的工会工作，工会委员会必须向大会负责，并向大会报告大会所决定的工作任务的完成情况、经费的使用情况以及大会认为有必要报告的其他情况，接受全体会员的监督。

（3）会员大会或者会员代表大会有权撤换或者罢免其所选举的代表或者工会委员会组成人员。撤换和罢免是工会会员对会员代表和工会委员会委员、会员代表对工会委员会委员实施监督的有效形式之一。工会会员认为会员代表或者工会委员会委员有违法、违反章程或者失职、不称职以及其他违背工会会员意志的行为，可以要求撤换或者罢免其选举的代表或者委员；会员代表认为工会委员会委员有违法、违反章程或者失职、不称职以及其他违背工会会员或者会员代表意志的行为，也可以要求撤换或者罢免工会委员会委员。不论是要求撤换还是要求罢免会员代表或者工会委员会委员，都要严格依照民主集中制原则办事，坚持少数服从多数的原则，做到民主规范。

（4）上级工会组织领导下级工会组织。贯彻民主集中制原则，各级工会组织在接受同级党组织领导为主的同时，必须接受上级工会的领导。同时，工会的各级领导机关要加强对下级组织的领导和服务，经常向下级组织通报情况，听取下级组织和会员的意见，研究和解决他们提出的问题。这样，才能使上级工会组织集中起来的正确意见，得到所有下级组织的正确贯彻执行。

37 各级工会委员会如何产生？

工会的各级代表大会和工会委员会是各级工会的领导机关。工会法第十条第二款规定，“各级工会委员会由会员大会或者会员代表大会民主选举产生”。各级工会委员会由民主选举产生，也是工会各级组织按照民主集中制原则建立的具体体现。这是因为，只有会员民主选举产生的领导机关，才能充分体现会员的意志，才能建立起领导与被领导的正确关系。民主选举有利于把真正为职工群众服务，敢于为职工说话、深受群众拥护的人选进工会的领导机构，并增强当选的工会干部的责任感和使命感。由会员民主选举工会干部并对工会干部实行监督，体现了会员的民主权利，有利于发挥会员的积极性、主动性和创造性。实践中，民主选举候选人的名单，要反复酝酿、充分讨论，任何组织和个人，不得以任何方式强迫选举人选举或者不选举某个人。

38 哪些人不得作为基层工会委员会委员的人选？

工会法第十条第二款规定，“企业主要负责人的近亲属不得作为本企业基层工会委员会成员的人选”。这是对担任企业工会委员会委员的限制性规定。全国总工会印发的《工会基层组织选举工作条例》第十一条对基层工会委员会委员的人选作了进一步限制，“单位行政主要负责人、法定代表人、合伙人以及他们的近亲属不得作为本单位工会委员会委员、常务委员会委员和主席、副主席候选人”。实践中，在一些非公有制企业中，存在经理、厂长等主要负责人的配偶或兄弟姐妹等近亲属担任本企业工会主席的情况。对基层工会委员会委员的人选进行条件限制，主要目的在于使工会更好地立足职责本位，避免角色冲突，赢得职工信赖，进而更有效地代表和维护职工的合法权益。

39 工会委员会与同级会员大会或者会员代表大会之间是什么关系？

工会法第十条第三款规定，“各级工会委员会向同级会员大会或者会员代表大会负责并报告工作，接受其监督”。这里明确了工会委员会与同级会员大会或者会员代表大会的关系。工会的全国代表大会是工会的最高领导机关，它代表全体工会会员的意志，在工会组织内享有最高的决策权、选举权和监督权。工会的地方各级代表大会则代表该地区工会会员的意志，也享有相应的决策权、选举权和监督权。各级工会委员会委员由会员大会或者会员代表大会选举产生，代表大会决定工会委员会的组成和工作任务。各级工会委员会在代表大会闭会期间，负责贯彻执行上级工会的决定和同级工会代表大会的决议，领导本地区的工会工作，工会委员会必须向大会负责，并向大会报告大会所决定的工作任务的完成情况、经费的使用情况以及大会认为有必要报告的其他情况，接受全体会员的监督。

与此同时，工会法第十条第四款还规定，“会员大会或者会员代表大会有权撤换或者罢免其所选举的代表或者工会委员会组成人员”。根据此款规定，工会会员或工会代表认为工会委员会委员有违法、违反章程或者有失职、不称职以及其他违背工会会员或者会员代表意志的行为，可以要求撤换或者罢免工会委员会委员，以对工会委员会委员实施监督。

40 工会上下级组织之间是什么关系？

工会法第十条第五款规定，“上级工会组织领导下级工会组织”。这一规定明确了上级工会组织和下级工会组织是领导和被领导的关系。工会的最高领导机关，是工会的全国代表大会和它所产生的中华全国总工会执行委员会。工会的地方各级领导机关，是工会的地方各级代表大会和它所产生的总工会委员会。“上级工会组织领导下级工会组织”，这里的“领导”，一方面是指由工会的全国代表大会讨论决定的全国工会的工作方针和一定时期的全国工会的任务，在代表大会闭会期间由中华全国总工会执行委员会负责其贯彻执行，领导全国各级工会按代表大会的决议开展工作。地方各级工会的工作方针和一定时期的工作任务，也要在上级工会的领导下，按照这一原则确定和实施。另一方面，工会的各级领导机关要加强对下级组织的领导和服务，经常向下级组织通报情况，听取下级组织和会员的意见，研究和解决他们提出的问题。下级组织要及时向上级组织请示报告工作，这也是民主集中制规定的上下级之间关系的体现，以保证建立正常的工作制度，其目的是保证上级工会组织能在充分了解下级组织和会员群众的愿望和要求的基础上作出正确的决定。同时，又能使上级工会组织集中起来的正确意见，得到所有下级组织的正确贯彻执行，这样才能加强工会的系统领导。

41 全国工会组织系统是如何组成的？

工会法第十一条规定，“用人单位有会员二十五人以上的，应当建立基层工会委员会；不足二十五人的，可以单独建立基层工会委员会，也可以由两个以上单位的会员联合建立基层工会委员会，也可以选举组织员一人，组织会员开展活动”“县级以上地方建立地方各级总工会”“同一行业或者性质相近的几个行业，可以根据需要建立全国的或者地方的产业工会”“全国建立统一的中华全国总工会”。据此规定可以看出，全国工会组织系统，总体而言，可分为“两大系统五大层级”。“两大系统”是指在全国总工会的统一领导下，分别建立县级以上地方工会和产业工会两大组织系统。具体来说，“五大层级”从上至下分别为：全国总工会、省（自治区、直辖市）总工会、市（地、州）总工会、县（市、区、旗）总工会和基层工会，共五级。产业工会全国组织和各级地方产业工会组织分别是中华全国总工会和各级地方总工会的组成部分。

我国工会的组织系统集中体现了产业和地方相结合以及民主集中制的基本组织原则：（1）我国工会的最高领导机关是工会的全国代表大会和它所产生的中华全国总工会执行委员会。（2）从基层工会到中华全国总工会的关系是通过产业工会和地方工会这两大系统层层联合、相互结合而形成的。（3）中华全国总工会对基层工会及各级产业和地方工会的统一领导关系，是按照民主集中制的原则，通过各级、各类工会代表大会的层层代表和选举而形成的。

42 什么是基层工会？

按照工会法和《中国工会章程》的规定，在企业、事业单位、机关和社会组织等基层单位经过上级工会批准建立的工会组织，称为基层工会组织。基层工会是工会组织体系中最基本的组织单位，是整个工会的组织基础和工作基础。基层工会主要包括企业、事业单位的工会和机关工会、社会组织工会等。《中国工会章程》第二十五条还规定，“社区和行政村可以建立工会组织”，明确把社区工会和行政村工会纳入了基层工会的范围。

为适应加强基层工会组织建设的需要，最大限度地把职工组织到工会中来，2001 年修改工会法时，增加了在职工较多的乡镇、城市街道建立工会组织的规定。“职工较多”是建立乡镇、街道工会联合会的主要条件，在一些职工比较多的乡镇、街道，可以按照联合制、代表制的原则，建立基层工会的联合会，在乡镇（街道）同级党组织和上级工会的领导下开展工作。与此同时，《中国工会章程》第二十二条还规定了“县和城市的区可在乡镇和街道建立乡镇工会和街道工会组织，具备条件的，建立总工会”。

由于我国企事业单位等用人单位人数规模差异较大，基层工会的组织形式也因此具有不同的形式。工会法第十一条规定，“用人单位有会员二十五人以上的，应当建立基层工会委员会；不足二十五人的，可以单独建立基层工会委员会，也可以由两个以上单位的会员联合建立基层工会委员会，也可以选举组织员一人，组织会员开展活动”。据此，基层工会的组织形式主要有以下几种：（1）基层工会委员会，一般是指企业、事业单位、机关、社会组织等有会员二十五人以上，经上级工会批准，由会员（代表）大会选举产生的工会组织；（2）基层工会联合委员会，是指由企业、事业单位、社会组织等，在各自成立基层工会组织并民主选举产生本单位工会委员会的基础上，在一定的区域或行业范围内，按联合制、代表制原则建立的区域性或行业性基层工会组织；(3) 联合基层工会委员会，是指两个以上单位由于各自会员人数少，不能单独建立基层工会委员会，而就近按地域或行业联合建立的基层工会委员会。

工会基层组织是工会组织密切联系职工群众，开展工会各项工作的承载者和实践者，是工会工作的基础和关键。工会的各项工作任务都要通过工会基层组织来落实，工会的作用最终要通过工会基层组织来体现。

43 什么是工会女职工委员会？

女职工是职工队伍的重要组成部分，女职工工作是工会工作不可分割的重要组成部分。工会女职工工作既体现工会工作的一般规律，又有自身的特点规律。工会女职工委员会是在同级工会委员会领导下，代表和维护女职工合法权益及特殊利益的内部专门工作委员会。各级工会女职工委员会在接受同级工会委员会领导的同时，也接受上级工会女职工委员会的指导。

(1) 关于工会女职工委员会的建立。工会法第十一条规定，“女职工人数较多的，可以建立工会女职工委员会，在同级工会领导下开展工作；女职工人数较少的，可以在工会委员会中设女职工委员”。《中国工会章程》对建立工会女职工委员会作了更为具体的规定，明确各级工会建立女职工委员会，表达和维护女职工的合法权益。女职工委员会与同级工会委员会同时建立，在同级工会委员会领导下开展工作。工会基层委员会有女会员十人以上的建立女职工委员会，不足十人的设女职工委员。此外，《中国工会章程》还明确了女职工委员会的产生方式，一种是由同级工会委员会提名，在充分协商的基础上组成；另一种是由女职工大会或女职工代表大会选举产生。

(2) 关于工会女职工委员会的人员构成。全国总工会印发的《工会女职工委员会工作条例》对女职工委员会主任、副主任及委员如何产生作了规定，要求基层工会女职工委员会主任、副主任与工会委员会同时报上级工会审批。全国总工会印发的《工会基层组织选举工作条例》规定，基层工会女职工委员会主任由同级工会女主席或女副主席担任，也可经民主协商，按照相应条件配备女职工委员会主任。女职工委员会主任应提名为同级工会委员会或常务委员会委员候选人。基层工会女职工委员会主任、副主任名单，与工会委员会选举结果同时报上一级工会批准。

（3）关于工会女职工委员会与妇联的关系。《中国工会章程》规定，企业工会女职工委员会是县或者县以上妇联的团体会员，通过县以上地方工会接受妇联的业务指导。在中共中央办公厅关于企业女职工工作问题的有关复函中也明确了企业工会女职工委员会是县或者县以上妇联的团体会员，接受妇联的业务指导。妇联不在企业建立组织。根据上述规定，妇联组织不对企业工会女职工委员会直接进行工作联系与指导，也不对企业工会女职工委员会下达工作任务，需要时，可以通过县以上同级地方工会对企业工会女职工委员会提出要求。正确处理好基层工会，特别是企业工会女职工委员会与妇联组织的关系，有利于工会女职工委员会在同级工会委员会领导下开展工作，有利于加强职工队伍的团结。

44 什么是基层工会联合会？

基层工会联合会是基层工会的一种组织形式，是由若干个单位在各自成立基层工会组织的基础上，在一定的区域或行业范围内，按联合制、代表制原则建立的区域性、行业性的基层工会的联合体。

基层工会联合会是近年来地方工会在扩大组织覆盖和工作覆盖探索实践中形成的一种有效形式。实践中，基层工会联合会与联合基层工会委员会容易混淆。联合基层工会委员会，一般是指那些规模较小、职工和工会会员人数较少的用人单位，由于不能或不便单独组建基层工会委员会，按照自愿组合的原则，在发展工会会员，组建工会小组的基础上，联合召开会员大会或会员代表大会选举产生基层工会委员会。这两种组织形式的主要区别是，联合基层工会委员会的成员单位自己未单独组建基层工会联合会，而只是会员群体，可称为工会分会或工会小组，不能单独行使基层工会委员会的职权；而基层工会联合会的成员单位都已单独建立了基层工会组织，在此基础上进行联合，组成基层工会联合会。这两种工会组织形式共同解决了在市场经济条件下，经济形式多样、企业规模大小不一、职工流动性大等情况给工会组织发展和建设带来的困难与矛盾。

45 地方各级总工会如何建立？

地方各级总工会是中国工会的各级地方组织，是当地地方工会组织和产业工会地方组织的领导机关。其领导职能主要是通过所在地工会的代表大会和代表大会所产生的总工会委员会来实现的。

（1）地方各级总工会建立的范围。工会法第十一条规定，“县级以上地方建立地方各级总工会”。具体包括省、自治区、直辖市，设区的市和自治州，县（旗）、自治县、不设区的市建立的总工会。《中国工会章程》在地方组织一章规定，“县和城市的区可在乡镇和街道建立乡镇工会和街道工会组织，具备条件的，建立总工会”。根据《中国工会章程》和全国总工会有关文件精神，乡镇（街道）工会承担地方工会和基层工会双重职责。

（2）地方各级总工会建立的原则。工会法第十条规定，“工会各级组织按照民主集中制原则建立。各级工会委员会由会员大会或者会员代表大会民主选举产生”。可见，包括地方各级总工会在内的工会各级领导机关，都必须按照民主集中制的原则建立，由会员大会或者会员代表大会选举产生。这是工会的一项重要的组织原则。会员大会由同级工会的全体会员组成；会员代表大会由全体会员通过民主选举产生的代表组成。工会各级代表大会的代表和工会委员会的产生，要充分体现选举人的意志。候选人名单，要反复酝酿，充分讨论。选举采用无记名投票方式，可以直接采用候选人数多于应选人数的差额选举办法进行正式选举；也可以先采用差额选举办法进行预选，产生候选人名单，然后进行正式选举。任何组织和个人，不得以任何方式强迫选举人选举或者不选举某个人。部分省、自治区总工会设立的地区工会办事处以及有些产业工会的工作委员会等工会派出代表机关，都不是一级工会组织，不是采取民主选举的办法，而是由各级工会任命其负责的工作人员。

（3）地方各级总工会的建立须经上一级工会批准。工会法第十二条第一款规定，“基层工会、地方各级总工会、全国或者地方产业工会组织的建立，必须报上一级工会批准”。具体来说，省、自治区、直辖市建立总工会要报全国总工会批复同意；设区的市和自治州建立总工会要报省、自治区、直辖市总工会批准；县（旗）、自治县、不设区的市和市辖区建立总工会要报设区的市和自治州总工会批准。

46 全国或者地方的产业工会如何建立？

全国产业工会（产业工会全国委员会）是中华全国总工会领导下的全国一级的工会组织，是本产业工会所属各级工会组织的全国领导机构。工会法第十一条规定，“同一行业或者性质相近的几个行业，可以根据需要建立全国的或者地方的产业工会”。《中国工会章程》规定，“产业工会全国组织的设置，由中华全国总工会根据工作需要决定”。根据《中国工会章程》的规定，产业工会全国委员会的建立，经中华全国总工会批准，可以按照联合制、代表制原则组成，也可以由产业工会全国代表大会选举产生。产业工会全国委员会每届任期五年，任期届满，应当如期召开会议，进行换届选举。在特殊情况下，经全国总工会批准，可以提前或者延期举行。在现有的 10 个全国产业工会中，中华全国铁路总工会是实行工会代表大会制度的产业工会，其余 9 个全国产业工会都是按联合制、代表制原则建立的产业工会全国委员会。

地方产业工会是在同级地方总工会领导下的一级工会组织。根据《中国工会章程》第二十四条的规定，“各级地方产业工会组织的设置，由同级地方总工会根据本地区的实际情况确定”。省、自治区、直辖市总工会，自治州、市总工会，县（旗）总工会，根据当地产业结构和职工队伍的构成情况，可建立本地区的产业工会组织。在实践中，由于各地经济结构和职工队伍构成情况不同，地方产业工会设置差异比较大，产业工会的内部结构也不尽相同。有的产业工会召开工会代表大会，领导班子由工会代表大会民主选举产生；有的产业工会按照联合制、代表制原则组成产业工会领导机构；有的产业工会设置形式为工作委员会，作为上一级工会的派出机构；有一些地方产业工会主席按照同级总工会副职级配备，多数地方产业工会主席按照同级总工会中层干部配备；有的产业工会设置常委会和工作机构。有的产业工会设在地方总工会，称为驻会产业工会，以所在地方总工会领导为主；有的产业工会设在政府有关部门，称为非驻会产业工会，以相关部门党组织领导为主。除实行垂直领导的铁路、民航、金融等产业工会外，地方产业工会以同级地方工会领导为主，同时接受上级产业工会的领导。

47 如何理解“全国建立统一的中华全国总工会”？

根据工会法和《中国工会章程》的规定，全国建立统一的中华全国总工会。中华全国总工会是各级地方总工会和各产业工会全国组织的领导机关。

这就是说，中华全国总工会是中国境内唯一合法的工会组织，是中国境内各级各类工会组织的最高领导机关，负责领导全国工会工作。在中国境内建立的各级各类工会组织，都是中华全国总工会的下级或基层组织，必须认真贯彻中华全国总工会提出的工会工作方针和作出的决议，按照中华全国总工会的工作部署和要求，结合各自的实际开展工作。各级、各地工会工作和职工队伍的重大问题与事项，要按照组织程序及时报告中华全国总工会。对于“全国建立统一的中华全国总工会”，还可以从以下几个方面理解：

（1）历史的选择。中国工人阶级在五四运动中作为一个独立的阶级登上政治舞台，特别是中国共产党成立以后，中国工人运动蓬勃发展，中国的工会组织快速增长并逐步由分散走向联合，筹备建立全国性的统一的工会组织被提上日程。1922 年 5 月 1 日，第一次全国劳动大会在广州召开，大会决定在中华全国总工会成立前把中国劳动组合书记部作为全国工会的总通讯机关。1925 年 5 月 1 日，第二次全国劳动大会在广州召开，决定正式成立中华全国总工会，并通过了《中华全国总工会总章》。由此，中华全国总工会作为中国工会的全国组织正式登上了历史舞台。到目前为止，中国工会已经召开了十七次全国代表大会。在中国工会第七次全国代表大会之前，大会的名称为全国劳动大会。这些全国劳动大会和全国代表大会通过的总章、章程均规定了中华全国总工会是各级地方总工会和各产业工会全国组织的领导机关，即中国工会的全国组织是中华全国总工会。

（2）有明确的法律依据。1950 年的工会法第三条规定，“工会为根据全国劳动大会及各产业工会（包括文化教育工作者工会、公务人员工会等）之代表大会通过的章程与决议所组成之群众团体，有其全国独立的、统一的组织系统，以中华全国总工会为最高领导机关”。1992 年的工会法第十二条第四款（现第十一条第五款）规定，“全国建立统一的中华全国总工会”，一直沿用至今。

（3）有重大的政治意义。我国采用一元化的工会组织体制，是与党的坚强领导、我国的政治体制相适应的，是经过长期曲折斗争实现的，也是我国工会的显著特点和突出优势。坚持工会组织的团结统一，防止和反对工会运动的分裂与多元，是我国工会的一个基本组织原则，是坚持走中国特色社会主义工会发展道路、维护工人阶级利益和实现工人阶级团结的重要保障。

48 工会组织成立是否需要报上一级工会批准？

工会法第十二条第一款规定，“基层工会、地方各级总工会、全国或者地方产业工会组织的建立，必须报上一级工会批准”。《中国工会章程》第十六条规定，“成立或者撤销工会组织，必须经会员大会或者会员代表大会通过，并报上一级工会批准”。由此可见，成立工会组织必须报上一级工会批准，这是贯彻落实民主集中制原则，加强上级工会对下级工会领导的具体体现。工会各级组织是按照民主集中制原则建立起来的，组建工会报上级工会批准，目的在于保证我国工会组织的统一性，同时也有利于明确工会的组织隶属关系，接受上级工会的帮助、指导和服务。

在全国建立统一的工会组织，是根据中国的历史、现实和工人群众的意愿作出的规定，目的是使职工群众的力量团结、统一，是符合工人阶级根本利益的，也是工人阶级当家作主的集中体现。中国工人阶级的力量在于团结和统一，我国工会组织的统一是建立在广泛民主基础上的统一。为了保持国家和社会的稳定，使广大职工和全国人民一起集中精力进行社会主义现代化建设，必须同分裂工人阶级队伍的行为作斗争。工会组织的建立要经上一级工会批准，对于防止出现非法的工会团体，有着重要的作用。是否经上一级工会批准，也是基层工会是否合法的一个必备标志。

根据工会法和《中国工会章程》的规定，省、自治区、直辖市建立总工会要报全国总工会批复同意；设区的市和自治州建立总工会要报省、自治区、直辖市总工会批准；县（旗）、自治县、不设区的市和市辖区建立总工会要报设区的市和自治州总工会批准；全国产业工会的建立要报全国总工会批准；地方产业工会的建立，应根据其特点报地方同级总工会或者上级产业工会批准。

49 上级工会对于企业职工组建工会有何权利和职责？

工会法第十二条第二款规定，“上级工会可以派员帮助和指导企业职工组建工会，任何单位和个人不得阻挠”。《中国工会章程》规定，“上级工会可以派员帮助和指导用人单位的职工组建工会”。可见，上级工会有派员帮助和指导企业职工组建工会的权利。具体包括与企业、事业单位以及社会组织的法定代表人或者负责人约见商谈，取得其对职工组建工会的理解与支持；在与企业、事业单位以及社会组织的法定代表人或者负责人协商确定的时间内进入企业、事业单位以及社会组织，以口头、书面等各种形式向职工宣传建会的意义和入会的方式等。当然，上级工会也承担防止有关单位和个人“阻挠”企业职工组建工会的职责，特别是有效解决部分单位存在的拒绝与上级工会就建会问题约见商谈，阻止、限制上级工会派员进入单位，对上级工会派出的人员进行威胁、殴打、谩骂、侮辱等问题，依法保障企业职工建立工会、加入工会的权利。

为保障上级工会的上述有关权利，工会法第五十一条明确规定，阻挠职工依法参加和组织工会或者阻挠上级工会帮助、指导职工筹建工会的，由劳动行政部门责令其改正；拒不改正的，由劳动行政部门提请县级以上人民政府处理；以暴力、威胁等手段阻挠造成严重后果，构成犯罪的，依法追究刑事责任。

50 工会组织可以被随意撤销、合并吗?

工会法第十三条第一款规定,“任何组织和个人不得随意撤销、合并工会组织”。任何社会团体一经依法成立后,国家就保护其合法的权益。工会是依法建立的社会团体,国家的法律也保护其合法权益。因而,工会法、《中国工会章程》都明确规定了任何组织和个人不得随意撤销、合并工会组织。工会法第五十四条明确规定,出现非法撤销、合并工会组织情形的,由县级以上人民政府责令改正,依法处理。《中国工会章程》第十六条则规定,成立或者撤销工会组织,必须经会员大会或者会员代表大会通过,并报上一级工会批准。工会基层组织所在的企业终止,或者所在的事业单位、机关和其他社会组织被撤销,该工会组织相应撤销,并报上级工会备案。其他组织和个人不得随意撤销工会组织,也不得把工会组织的机构撤销、合并或者归属其他工作部门。实践中,存在取消工会牌子和工会专职工作人员、把工会委员会的工作机构与相关部门合并等撤销、合并工会组织的行为。对于这些行为,应按照工会法、《中国工会章程》的规定予以纠正。

51 基层工会所在的用人单位终止或者被撤销的,该工会是否需要相应撤销?

工会法第十三条第二款规定,“基层工会所在的用人单位终止或者被撤销,该工会组织相应撤销,并报告上一级工会”。这是关于基层工会组织撤销的规定。由于企业的关闭、合并、破产及其他形式的企业终止,以及机关、事业单位、社会组织合并、被撤销,使基层工会组织失去了存在的基础,用人单位所在的基层工会组织也需要随之撤销。基层工会组织撤销时，应当报告上一级工会。按照《中国工会章程》的有关规定，撤销工会组织应当经会员大会或者会员代表大会通过，同时规定，工会组织撤销或者解散，其经费资产由上级工会处置。

52 某一工会组织被撤销的，其会员的会籍如何处理？

工会法第十三条第三款规定，依照工会法规定被撤销的工会，其会员的会籍可以继续保留，同时授权全国总工会制定关于会籍的具体管理办法。按照这一规定，工会被撤销后，其会员的会籍应当继续保留，有关工会组织也应当继续关心他们，并帮助他们解决实际困难。根据工会法的授权规定，2016 年 12 月，全国总工会制定印发《工会会员会籍管理办法》，规定原用人单位关闭或破产的，可将会员会籍转至其居住地的乡镇（街道）或村（社区）工会。重新就业后，由其本人及时与新用人单位接转会员会籍。会员在保留会籍期间免交会费，不再享有选举权、被选举权和表决权。

53 什么是专职工会主席？一般应如何设置？

专职工会主席，是指用人单位专设的工会主席职务，经选举产生的工会主席专门从事工会工作。工会法第十四条规定，“职工二百人以上的企业、事业单位、社会组织的工会，可以设专职工会主席。工会专职工作人员的人数由工会与企业、事业单位、社会组织协商确定”。此外，专职工会主席依照工会法有关规定享受相应履职保障。实践中，有的用人单位将工会机构撤销，或将工会与其他部门合并，不能保证工会工作人员有充足的时间和精力做好工会工作，削弱了工会工作，因而2001年修改工会法时，增加了配备工会专职干部的规定。此次工会法修改保留了这一规定，并增加了职工二百人以上的社会组织也可以设专职工会主席，工会专职工作人员的人数由工会与社会组织协商确定的规定。这样规定，企业、事业单位、社会组织中的工会干部，根据需要，可以是专职，也可以是兼职，基本上能够适应各种不同情况。

54 工会是否具有法人资格？

工会法第十五条规定："中华全国总工会、地方总工会、产业工会具有社会团体法人资格。基层工会组织具备民法典规定的法人条件的，依法取得社会团体法人资格。"根据民法典有关规定，法人是具有民事权利能力和民事行为能力，依法独立享有民事权利和承担民事义务的组织。法人应当依法成立。法人应当有自己的名称、组织机构、住所、财产或者经费。法人成立的具体条件和程序，依照法律、行政法规的规定。法人以其全部财产独立承担民事责任。民法典对我国的法人制度作了总体设计，规定法人的类型包括营利法人、非营利法人和特别法人。营利法人包括有限责任公司、股份有限公司和其他企业法人等。非营利法人包括事业单位、社会团体、基金会、社会服务机构等。特别法人包括机关法人、农村集体经济组织法人、城镇农村的合作经济组织法人、基层群众性自治组织法人。工会是职工自愿结合的工人阶级群众组织，从法律性质上说，工会组织属于社会团体。目前，全国的工会组织包括中华全国总工会、地方总工会、产业工会、基层工会，由于不同类型工会的具体情况差别较大，工会法对工会的法人资格问题分两种情况作了规定。

（1）全国总工会、地方总工会、产业工会，具有社会团体法人资格。全国总工会是各级地方总工会和各产业工会全国组织的领导机关，负责指导各地方总工会和全国产业工会开展工作。地方总工会是工会的地方组织，按照我国地方行政区划建立，包括省、自治区、直辖市，设区的市和自治州，县（旗）、自治县、不设区的市、市辖区三级，由同级工会代表大会民主选举产生。产业工会是同一行业或者性质相近的几个行业，根据需要建立的全国的或者地方的工会组织。根据民法典规定，具备法人条件，基于会员共同意愿，为公益目的或者会员共同利益等非营利目的设立的社会团体，经依法登记成立，取得社会团体法人资格；依法不需要办理法人登记的，从成立之日起，具有社会团体法人资格。可见，社会团体法人资格有成立即取得和申请登记取得两种情形。根据《社会团体登记管理条例》规定，参加中国人民政治协商会议的人民团体不属于《社会团体登记管理条例》规定登记的范围。民政部《关于对部分团体免予社团登记有关问题的通知》明确，参加中国人民政治协商会议的人民团体不进行社团登记，具体包括工会、共青团、妇联、科协、侨联、台联、青联、工商联等 8 个人民团体。根据《中国人民政治协商会议章程》，县级以上工会属于参加人民政协的人民团体，因此全国总工会、地方总工会、产业工会不需要登记，一经成立即自然取得社会团体法人资格，工会法以法律形式予以确认。

（2）基层工会组织具备民法典规定的法人条件的，依法取得社会团体法人资格。基层工会是建立在各种所有制的企业、事业单位、机关、社会组织中的工会组织，它是工会组织体系中最基本的组织单位，是整个工会的组织基础和工作基础。此外，基层工会还包括村（社区）工会、区域性、行业性工会联合会等。根据《中国工会章程》和全国总工会有关文件精神，乡镇（街道）工会承担地方工会和基层工会双重职责，具备条件的，可以成立总工会。基层工会是否具有社会团体法人资格，要按照民法典规定的法人条件依法予以确认。基层工会组织依法成立，有自己的名称、组织机构、住所、财产或者经费是申请取得社会团体法人资格的必要条件。当然，由于工会组织的群众组织性质，其成立还要符合《中国工会章程》的有关规定。依照 2020

年 12 月全国总工会印发的新修订的《基层工会法人登记管理办法》，中华全国总工会和县以上各级地方总工会为基层工会法人登记管理机关。具备民法典规定条件的基层工会，应当向登记管理机关申请工会法人资格登记。登记管理机关对有关申请文件进行审查，审查合格的，颁发《工会法人资格证书》，并赋予统一社会信用代码。

55 基层工会组织如何取得社会团体法人资格？

工会法第十五条规定了具备民法典规定的法人条件的基层工会组织，依法取得社会团体法人资格，但对如何依法取得没有规定。最高人民法院在《关于产业工会、基层工会是否具备社团法人资格和工会经费集中户可否冻结划拨问题的批复》（2020 年 12 月 23 日）规定，“根据《中华人民共和国工会法》（以下简称工会法）的规定，产业工会社会团体法人资格的取得是由工会法直接规定的，依法不需要办理法人登记。基层工会只要符合《中华人民共和国民法典》、工会法和《中国工会章程》规定的条件，报上一级工会批准成立，即具有社会团体法人资格”。这个司法解释解决了基层工会到哪里登记的问题，明确了基层工会组织法人资格不需要到工会外部登记，由工会系统内部登记即可。围绕谁来登记的问题，1997 年 10 月，全国总工会制定了《基层工会法人资格登记办法》，并于 2008 年、2020 年先后两次进行修订。2020 年 12 月，全国总工会印发了新修订的《基层工会法人登记管理办法》，规定全国总工会和县以上各级地方总工会为基层工会法人登记管理机关。具备民法典规定条件的基层工会，应当于成立之日起六十日内，向登记管理机关申请工会法人资格登记。登记管理机关自受理登记申请之日起十五日内完成对有关申请文件的审查，审查合格的，颁发《工会法人资格证书》。

56 基层工会委员会任期是多长时间？

工会法第十六条规定，“基层工会委员会每届任期三年或者五年”。这是关于工会委员会任期的规定，是 2001 年工会法修改时增加的规定。当时考虑到工会法规定了对工会基层委员会专职干部劳动合同保护的规定，法律也应当相应规定保护期限，因此增加了任期规定。工会基层委员会的任期根据不同情况可以是三年或者五年。有的企业规模较小，工会会员也比较少，其工会基层委员会的任期应当相应短些，可以是三年；有的企业规模很大，工会会员也很多，经常开会从人力、财力上也会付出很多，工会的任期可以长一些，可以是五年。根据《中国工会章程》的有关规定，基层工会委员会的具体任期由会员大会或者会员代表大会决定。任期届满，应当如期召开会议，进行换届选举。在特殊情况下，经上一级工会批准，可以提前或者延期举行。

57 工会会员大会或者会员代表大会如何召开？

工会法第十七条规定：“基层工会委员会定期召开会员大会或者会员代表大会，讨论决定工会工作的重大问题。经基层工会委员会或者三分之一以上的工会会员提议，可以临时召开会员大会或者会员代表大会。”根据此条规定，会员大会或者会员代表大会由基层工会委员会定期组织召开。工会法未对“定期”作出具体规定，《中国工会章程》规定：“工会基层组织的会员大会或者会员代表大会，每年至少召开一次。”

除定期召开外，遇到一些临时出现的重要问题和重要事项，应当经工会会员大会或者会员代表大会决定的，也可临时召开。基层工会委员会可以决定临时召开会员大会或者会员代表大会。为防止少数人决定工会的重大问题，经工会三分之一以上会员的提议，也可以召开会员大会或者会员代表大会，以全体会员或者会员代表过半数的票数决定工会工作的重大问题。应当指出，一旦三分之一以上的工会会员要求召开会员大会或者会员代表大会，基层工会委员会必须组织召开，不得以任何理由否决三分之一以上会员的提议。基层工会应当根据工会法这一规定再制定有关办法，将规定具体落实，使之更具有可操作性。另外，对于召开会员大会还是会员代表大会，《中国工会章程规定》，“工会会员在一百人以下的基层工会应当召开会员大会”。

58 是否可以随意调动工会主席、副主席的工作？

工会法第十八条第一款规定，“工会主席、副主席任期未满时，不得随意调动其工作。因工作需要调动时，应当征得本级工会委员会和上一级工会的同意”。《中国工会章程》规定，工会的各级领导机关即各级工会委员会由主席、副主席、常务委员等组成，除它们的派出机关外，都由选举产生，实行任期制；工会各级委员会，应向同级会员大会或会员代表大会负责并报告工作，接受会员监督；各级工会委员会的主席、副主席和常务委员等选举结果，要报上一级工会组织批准。

根据上述规定，工会主席、副主席的调动，应当经民主选举产生的工会委员会和批准该委员会成立的上级工会同意。工会法规定各级工会主席、副主席在任期内不得随意调动其工作，是落实法律赋予会员大会或会员代表大会权力、保障体现选举人意志、尊重选举人民主权利的需要，也是保障各级工会主席、副主席向选举人负责并报告工作、接受监督的需要。这种制度安排能够使工会组织和工会主席等工会干部更好地代表和维护会员利益，依法做好工会工作。各级党委、政府及其他部门在调动工会主席、副主席工作时，要充分尊重工会会员大会或会员代表大会的民主意志，保障工会主席、副主席依法履行会员赋予的职责。

59 工会主席、副主席是否可以罢免？如何罢免？

工会法第十八条第二款规定，“罢免工会主席、副主席必须召开会员大会或者会员代表大会讨论，非经会员大会全体会员或者会员代表大会全体代表过半数通过，不得罢免”。《中国工会章程》第三条规定，工会会员享有要求撤换或者罢免不称职的工会工作人员的权利；第九条规定，会员大会和会员代表大会有权撤换或者罢免其所选举的代表和工会委员会组成人员；第二十六条则明确，撤换或者罢免其所选举的代表或者工会委员会组成人员，是工会会员大会或者会员代表大会的职权。根据上述规定，工会主席或者副主席可以被罢免，但罢免工会主席或者副主席，必须由会员大会或者会员代表大会讨论决定，非经会员大会全体会员或者会员代表大会全体代表过半数通过，不得罢免。根据民主集中制原则，工会主席是由会员大会全体会员或者会员代表大会全体代表通过民主选举产生的，所以罢免也必须经过这一程序。

60 基层工会专职主席、副主席或者委员的劳动合同期限与其工会职务任期之间是什么关系？

工会法第十九条规定，“基层工会专职主席、副主席或者委员自任职之日起，其劳动合同期限自动延长，延长期限相当于其任职期间”。由于专职的工会工作人员是完全脱产的，所以对工会专职工作人员劳动合同期限的规定是，其劳动合同期限自动延长，延长期限相当于其任职期间。也就是说，职工被会员民主选举作为工会主席、副主席或者委员，根据有关规定或者与企业协商确定为脱产的专门从事工会工作的专职工会干部，其原来与企业签订的劳动合同有关期限的约定中止执行，当专职工会工作人员任期期满后，其原来尚未履行的劳动合同期限再继续履行。专职工会工作人员连选连任后，其劳动合同继续延长。最高人民法院《关于在民事审判工作中适用〈工会法〉若干问题的解释》第二条规定，根据工会法规定，人民法院审理劳动争议案件，涉及确定基层工会专职主席、副主席或者委员延长的劳动合同期限的，应当自上述人员工会职务任职期限届满之日起计算，延长的期限等于其工会职务任职的期间。最高人民法院的司法解释，进一步明确了对专职工会干部劳动合同期限延长的认识理解和操作方式。对此，可从两个层面来理解，一是工会干部任职期限届满后，劳动合同继续履行；二是工会干部任职期视为追加的劳动合同期限。如某用人单位的职工原劳动合同期限是五年，已履行三年后当选为专职工会主席，任期五年。那么，担任工会职务的这五年是追加的劳动合同期，劳动合同总的期限自动延长为十年，任期届满时其劳动合同实际已履行八年，任职前尚未履行完的两年劳动合同再接续履行。特别需要指出的是，司法解释的这一规定，不应理解为工会专职干部任职期满后，再将劳动合同延长与任职期相等的期限。

61 基层工会非专职主席、副主席或者委员的劳动合同期限与其工会职务任期之间是什么关系？

工会法第十九条规定，“非专职主席、副主席或者委员自任职之日起，其尚未履行的劳动合同期限短于任期的，劳动合同期限自动延长至任期期满”。

经民主选举产生的工会工作人员如果是不脱产的，即非专职的工会工作人员，如果其尚未履行的劳动合同期限与工会职务任期相比是少的，比如刚刚当选的非专职工会工作人员任期为三年，而其劳动合同期限还有半年就将到期，那么其劳动合同期限要延长到本届工会工作届满，也就是其劳动合同要延长二年半的时间。

62 基层工会干部劳动合同期限延长是否有限制？

工会法第十九条对基层工会干部保护作了除外规定。根据规定，任职期间个人严重过失或者达到法定退休年龄的工会干部，不再适用工会法第十九条对工会干部劳动合同期限延长的规定。这里的个人严重过失是指依照劳动法第二十五条规定用人单位可以解除劳动合同的情形。这些情形包括：劳动者在试用期间被证明不符合录用条件的；劳动者严重违反劳动纪律或者用人单位规章制度的；劳动者严重失职，营私舞弊，对用人单位利益造成重大的损害的；劳动者被依法追究刑事责任的这四种情形。另外，当劳动者到法定退休年龄时，依法应当退休，按照劳动合同法及劳动合同法实施条例规定，退休是劳动合同终止的法定情形，劳动者无须再履行劳动合同，因此也不涉及劳动合同期限继续延长的问题。

63 职工可以通过哪些方式行使民主权利？

企业、事业单位管理的每一项工作，都离不开听取广大职工的意见和建议，都需要工会代表、组织职工参加。职工参与企业事业单位的管理，有助于全面促进企业事业单位的发展建设，提升企业单位经济效益和事业单位事业发展，发挥职工群众主人翁的积极性、创造性，维护职工的合法权益。职工依法行使民主权利，参与企业、事业单位管理的重点，主要是参与企业事业单位生产经营的重大决策，参与企业、事业单位工资、奖金的分配，参与企业、事业单位劳动安全卫生、社会保险、生活福利问题的决定，参与企业、事业单位各项制度的改革等。工会组织职工行使民主权利的形式，可以包括职工代表大会、职工大会等多种形式，对此，工会法也作了比较灵活的规定。作为企业、事业单位的行政方面，要依法支持工会开展工作，保障广大职工享有充分的民主权利，只有这样才能调动广大职工的积极性，促进企业、事业单位健康发展。现代管理思想的一个重要理念就是以人为本，无论什么性质的企业和事业单位，其发展都离不开职工积极性、智慧和创造力的发挥。工会组织职工参与企业、事业单位的民主管理，能够加强企业、事业单位管理层与职工的相互沟通和联系，促使职工充分了解企业、事业单位的生产经营状况，对于这些企业、事业单位的发展将起到十分重要的作用。如果企业、事业单位违反工会法的规定，妨碍工会组织职工通过职工代表大会或其他形式行使民主权利的，要承担相应的法律责任。

2012 年 2 月，中华全国总工会、中华全国工商业联合会等六部委印发《企业民主管理规定》，以完善以职工代表大会为基本形式的企业民主管理制度，推进厂务公开，支持职工参与企业管理，维护职工合法权益，构建和谐劳动关系，促进企业持续健康发展，加强基层民主政治建设。该规定对职工代表大会制度、厂务公开制度、职工董事和职工监事制度等民主管理的形式作了具体规范，涵盖职工参与本单位的民主选举、民主协商、民主决策、民主管理和民主监督的全过程民主，是各企业单位实施民主管理制度的重要依据。该规定第三条规定：“职工代表大会是职工行使民主管理权力的机构，是企业民主管理的基本形式。企业应当按照合法、有序、公开、公正的原则，建立以职工代表大会为基本形式的民主管理制度，实行厂务公开，推行民主管理。公司制企业应当依法建立职工董事、职工监事制度。企业应当尊重和保障职工依法享有的知情权、参与权、表达权和监督权等民主权利，支持职工参加企业管理活动。”

（1）职工代表大会。职工代表大会是企业民主管理的基本形式。我国宪法、劳动法、工会法、公司法等法律法规都对企业建立职工代表大会和实行民主管理作出了规定。职工代表大会制度经过多年实践，已有完整的组织结构和工作制度，积累了丰富的经验和深厚的社会基础，已在企事业单位中广泛推行，并迅速向非公有制企业拓展，覆盖面不断扩大，内容不断丰富，运作机制不断完善，在促进企事业单位改革发展稳定中发挥了不可替代的重要作用。职工代表大会的代表来自企业的车间、班组、科室等各个层面，按照生产单位划分选区，经过一定民主程序选举产生，包含了工人、技术人员、管理人员、领导干部等各方面的职工，使职工代表大会具有广泛的代表性，成为更具民主、民意色彩的平台；职工代表大会作为企事业单位民主管理的基本形式，其职权包括知情权、建议权、决定权、监督权和选举权，涉及职工参与企业管理的各个方面，其内容具有全面性；职工代表大会具有完整的组织制度和工作制度，特别是票决制，具有较强的操作性；职工代表大会的决定、决议是按照少数服从多数的民主集中制原则和法定的程序作出的，最大限度代表了民意，体现了公平、公正，具有较高的权威性和法律效力。

（2）厂务公开。厂务公开是企业民主管理的重要形式，是企业实行民主管理的前提和必要保证。如果职工及其代表不知情，职工代表大会就无法进行民主审议、民主决策、民主监督。职工代表大会是厂务公开的基本渠道。

（3）职工董事、职工监事制度是适应建立现代企业制度在公司制企业中职工代表参与企业管理的新形式。职工董事、职工监事须经职工代表大会民主选举产生，对职工代表大会负责。

此外，职工民主管理委员会、民主议事会、劳资恳谈会、民主协商会等，这些都是企业民主管理的辅助形式，重点在于沟通协调，但没有决定权。

64 有关单位违反民主管理制度的，工会该如何处理？

工会法第二十条第一款规定，企业、事业单位、社会组织违反职工代表大会制度和其他民主管理制度，工会有权要求纠正，保障职工依法行使民主管理的权利。按照工会法第五十四条的规定，有关单位如果出现妨碍工会组织职工通过职工代表大会和其他形式依法行使民主权利的行为，应由县级以上人民政府责令改正并依法处理。

工会是职工利益的代表者和维护者，维护职工合法权益是工会的法定职责。工会维护职工合法权益，既包括维护其劳动经济权益，也包括维护其民主政治权利。参与用人单位民主管理，是宪法和工会法、劳动法、公司法等法律赋予职工的重要权利。工会维护职工参与民主管理的权利，义不容辞。在有关单位存在妨碍职工行使民主管理权利的行为时，工会组织要按照工会法等法律规定，大胆主动地承担其相应职责，依法要求相关单位纠正违法行为，必要时可以提请人民政府作出处理。需要明确的是，这里所说的工会组织，既包括在用人单位建立的基层工会，也包括相关基层工会的上级工会。在基层工会因一些客观因素的限制难以切实发挥监督作用时，上级工会应当及时主动积极作为，帮助基层工会做好维护职工民主管理权利的工作。在全面依法治国的大背景下，各级工会要更加敢于和善于运用法律手段维护职工合法权益，按照习近平总书记的明确要求，真正做到哪里的职工合法权益受到侵害，哪里的工会就要站出来说话。

65 职工大会或者职工代表大会有何重要职权?

职工大会或者职工代表大会制度是职工维护自身合法权益的重要制度，根据相关法律法规规定，一些重大事项应当经职工大会或者职工代表大会审议、通过或决定。例如，工会法第二十一条规定，集体合同草案应当提交职工代表大会或者全体职工讨论通过。公司法第十八条规定，公司研究决定改制以及经营方面的重大问题、制定重要的规章制度时，应当听取公司工会意见，并通过职工代表大会或者其他形式听取职工的意见和建议。公司法第四十四条、第五十一条规定，董事会、监事会中的职工代表由公司职工通过职工代表大会、职工大会或者其他形式民主选举产生。《中华人民共和国企业国有资产法》第四十一条规定，企业改制涉及重新安置企业职工的，还应当制定职工安置方案，并经职工代表大会或者职工大会审议通过。劳动合同法第四条第二款规定，用人单位在制定、修改或者决定有关劳动报酬、工作时间、休息休假、劳动安全卫生、保险福利、职工培训、劳动纪律以及劳动定额管理等直接涉及劳动者切身利益的规章制度或者重大事项时，应当经职工代表大会或者全体职工讨论，提出方案和意见，与工会或者职工代表平等协商确定；第五十一条规定，集体合同草案应当提交职工代表大会或者全体职工讨论通过。《中华人民共和国人民调解法》第九条规定，企业事业单位设立的人民调解委员会委员由职工大会、职工代表大会或者工会组织推选产生。

66 工会在职工签订劳动合同中应发挥什么作用?

劳动合同是职工与用人单位签订的，用以确定双方劳动关系，明确双方权利义务的协议。劳动合同的签订直接关系到职工的各项劳动权利包括劳动就业、劳动报酬、劳动安全卫生、社会保险等权利的实现。工会法第二十一条第一款规定，工会帮助、指导职工与企业、实行企业化管理的事业单位、社会组织签订劳动合同。劳动合同法第六条也规定，工会应当帮助、指导劳动者与用人单位依法订立和履行劳动合同。

劳动合同的签订涉及许多法律法规上的问题，工会较职工更熟悉相关的法律法规。工会帮助、指导职工与企业、实行企业化管理的事业单位、社会组织签订劳动合同，并不是由工会代替职工与上述用人单位签订劳动合同，而主要是对职工作法律政策的宣传解读工作，包括签订劳动合同的重要性、如何签订劳动合同、如何理解劳动合同的相关条款、劳动者和用人单位分别有哪些权利和义务、发生劳动争议之后怎么处理等。通过工会的指导和帮助，可以让用人单位与职工签订的劳动合同更加符合劳动法律法规，有利于劳动合同的正确履行，避免或减少劳动争议的发生，进而有效维护职工合法权益。

67 什么是集体合同？

集体合同是工会或职工代表，代表全体职工与用人单位根据法律法规规定，就劳动报酬、工作时间、休息休假、劳动安全卫生、社会保险等事项，在平等协商一致的基础上签订的书面协议。与劳动合同相比，集体合同有以下几个特点：（1）集体合同当事人为劳动者团体和用人单位或其团体。（2）订立集体合同的主要目的是确立劳动关系设定具体标准；劳动合同法第五十五条规定，集体合同中劳动报酬和劳动条件等标准不得低于当地人民政府规定的最低标准；用人单位与劳动者订立的劳动合同中劳动报酬和劳动条件等标准不得低于集体合同规定的标准。用人单位与职工个人签订的劳动合同约定的劳动条件和劳动报酬等标准，不得低于集体合同或专项集体合同的规定。（3）集体合同以集体劳动关系中全体劳动者的共同权利和义务为内容，可能涉及劳动关系的各个方面，也可能只涉及劳动关系的某个方面，专门就集体协商的某项内容签订的专项书面协议也称为专项集体合同。劳动合同法第五十二条规定，企业职工一方与用人单位可以订立劳动安全卫生、女职工权益保护、工资调整机制等专项集体合同。第五十三条规定，在县级以下区域内，建筑业、采矿业、餐饮服务业等行业可以由工会与企业方面代表订立行业性集体合同，或者订立区域性集体合同。（4）集体合同一般为书面合同。（5）集体合同对签订合同的某个用人单位或用人单位所代表的全体用人单位，以及工会和工会所代表的全体劳动者都有法律效力。

68 集体合同如何签订？如何生效？

劳动合同法第五十一条规定，集体合同由工会代表企业职工一方与用人单位订立；尚未建立工会的用人单位，由上级工会指导劳动者推举的代表与用人单位订立。《集体合同规定》第二十条规定，职工一方的首席代表由本单位工会主席担任。工会主席可以书面委托其他协商代表代理首席代表。工会主席空缺的，首席代表由工会主要负责人担任。未建立工会的，职工一方的首席代表从协商代表中民主推举产生。第三十条规定，工会可以更换职工一方协商代表；未建立工会的，经本单位半数以上职工同意可以更换职工一方协商代表。

集体合同草案应当提交职工代表大会或者全体职工讨论通过。《集体合同规定》第三十六条规定，经双方协商代表协商一致的集体合同草案或专项集体合同草案应当提交职工代表大会或者全体职工讨论。职工代表大会或者全体职工讨论集体合同草案或专项集体合同草案，应当有三分之二以上职工代表或者职工出席，且须经全体职工代表半数以上或者全体职工半数以上同意，集体合同草案或专项集体合同草案方获通过。第三十七条规定，集体合同草案或专项集体合同草案经职工代表大会或者职工大会通过后，由集体协商双方首席代表签字。

劳动合同法第五十四条规定，集体合同订立后，应当报送劳动行政部门；劳动行政部门自收到集体合同文本之日起十五日内未提出异议的，集体合同即行生效。依法订立的集体合同对用人单位和劳动者具有约束力。行业性、区域性集体合同对当地本行业、本区域的用人单位和劳动者具有约束力。

69 上级工会在下级工会签订集体合同时应当如何发挥作用？

集体合同关系到用人单位全体职工的权益保护，需要规定的内容比较多、专业性比较强，考虑到有的基层工会工作力量相对薄弱，为了确保集体合同协商顺利进行，更好地保护职工合法权益，工会法第二十一条规定，工会签订集体合同，上级工会应当给予支持和帮助。这也符合工会法第十条“上级工会组织领导下级工会组织”的规定。

70 企业、事业单位、社会组织违反集体合同的，工会应如何处理？

根据工会法第二十一条的规定，企业、事业单位、社会组织违反集体合同，侵犯职工劳动权益的，工会可以依法要求上述用人单位予以改正并承担责任，包括停止违反集体合同的行为、赔偿职工的损失等。工会是代表职工利益的组织，以维护职工合法权益为职责。集体合同或者由工会代表职工一方与用人单位签订，或者由职工一方推举的代表与用人单位签订。职工一方签订集体合同的主体不论是工会还是职工代表，都有依法督促用人单位执行集体合同的权利。特别是区域性、行业性集体合同，影响范围更广，适用的职工更多，有效执行依法签订的集体合同，对于维护职工合法权益、促进劳动关系和谐稳定具有重要意义。企业、事业单位、社会组织违反集体合同的，工会应当依法要求其改正并承担责任。

71 因履行集体合同发生的争议应当如何处理？

按照工会法第二十一条的规定，因履行集体合同发生争议，经协商解决不成的，工会可以向劳动争议仲裁机构提请仲裁，仲裁机构不予受理或者对仲裁裁决不服的，可以向人民法院提起诉讼。仲裁和诉讼按照《中华人民共和国劳动争议调解仲裁法》（以下简称劳动争议调解仲裁法）、《中华人民共和国民事诉讼法》（以下简称民事诉讼法）等法律的规定进行。根据劳动争议调解仲裁法的规定，发生劳动争议，有以下解决途径：（1）劳动者可以与用人单位协商，也可以请工会或者第三方共同与用人单位协商，达成和解协议；（2）当事人不愿协商、协商不成或者达成和解协议后不履行的，可以向调解组织申请调解；（3）不愿调解、调解不成或者达成调解协议后不履行的，可以向劳动争议仲裁委员会申请仲裁；（4）对仲裁裁决不服的，除了仲裁裁决为终局裁决的事项外，可以向人民法院提起诉讼。

72 工会是否可以对用人单位进行监督？

工会可以依法对用人单位进行监督。依法对用人单位执行劳动法律法规情况进行监督，是法律赋予工会的一项权利，也是工会应当履行的责任。工会法、劳动法、劳动合同法、《劳动保障监察条例》等法律法规，都对工会的监督职权和监督内容作了规定。工会的这种监督体现在多个方面，例如，用人单位违反民主管理制度，工会有权要求纠正；企业、事业单位、社会组织违反集体合同，侵犯职工劳动权益的，工会可以依法要求企业、事业单位、社会组织予以改正并承担责任；企业、事业单位、社会组织处分职工，工会认为不适当的，有权提出意见；用人单位违反劳动法律法规规定侵犯职工劳动权益的，工会有权代表职工与用人单位交涉，要求用人单位采取措施予以改正；工会依照国家规定对新建、扩建企业和技术改造工程中的劳动条件和安全卫生设施与主体工程同时设计、同时施工、同时投产使用进行监督等。

为规范工会对用人单位执行劳动法律法规情况的监督，提升工会劳动法律监督实效和水平，充分发挥工会劳动法律监督在督促用人单位规范用工、贯彻落实劳动法律法规、推动构建和谐劳动关系等方面的作用，全国总工会于 2021 年出台了《工会劳动法律监督办法》。该办法规定，工会劳动法律监督，是工会依法对劳动法律法规执行情况进行的有组织的群众监督，是我国劳动法律监督体系的重要组成部分。同时规定，工会开展劳动法律监督，可以监督用人单位遵守劳动法律法规的情况，参与调查处理，提出意见要求依法改正，提请政府有关主管部门依法处理，支持和帮助职工依法行使劳动法律监督权利。根据该办法规定，工会对用人单位的下列情况实施监督：执行国家有关就业规定的情况；执行国家有关订立、履行、变更、解除劳动合同规定的情况；开展集体协商，签订和履行集体合同的情况；执行国家有关工作时间、休息休假规定的情况；执行国家有关工资报酬规定的情况；执行国家有关各项劳动安全卫生及伤亡事故和职业病处理规定的情况；执行国家有关女职工和未成年工特殊保护规定的情况；执行国家有关职业培训和职业技能考核规定的情况；执行国家有关职工保险、福利待遇规定的情况；制定内部劳动规章制度的情况；法律法规规定的其他劳动法律监督事项。

73 企业、事业单位、社会组织处分职工，工会认为不适当的，是否可以提出意见？

企业等用人单位对职工的处分，通常是指在职工违反法律法规和本单位规章制度的情况下对职工采取的处理措施，例如内部通报批评、调整职务和岗位、扣除奖金等。用人单位依照法律法规和规章制度对职工进行合理的处分，是用人单位行使管理权的一种方式。但是，用人单位对职工进行处分，也可能存在不合法不合理的情况，例如进行处分所依据的内部规章制度不符合法律法规精神或者不合理、具体处分措施不公平不合理等。

职工由于处于弱势地位，在受到用人单位处分的时候通常难以通过自身力量和用人单位进行有效的沟通，此时需要发挥工会的作用。工会作用的发挥有两个层面。（1）在用人单位制定规章制度的时候发挥作用，避免规章制度违法或者不合理。劳动合同法第四条规定，用人单位在制定、修改或者决定有关劳动报酬、工作时间、休息休假、劳动安全卫生、保险福利、职工培训、劳动纪律以及劳动定额管理等直接涉及劳动者切身利益的规章制度或者重大事项时，应当经职工代表大会或者全体职工讨论，提出方案和意见，与工会或者职工代表平等协商确定。在规章制度和重大事项决定实施过程中，工会或者职工认为不适当的，有权向用人单位提出，通过协商予以修改完善。（2）对于具体处分措施，工会认为不适当的，应当提出意见。用人单位对职工的处分行为不适当有多种情形，包括依据的规章制度本身违法或者不合理，处分的程序和方式不适当等，无论存在何种瑕疵，工会都有权提出意见。这是工会的权利，也是工会的义务，职工本人如果认为处分不适当而请求工会帮助的，工会应当认真研究本人的请求，对于确实不当的处分行为应当积极向用人单位提出意见，切实维护职工合法权益。

74 企业单方面解除职工劳动合同时，工会可以如何作为？

解除劳动合同关系对劳动者影响重大，在这种情况下需要发挥工会的作用，维护劳动者合法权益，工会法、劳动法、劳动合同法都对此作了规定。用人单位单方面解除职工劳动合同时，关于工会如何维护职工权益，工会法、劳动法、劳动合同法规定了三点：

（1）用人单位应当事先将理由通知工会。为了充分发挥工会的作用，缓解矛盾，减少争议，工会对用人单位单方解除劳动合同的行为有知情权。用人单位凡是要单方面解除劳动合同的，都必须事先将理由通知工会。

（2）工会认为用人单位违反法律法规和有关合同的，有权要求重新研究处理，这样做有利于督促用人单位更好地遵守法律法规和劳动合同，也有利于职工合法权益不受侵害。

（3）用人单位应当研究工会的意见，并将处理结果书面通知工会。需要注意的是，该规定是强调用人单位要重视工会意见，并非要求用人单位必须按照工会的意见改变相关决定。如果用人单位仍然决定单方解除劳动合同，并因此而侵犯职工合法权益的，用人单位需要为此承担法律责任。

75 职工申请劳动争议仲裁或者向人民法院提起诉讼的，工会是否应当给予支持和帮助？

职工的劳动权益是基于劳动关系的建立而产生的职工应享有的不容侵犯的权利，包括劳动合同的履行、劳动合同的解除，劳动报酬，工作时间、休息休假，劳动安全卫生，职业培训、社会保险与福利待遇，奖励，企业民主管理等方面。职工认为企业侵犯其劳动权益而申请劳动争议仲裁或者向人民法院提起诉讼的，工会应当给予支持和帮助。

在劳动争议仲裁或诉讼中，工会对职工的支持和帮助主要包括：

（1）为职工提供法律援助。根据《中华人民共和国法律援助法》（以下简称法律援助法）第六十八条的规定，工会、共产主义青年团、妇女联合会、残疾人联合会等群团可以依法组织开展法律援助工作。工会法第三十条规定，县级以上各级总工会依法为所属工会和职工提供法律援助等法律服务。

（2）根据民事诉讼法的规定，工会作为同当事人有关的社会团体，可以推荐有关人员接受职工委托，作为其诉讼代理人参加诉讼活动，并有权调查收集证据和查阅本案材料，行使诉讼代理人的权利，维护职工的合法权益。

（3）帮助职工提供相关材料。根据工会法、劳动合同法等法律的规定，工会参与集体合同的制定、监督用人单位履行劳动合同、对用人单位解除劳动合同等情况提出意见等，对用人单位履行劳动合同和执行法律法规等情况比较了解，可以为职工提供支持和帮助，如有需要，应当依法向仲裁机构和人民法院如实提供相关材料。

（4）协助职工和用人单位进行协商。在仲裁和诉讼过程中，劳动者和用人单位也可以依法进行和解，工会可以依法配合仲裁机构、人民法院进行调解工作，促进纠纷的妥善解决。

76 企业、事业单位、社会组织存在哪些违法情形时，工会应当代表职工与其交涉？

根据工会法第二十三条的规定，企业、事业单位、社会组织违反劳动法律法规规定，有克扣、拖欠职工工资，不提供劳动安全卫生条件，随意延长劳动时间，侵犯女职工和未成年工特殊权益，以及其他严重侵犯职工劳动权益等情形的，工会应当代表职工与企业、事业单位、社会组织交涉，要求企业、事业单位、社会组织采取措施予以改正。

克扣、拖欠职工工资，是指不及时足额向职工支付工资的行为。不提供劳动安全卫生条件，是指不向劳动者提供符合法律法规或者相关标准以及劳动合同约定的劳动条件。随意延长劳动时间，是指违反法律法规规定或者劳动合同约定，随意延长劳动者进行劳动的时间，有的是通过制定、修改本单位的规章制度随意延长劳动时间，有的是在具体工作中安排劳动者超时加班等。侵犯女职工和未成年工特殊权益，主要是指违反劳动法、《女职工劳动保护特别规定》《未成年工特殊保护规定》等关于女职工和未成年工特殊权益的规定。其他严重侵犯职工劳动权益的行为，包括以暴力、威胁或者非法限制人身自由的手段强迫劳动，违章指挥或者强令冒险作业危及劳动者人身安全，侮辱、体罚、殴打、非法搜查或者拘禁劳动者等。

为落实工会法等有关法律法规规定，《工会劳动法律监督办法》规定，工会重点监督用人单位恶意欠薪、违法超时加班、违法裁员、未缴纳或未足额缴纳社会保险费、侮辱体罚、强迫劳动、就业歧视、使用童工、损害职工健康等问题。对发现的有关问题线索，有关工会组织应当调查核实，督促整改，并及时向上级工会报告，对职工申请仲裁、提起诉讼的，工会应当依法给予支持和帮助。

77 工会是否有权要求企业、事业单位、社会组织改正违法行为？

工会维护职工合法权益，有权监督用人单位遵守法律法规以及履行劳动合同的情况。劳动法第八十八条规定，各级工会依法维护劳动者的合法权益，对用人单位遵守劳动法律、法规的情况进行监督。劳动合同法第七十八条规定，工会依法维护劳动者的合法权益，对用人单位履行劳动合同、集体合同的情况进行监督。用人单位违反劳动法律、法规和劳动合同、集体合同的，工会有权提出意见或者要求纠正。社会保险法第九条规定，工会依法维护职工的合法权益，有权参与社会保险重大事项的研究，参加社会保险监督委员会，对与职工社会保险权益有关的事项进行监督。《中华人民共和国安全生产法》（以下简称安全生产法）第七条规定，工会依法对安全生产工作进行监督。生产经营单位的工会依法组织职工参加本单位安全生产工作的民主管理和民主监督，维护职工在安全生产方面的合法权益。生产经营单位制定或者修改有关安全生产的规章制度，应当听取工会的意见。《中华人民共和国职业病防治法》（以下简称职业病防治法）第四条规定，工会组织依法对职业病防治工作进行监督，维护劳动者的合法权益。用人单位制定或者修改有关职业病防治的规章制度，应当听取工会组织的意见。

根据工会法第二十三条的规定，用人单位侵犯职工合法权益的，工会应当代表职工与用人单位进行交涉，要求用人单位采取措施予以改正，这是工会的权利，也是工会的职责，在职工权益受到侵害时，工会必须和用人单位进行交涉。

78 对于工会提出的意见，企业、事业单位、社会组织应当如何处理？

对于工会提出的意见，用人单位应当予以研究处理，包括根据工会提出的意见，对具体情况进行深入调查分析、对相关问题组织研究等。用人单位发现自身确实存在违法行为的，应当及时采取措施进行改正，并将处理情况向工会作出答复。用人单位经认真调查研究后认为自身不存在相关违法行为的，也应当向工会作出答复。用人单位向工会的答复，应当围绕工会提出的意见进行有针对性的答复，向工会说明具体情况和相关考虑等。

79 企业、事业单位、社会组织拒不改正违法行为的，工会可以采取什么措施？

用人单位拒不改正违法行为的，工会可以提请当地人民政府依法作出处理。用人单位侵害职工合法权益的情形有多种，对这些违法行为的处理也涉及多个部门。有的是劳动合同的履行，根据劳动合同法的规定，县级以上地方人民政府劳动行政部门负责本行政区域内劳动合同制度实施的监督管理。县级以上人民政府建设、卫生、安全生产监督管理等有关主管部门在各自职责范围内，对用人单位执行劳动合同制度的情况进行监督管理。有的是安全生产监管，根据安全生产法第十条的规定，国务院应急管理部门对全国安全生产工作实施综合监督管理；县级以上地方各级人民政府应急管理部门对本行政区域内安全生产工作实施综合监督管理。国务院交通运输、住房和城乡建设、水利、民航等有关部门在各自的职责范围内对有关行业、领域的安全生产工作实施监督管理；县级以上地方各级人民政府有关部门在各自的职责范围内对有关行业、领域的安全生产工作实施监督管理。对新兴行业、领域的安全生产监督管理职责不明确的，由县级以上地方各级人民政府按照业务相近的原则确定监督管理部门。

按照《工会劳动法律监督办法》规定，基层工会对本单位遵守劳动法律法规的情况实行监督，对劳动过程中发生的违反劳动法律法规的问题，应当及时向生产管理人员提出改进意见；对于严重损害劳动者合法权益的行为，基层工会在向单位行政提出意见的同时，可以向上级工会和当地政府有关主管部门报告，提出查处建议。上级工会收到对用人单位违反劳动法律法规行为投诉的，应当及时转交所在用人单位工会受理，所在用人单位工会应当开展调查，于三十个工作日内将结果反馈职工与上级工会。对不属于监督范围或者已经由行政机关、仲裁机构、人民法院受理的投诉事项，所在用人单位工会应当告知实名投诉人。用人单位工会开展劳动法律监督工作有困难的，上级工会应当及时给予指导帮助。工会在处理投诉或者日常监督工作中发现用人单位存在违反劳动法律法规、侵害职工合法权益行为的，可以进行现场调查，向有关人员了解情况，查阅、复制有关资料，核查事实。

80 什么是“三同时”制度？

职工从事生产劳动，必须有相应的劳动条件和安全卫生设施，以确保职工的生命安全和身体健康，这是劳动安全卫生工作中的基本内容。新建、扩建企业和技术改造工程中的劳动条件和安全卫生设施与主体工程同时设计、同时施工、同时投产使用，简称“三同时”制度，该制度对于防止和减少生产安全事故、保障劳动者生命健康具有重要意义。

“三同时”制度是我国安全生产实践中长期坚持的一项制度。1978年《中共中央关于认真做好劳动保护工作的通知》明确提出，凡新建、改建、扩建的工矿企业和革新、挖潜的工程项目，都必须有保证安全生产和消除有毒有害物质的设施，这些设施要与主体工程同时设计、同时施工、同时投产，不得削减。安全生产法第三十一条规定，生产经营单位新建、改建、扩建工程项目的安全设施，必须与主体工程同时设计、同时施工、同时投入生产和使用。安全设施投资应当纳入建设项目概算。劳动法第五十三条规定，劳动安全卫生设施必须符合国家规定的标准。新建、改建、扩建工程的劳动安全卫生设施必须与主体工程同时设计、同时施工、同时投入生产和使用。职业病防治法第十八条规定，建设项目的职业病防护设施所需费用应当纳入建设项目工程预算，并与主体工程同时设计、同时施工、同时投入生产和使用。

81 工会是否可以对“三同时”制度执行情况进行监督？

工会依照国家规定对新建、扩建企业和技术改造工程中的劳动条件和安全卫生设施与主体工程同时设计、同时施工、同时投产使用进行监督。安全生产法第六十条第一款也规定，工会有权对建设项目的安全设施与主体工程同时设计、同时施工、同时投入生产和使用进行监督，提出意见。

工会进行监督的方式是多样的，既包括向用人单位提出，要求用人单位予以改正；也包括向监管部门等有关方面提出，要求依法进行调查处理。对工会提出的意见，企业或者主管部门应当认真处理，并将处理结果书面通知工会。

82 对工会提出的意见，企业或者主管部门应当如何处理？

根据工会法第二十四条的规定，对工会提出的意见，企业或者主管部门应当认真处理，并将处理结果书面通知工会。企业收到工会提出的意见后，应当认真研究处理，发现存在违反法律法规的行为的，应当及时予以改正并向工会回复；认为没有违反法律法规的，也应当向工会回复。

主管部门接到工会提出的意见，应当认真调查处理。对于用人单位有违法行为的，应当依法进行处理，包括责令改正、罚款等。例如，职业病防治法第六十九条规定，建设项目的职业病防护设施未按照规定与主体工程同时设计、同时施工、同时投入生产和使用的，由卫生行政部门给予警告，责令限期改正；逾期不改正的，处十万元以上五十万元以下的罚款；情节严重的，责令停止产生职业病危害的作业，或者提请有关人民政府按照国务院规定的权限责令停建、关闭。处理之后，主管部门应当将处理结果回复工会。

83 工会发现企业违章指挥、强令工人冒险作业，或者生产过程中发现明显重大事故隐患和职业危害，是否有权提出解决建议？

安全生产和职业健康是职工在工作场所的基本权利。工会参与安全生产工作，本质是代表和组织职工加强安全生产群众监督，是我国安全生产工作格局的重要组成部分。

根据工会法第二十五条的规定，工会发现企业违章指挥、强令工人冒险作业，或者生产过程中发现明显重大事故隐患和职业危害，有权提出解决的建议。

其中，“企业违章指挥、强令工人冒险作业”是指，在生产过程中，企业不遵守国家关于安全生产和工业卫生方面的安全规程或规章制度，命令或指挥工人违章操作或者冒险作业。“明显重大事故隐患”是指，在生产过程中或作业现场不仅存在着事故苗头，而且这种苗头已非常明显，如果不采取措施，就将发生致人重伤或死亡，或者给国家财产造成重大损失的事故。“职业危害”是指在生产过程中或作业场所存在着危害职工身体健康的尘毒危害和工业性毒物，如果不采取防治措施，将直接危害职工生命健康，导致职业病。

当工会发现上述情形时，有权向企业提出解决的建议，具体可建议企业停止违章指挥，改变让工人冒险作业的指令，采取有力措施消除生产过程中存在的明显事故隐患和职业危害，以确保职工的生命健康。

84 对于工会提出的建议，企业应当如何处置？

对于工会提出的建议，企业需要高度重视，及时采取相关措施，以有效防范重大事故发生，保护职工的生命健康安全。因此，工会法第二十五条除对工会的建议权作了规定，还区分情况对企业收到建议后应当履行的义务作了进一步明确。首先，针对工会提出的“解决建议”，要求企业在收到工会的建议后应当及时研究答复，主要包括两种义务。一是及时研究的义务，即企业收到工会提出的建议后，应当及时对建议进行研究；需要采取措施的，应当及时采取处理措施，不得推诿或者无故拖延。二是及时答复的义务，即企业应当及时将研究结果、处理措施等告知工会。其次，针对工会提出的“组织撤离建议”，该条明确规定，企业收到工会提出的此类建议，必须及时作出处理决定。这里的“必须及时作出处理决定”，与收到“解决建议”时的“应当及时研究答复”相比，显然对企业提出了更高的义务性要求，不仅需要企业及时研究而且必须及时作出处理决定，其目的是避免职工伤亡事故的发生。

85 发现危及职工生命安全的情况时，工会是否有权向企业建议组织职工撤离危险现场？

工会法第二十五条规定，工会发现存在危及职工生命安全的情况时，有权向企业建议组织职工撤离危险现场，企业必须及时作出处理决定。根据该条规定，工会提出组织职工撤离危险现场的建议，所针对的情形为在生产过程中发现危及职工生命安全的情况。此类情形一般属于情况紧急，不及时组织撤离可能会造成职工重大人员伤亡的事故。需要说明的是，工会在企业安全生产方面的权利，是向企业提出建议的权利。工会提出建议后，应当由企业及时作出处理决定，而不是由工会直接去制止或组织撤离。工会的建议权与企业的经营管理权目标是一致的，如果发生了事故，不仅会造成职工生命和健康的损害，而且会给企业造成损失。工会行使这一权利，防患于未然，不仅有利于督促企业健全安全生产责任制、改善劳动生产条件，也有利于维护企业正常的生产经营、提高职工安全生产的自觉性。

86 工会是否有权对企业、事业单位、社会组织侵犯职工合法权益的问题进行调查？

在推动和发展和谐劳动关系的过程中，不仅要加强劳动保障监察和劳动争议调解仲裁诉讼，还应充分发挥各级工会在维护职工合法权益方面的重要作用。为切实发挥工会作用、维护职工合法权益，工会法第二十六条对工会进行调查的权利，以及有关单位的协助义务作了规定。调查是工会了解和掌握实际情况，维护职工合法权益的前提和基础。根据本条的规定，工会在发现企业、事业单位、社会组织侵犯职工合法权益的情况后，可以对相关问题进行调查。《工会劳动法律监督办法》据此规定，工会在处理投诉或者日常监督工作中发现用人单位存在违反劳动法律法规、侵害职工合法权益行为的，可以进行现场调查，向有关人员了解情况，查阅、复制有关资料，核查事实。工会行使调查权时，调查方式可以多种多样，既可以询问有关人员取得第一手材料，也可以实地调查取证，掌握企业、事业单位侵犯职工合法权益的起因、过程及造成的后果，为依法提出工会的处理意见准备事实根据。此外，在工会法规定的基础上，各地制定的工会法实施办法中，对调查措施作了较为具体的规定，如江苏省工会法实施办法第二十一条规定，工会有权对侵犯职工合法权益的问题向有关单位和个人调查、取证，可以查阅、复制与侵权事实有关的资料和其他证据。北京市工会法实施办法第二十九条规定，工会对企业、事业单位以及其他组织侵犯职工合法权益的问题进行调查时，有权向有关单位或者知情人了解情况，查阅、复制与侵权事实有关的资料。工会依法行使调查权，为工会维护职工群众的合法权益提供有效的手段，同时，工会通过行使这一权利，也可以促进企业、事业单位依法行使职权，尊重职工的各项合法权益，为工会工作的开展提供有力保障。

87 职工因工伤亡事故和其他严重危害职工健康问题的调查处理，是否必须有工会参加？

因工伤亡事故和其他严重危害职工健康的问题，直接关系到职工的生命健康和社会保障等问题，工会作为以维护职工合法权益、竭诚服务职工群众为基本职责的群众性组织，理应在上述问题的调查、处理过程中发挥重要作用。因此，工会法第二十七条规定，职工因工伤亡事故和其他严重危害职工健康问题的调查处理，必须有工会参加。这里的“职工因工伤亡事故”，一般是指职工在生产区域内发生的与生产或工作有关的伤亡事故，主要包括职工从事生产或工作发生的伤亡事故；在生产时间、生产区域内，职工虽未从事生产或工作，但由于企业的设备、设施、劳动条件、工作环境不良而造成的伤亡事故等。“其他严重危害职工健康的问题”是指除因工伤亡事故以外，严重危害职工健康的问题，比如职业病等。工会参加上述问题的调查处理，是工会的重要权利，任何组织和个人不得阻挠工会参加调查。对于妨碍工会参加调查的行为，工会法第五十四条规定了相应法律责任，妨碍工会参加职工因工伤亡事故以及其他侵犯职工合法权益问题的调查处理的，由县级以上人民政府责令改正，依法处理。

88 工会在参加工伤事故和危害职工健康问题的调查处理中有何职权?

工会参加职工因工伤亡事故和其他严重危害职工健康问题的调查处理，必须坚持实事求是、尊重科学的原则，不能带有主观色彩；有关单位必须积极支持、配合事故调查工作，不得设置障碍。一般来说，调查应当查明事故发生的原因、人员伤亡情况、事故的性质以及主要责任等内容。在此基础上，工会法第二十七条规定，工会应当向有关部门提出事故处理意见。需要说明的是，这里“提出处理意见”，既是工会的权利也是工会的责任，工会应当根据调查查明的客观事实，提出对上述问题的处理意见。此外，对经调查发现，对事故和问题的发生，企业直接负责的主管人员和有关责任人员应当承担责任的，如有因忽视安全生产、违章指挥，违章作业、玩忽职守或者发现事故隐患、危害情况而不采取有效措施以致造成伤亡事故等情形，根据工会法第二十七条的规定，工会有权要求相关主管部门追究上述人员的责任。

89 企业、事业单位、社会组织发生停工、怠工事件，工会应当怎么办?

在处理停工、怠工事件中，工会作为党和政府联系职工群众的桥梁和纽带，与职工有着密切联系，熟悉职工的具体利益，了解职工的意见和要求，能够在协调企业、事业单位、社会组织与职工之间关系方面发挥重要作用。根据工会法第二十八条的规定，在发生停工、怠工事件时，工会应当履行三个方面的义务：一是代表职工同企业、事业单位、社会组织或者有关方面协商，避免职工由于推举不出适合的代表无法进行协商，造成矛盾激化和事件影响扩大；二是要向企业、事业单位、社会组织或者有关方面反映职工的意见和要求，畅通双方沟通的渠道；三是工会要提出解决的意见。这就要求工会对职工提出的意见要求，以及企业、事业单位、社会组织等的实际情况，进行综合考虑和分析研判，对职工提出的合理要求，企业、事业单位、社会组织等应当且能够解决的部分，要及时提出解决意见，并督促企业、事业单位、社会组织等予以解决。

90 停工、怠工事件中，对于职工的合理要求，企业、事业单位、社会组织应当如何处理？

停工、怠工事件发生的原因是多方面的，有职工自身的原因，也有社会及企业的原因，但多数是由于职工的合法权益或正当要求未能得到应有的维护或及时的解决而造成的。工会法第二十八条规定，对于职工的合理要求，企业、事业单位、社会组织应当予以解决。这是对企业、事业单位、社会组织作出的义务性规定，同时也为工会督促企业、事业单位、社会组织及时解决职工提出的合理要求，提供了法律依据。对于职工提出的不合理要求或者企业、事业单位、社会组织难以解决的部分，工会应向职工做好解释工作，引导职工合理表达诉求，尽早结束停工、怠工事件。

91 工会是否可以参加企业的劳动争议调解工作？

劳动争议是指劳动关系当事人之间因劳动权利和义务产生分歧而引起的争议。劳动争议调解是一种十分有效又有利于改善双方关系的争议解决方式，因此，调解成为处理劳动争议的法定程序。作为维护职工合法权益的群众组织，工会在劳动争议调解中也发挥着重要作用，对此，工会法第二十九条第一款规定，工会参加企业的劳动争议调解工作。此外，工会参加劳动争议调解，在劳动争议调解仲裁法中有着明确规定。劳动争议调解仲裁法第十条规定，发生劳动争议，当事人可以到企业劳动争议调解委员会申请调解，企业劳动争议调解委员会由职工代表和企业代表组成。职工代表由工会成员担任或者由全体职工推举产生，企业代表由企业负责人指定。企业劳动争议调解委员会主任由工会成员或者双方推举的人员担任。

92 地方劳动争议仲裁组织是否应当有同级工会代表参加？

劳动争议仲裁是有效解决劳动争议的重要方式之一，仲裁程序介于调解与法院诉讼之间，既具有调解程序的灵活性，又具有法院审判的权威性和法律强制效力。劳动争议当事人只有在仲裁委员会裁决后，对裁决不服时，才能向法院起诉，否则法院不予受理。鉴于工会在解决劳动争议中的重要作用，工会法第二十八条规定，地方劳动争议仲裁组织应当有同级工会代表参加。此外，在劳动法和劳动争议调解仲裁法中对上述要求作了进一步明确。其中，劳动法第八十一条规定，劳动争议仲裁委员会由劳动行政部门代表、同级工会代表、用人单位方面的代表组成。劳动争议仲裁委员会主任由劳动行政部门代表担任。劳动争议调解仲裁法第十九条规定，劳动争议仲裁委员会由劳动行政部门代表、工会代表和企业方面代表组成。劳动争议仲裁委员会组成人员应当是单数。劳动争议仲裁委员会依法履行下列职责：（1）聘任、解聘专职或者兼职仲裁员；（2）受理劳动争议案件；（3）讨论重大或者疑难的劳动争议案件；（4）对仲裁活动进行监督。劳动争议仲裁委员会下设办事机构，负责办理劳动争议仲裁委员会的日常工作。

93 各级总工会是否可以为所属工会和职工提供法律服务?

工会法第三十条明确规定，县级以上各级总工会依法为所属工会和职工提供法律援助等法律服务。换言之，为所属工会和职工提供法律服务是各级总工会应当履行的法律义务。除了为职工提供法律援助外，县级以上各级总工会还应当为所属基层工会组织和职工提供其他法律服务。例如，开展法律法规宣传，提升职工群众法律素质；加强干部职工法律培训，提高法律服务意识和能力。法律服务的形式也可以多种多样，既可以成立法律咨询室、法律顾问室，也可以通过聘请律师、购买服务等方式为工会组织和职工群众提供法律服务。除了代理职工进行诉讼外，还可以从事服务于工会和职工的法律咨询、代写或审查法律事务文书，为工会、职工签订经济合同、集体合同、劳动合同，把好法律关，帮助职工解决劳动争议问题，以及为工会、职工提供其他法律帮助。2021 年,《中国工运事业和工会工作“十四五”发展规划》明确提出，做强做实工会法律服务，加快法律服务站点建设，推进服务触角进一步向基层延伸。切实加强与司法行政部门沟通协作，进一步加大职工法律援助工作力度。评选表彰“全国维护职工权益杰出律师”，吸引和组织更多的社会律师等法律专业人才参与工会法律服务工作。县级以上各级总工会要切实履行法律职责，落实有关文件精神，加强法律服务制度建设，不断拓展法律服务形式和内容，切实维护职工群众合法权益。

94 工会开展法律援助工作有何法律依据?

本次工会法修改的一项重要内容，就是明确县级以上各级总工会可以为职工提供法律援助，做好工会法与法律援助法的衔接。法律援助法出台前，对于工会能否开展法律援助工作，相关部门还存在一定的争议。法律援助法贯彻落实《中共中央关于加强和改进党的群团工作的意见》及《中共中央办公厅、国务院办公厅关于完善法律援助制度的意见》等中央文件精神，明确规定国家鼓励和支持群团组织在司法行政部门的指导下，依法提供法律援助；群团组织可以参照法律相关规定开展法律援助工作。法律援助法的出台，为工会依法开展法律援助工作提供了明确的法律依据。同时，工会为职工提供法律援助，应当结合自身职责和工作实际，参照适用法律援助法的相关规定，不应该也不能漫无边际、面面俱到。例如，工会对职工进行法律援助应以协调劳动关系、调处劳动争议为工作重点，以合法权益受到侵害的困难职工、工会工作者为主要服务对象，通过法律咨询、非诉讼代理调解、仲裁代理和诉讼代理等方式，为广大职工提供法律援助服务，维护职工合法权益。需要注意的是，根据法律援助法的规定，法律援助的对象限定为自然人，不包括法人和非法人组织。因此，工会只能为职工提供法律援助。

95 工会在职工集体福利事业，以及工资、劳动安全卫生、社会保险工作中发挥什么作用？

工会法第三十一条明确规定，工会协助用人单位办好职工集体福利事业，做好工资、劳动安全卫生和社会保险工作。因此，在职工集体福利事业，以及工资、劳动安全卫生等方面，工会主要发挥协助用人单位的作用。一方面，办好职工集体福利事业，做好工资、劳动安全卫生和社会保险工作，是用人单位的法定义务。我国劳动法对此作了明确规定。另一方面，工会应当协助用人单位履行法定义务。劳动法第三十三条、工会法第二十一条对工会代表职工与企业就劳动报酬、工作时间、休息休假、劳动安全卫生、保险福利等事项签订集体合同作了规定。《中国工会章程》第二十八条明确规定了工会基层委员会的基本任务，包括协助和督促行政方面做好工资、安全生产、职业病防治和社会保险等方面的工作，推动落实职工福利待遇；办好职工集体福利事业，改善职工生活，对困难职工开展帮扶；依法参与生产安全事故和职业病危害事故的调查处理等。

96 工会如何加强对职工的思想政治引领？

“加强对职工的思想政治引领”是本次工会法修改新增加的内容。习近平总书记深刻指出：“要坚持党对工会工作的领导，团结动员亿万职工积极建功新时代，加强对职工的思想政治引领，加大对职工群众的维权服务力度，深入推进工会改革创新，勇于担当、锐意进取，积极作为、真抓实干，开创新时代我国工运事业和工会工作的新局面。”“群团组织必须始终站在党和人民的立场上，坚持为党分忧、为民谋利，把思想政治工作贯穿所开展的各种活动。”坚持党的领导是具体的，是重大的实践问题。作为党领导下的工人阶级群众组织，工会要承担起引导职工群众听党话、跟党走的政治责任，教育引导职工群众自觉坚持党的领导和我国的社会主义制度，为夯实党执政的阶级基础和群众基础作出贡献。实践中，工会应当协助用人单位积极宣传贯彻党的路线方针政策，更加注重加强思想政治引领，团结引导职工坚定不移听党话、跟党走。以习近平新时代中国特色社会主义思想武装职工，推动党的创新理论进企业、进车间、进学校、进教材、进头脑，增强“四个意识”、坚定“四个自信”、做到“两个维护”，牢记“国之大者”，引导广大职工深刻理解中国共产党为什么能、马克思主义为什么行、中国特色社会主义为什么好，打牢团结奋斗的共同思想基础。以理想信念教育职工，围绕爱党爱国爱社会主义主题，继承发扬伟大建党精神，深入开展党史、新中国史、改革开放史、社会主义发展史宣传教育，组织开展多种形式的主题宣传教育活动，弘扬光荣传统、赓续红色血脉，在广大职工中唱响共产党好、社会主义好、改革开放好、伟大祖国好、各族人民好的时代主旋律。以社会主义核心价值观引领职工，深入开展以劳动创造幸福为主题的宣传教育，深化“四德”建设，展示新时代职工文明形象。

97 工会应当会同用人单位教育职工以何种态度对待劳动，并爱护国家和单位的财产？

工会法第三十二条明确规定，工会会同用人单位加强对职工的思想政治引领，教育职工以国家主人翁态度对待劳动，爱护国家和单位的财产。我国是人民当家作主的社会主义国家，党和国家始终坚持全心全意依靠工人阶级方针，始终高度重视工人阶级和广大劳动群众在党和国家事业发展中的重要地位。习近平总书记深刻指出：“我国工人阶级和广大劳动群众是国家的主人”，“新形势下，我国工人阶级和广大劳动群众要继续学先进赶先进，自觉践行社会主义核心价值观，用劳动模范和先进工作者的崇高精神和高尚品格鞭策自己，焕发劳动热情，厚植工匠文化，恪守职业道德，将辛勤劳动、诚实劳动、创造性劳动作为自觉行为”。劳动是财富的源泉，也是社会发展的重要动力。要实现中华民族伟大复兴的中国梦，必须依靠工人阶级充分发挥主力军作用，依靠各行各业职工群众的辛勤劳动。工会是直接做职工群众工作的，教育职工是工会社会职能之一。工会应当继续教育引导广大职工牢固树立国家主人翁意识，自觉践行社会主义核心价值观，在各自岗位上勤奋工作、踏实劳动，爱护国家和单位的财产，为实现中华民族伟大复兴的中国梦贡献自己的力量。

98 工会是否可以组织职工开展群众性的合理化建议、技术革新、劳动和技能竞赛活动?

工会法第三十二条明确规定，工会会同用人单位组织职工开展群众性的合理化建议、技术革新、劳动和技能竞赛活动。其中，组织职工开展群众性合理化建议和技术革新活动是工会多年来积极坚持从事的一项工作，积累了丰富的工作经验，应当继续加强。“劳动和技能竞赛”是本次工会法修改新增加的内容。开展劳动和技能竞赛是贯彻党的十九大精神、实现宏伟目标的重要举措，是践行为实现中华民族伟大复兴的中国梦而奋斗这一工运时代主题的重要载体。习近平总书记指出，劳动和技能竞赛是工会的传统优势、工作品牌，新时代要注入新内涵。要围绕树立新发展理念、推动高质量发展、建设现代化经济体系，深入开展各类竞赛活动、创新机制、积极贡献智慧和力量。中国工会十七大报告强调，要围绕高质量发展深化劳动和技能竞赛。组织劳动和技能竞赛，是工会围绕中心、服务大局的重要体现，凸显价值、发挥作用的重要载体，能够有力地推动经济社会发展、企业经营管理水平提高、职工素质提升，在工会整体工作中具有重要地位。工会应当制定并落实“十四五”劳动和技能竞赛规划，推动建立健全职工劳动和技能竞赛体系。围绕国家重大战略、重大工程、重大项目、重点产业，广泛深入持久开展劳动和技能竞赛。以技术创新为导向，创新竞赛方式和载体，发挥网络平台作用，增强活动的便利性和群众性；加强非公有制企业劳动和技能竞赛工作，探索新产业新业态开展竞赛的新形式。

99 工会是否可以组织职工进行业余文化技术学习和职工培训，开展文化、体育活动？

工会法第三十二条明确规定，工会会同用人单位组织职工进行业余文化技术学习和培训，参加职业教育和文化体育活动。2015年《中共中央关于加强和改进党的群团工作的意见》明确要求，群团组织要紧紧结合自身职责，积极开展对所联系群众的知识技能培训，促进能力素质提高。业余文化、技术学习和培训，属于职工文化技术教育工作，也是我国成人教育的重要组成部分，在整个国民教育体系中占有重要地位。职工教育是工会工作的重要内容，工会要积极主动地参与当地政府部门和用人单位组织的职工教育工作，进一步办好工会系统的各级各类职工学校，深入开展读书自学活动，鼓励和支持职工走岗位成才之路，发挥工会优势，大力推动岗位培训。2015年《中共中央、国务院关于构建和谐劳动关系的意见》明确要求，加强企业文体娱乐设施建设，积极组织职工开展喜闻乐见、丰富多彩的文化体育活动，丰富职工文化生活。工会要充分运用工人文化宫、俱乐部等文化设施，广泛组织职工开展文化体育活动。通过举办多种类型的报告会、演讲会、学习班、座谈会、讲座和展览，努力提高职工的科学知识、文化技能和体育、美育水平。

本次工会法修改，将第三十二条中的“文娱、体育活动”改为了“文化和体育活动”。“文化”相对于“文娱”虽然只有一字之差，但内涵更加丰富，更能体现时代要求。文化自信是“四个自信”的重要组成部分。党的十九大报告指出，文化兴国运兴，文化强民族强。没有高度的文化自信，没有文化的繁荣兴盛，就没有中华民族伟大复兴。职工文化是中国特色社会主义文化的重要组成部分，职工文化工作是工会为满足职工群众日益增长的美好生活需要、全面提高职工队伍素质而开展的重要工作。各级工会要以满足职工群众美好生活需要，引导职工群众听党话、跟党走为目标，大力发展健康文明、昂扬向上的职工文化，为建设社会主义文化强国贡献力量。

100 工会在劳动模范和先进生产（工作）者评选等相关工作中有何职权？

工会法第三十三条明确规定，根据政府委托，工会与有关部门共同做好劳动模范和先进生产（工作）者的评选、表彰、培养和管理工作。根据本条规定，对工会长期从事的有关评选、表彰、培养和管理劳动模范和先进生产（工作）者的工作给予了一定的法律地位。这里要明确一点，就劳动模范和先进生产（工作）者的评选、表彰、培养和管理，从理论上讲是政府的职能，所以这一条首先规定了要“根据政府委托”，工会才从事有关的工作。工会要学习贯彻习近平总书记在全国劳动模范和先进工作者表彰大会上重要讲话精神，加大对劳动模范和先进工作者的宣传力度，讲好劳模故事、讲好劳动故事、讲好工匠故事，营造劳动光荣的社会风尚和精益求精的敬业风气。进一步做好劳模培养选树和管理服务工作，完善全国工会劳模工作管理平台，推动完善劳模政策，提升劳模地位，落实劳模待遇，形成尊重劳动、尊重知识、尊重人才、尊重创造良好氛围。做好劳模和五一劳动奖、工人先锋号等评选表彰工作，持续开展“最美职工”“大国工匠”等主题宣传，加快培育、选树一批在全国有影响力、在行业有号召力的领军型劳模，打造新时代劳动者的标杆旗帜。加大劳模教育培养力度，鼓励各级工会开展劳模教育培训，叫响做实由劳模学员、劳模辅导员、劳模学院、劳模宣讲团等构成的“劳模+”品牌。用好全国劳模专项补助资金，深入开展劳模定期走访慰问、及时帮扶救助、开展健康体检和疗休养等工作。深化劳模和工匠人才创新工作室创建工作，加强分级分类管理，形成以全国示范性创新工作室为引领、以省市级创新工作室为主体、基层创新工作室蓬勃发展的工作体系。加强劳模和工匠人才创新工作室信息化管理，进一步完善创新工作室网络工作平台。

101 工会可以通过哪些方式进行源头参与？

工会源头参与在工会工作中占有重要位置，是工会维护职工合法权益的重要举措。习近平总书记多次强调，工会要代表职工群众主动参与立法和政策制定，从制度上源头上保障职工群众利益、发展职工群众利益。各级工会要适应全面依法治国的要求，代表职工主动参与劳动立法和政策制定，推动涉及职工切身利益的法律法规政策制定和修改，主动参与执法检查和法律实施的监督，从制度上、源头上保障职工群众的利益。要健全政府和工会联席（联系）会议制度，做实省、市、县三级地方及产业的协调劳动关系三方机制，并向乡镇（街道）、经济开发区、高新技术园区延伸。

102 直接涉及职工切身利益的法律、法规、规章起草或者修改时，是否应当听取工会意见？

工会法第三十四条第一款明确规定，国家机关在组织起草或者修改直接涉及职工切身利益的法律、法规、规章时，应当听取工会意见。这里的“国家机关”主要指行使立法权的机关，包括国家权力机关和行政机关。其中国家权力机关包括：全国人大及其常委会，省、自治区、直辖市人大及其常委会，省会所在市和国务院批准的较大的市的人大及其常委会。行政机关包括：国务院及其所属的部、委员会和直属机构以及省、自治区、直辖市人民政府，省会所在市和国务院批准的较大的市的人民政府。国家权力机关、行政机关在制定直接涉及职工切身利益的法律、法规、规章时，要听取工会的意见。应当指出，这里的利益是指“直接涉及的切身利益”，例如，制定、修改有关劳动就业、社会保障等方面的法律、法规、规章时，应当听取工会的意见。工会也应当积极参与立法工作，从制度上、源头上保障职工群众的利益。

103 人民政府制定国民经济和社会发展计划，对涉及职工利益的重大问题，是否应当听取同级工会的意见？

工会法第三十四条第二款明确规定，县级以上各级人民政府制定国民经济和社会发展计划，对涉及职工利益的重大问题，应当听取同级工会的意见。为充分体现职工的意愿和要求，反映广大职工群众的意见和要求，各级人民政府要充分发挥工会作为党和政府联系职工群众的桥梁和纽带作用，在制定国民经济和社会发展计划时，对涉及职工利益的问题，应听取同级工会的意见。

104 人民政府及其有关部门研究制定涉及职工切身利益的政策、措施时，是否应当吸收同级工会参加研究？

工会法第三十四条第三款明确规定，县级以上各级人民政府及其有关部门研究制定劳动就业、工资、劳动安全卫生、社会保险等涉及职工切身利益的政策、措施时，应当吸收同级工会参加研究，听取工会意见。工资、物价等直接关系到职工的生活水平，社会保险关系到职工在丧失劳动能力、就业机会等情况下所获得的物质帮助，劳动安全卫生直接关系到职工在劳动生产过程中的生命安全和身心健康。这些政策和措施的研究制定，都涉及职工的切身利益。一方面，工会要代表和维护职工利益，就必须围绕这些方面的问题开展调查研究，关心职工群众生活，广泛听取职工意见，在此基础上及时向同级政府提出建议。另一方面，为使这些政策和措施体现广大职工群众的意愿和要求，使其符合实际，便于贯彻执行，县级以上各级人民政府及其所属各部门在研究制定这方面的重大政策、措施时，应当吸收同级工会参加研究，认真听取工会意见。

105 地方人民政府可以通过什么方式，向同级工会通报政府的重要工作部署和与工会工作有关的行政措施，研究解决工会反映的职工群众的意见和要求？

工会法第三十五条第一款规定，县级以上地方各级人民政府可以召开会议或者采取适当方式，向同级工会通报政府的重要的工作部署和与工会工作有关的行政措施，研究解决工会反映的职工群众的意见和要求。

1989 年《中共中央关于加强和改善党对工会、共青团、妇联工作领导的通知》提出，省、自治区、直辖市以及大中城市的人民政府，可以定期、不定期地通过与同级工会召开座谈会或联席会议等形式，通报政府的一些政策、法规及重要工作部署，研究解决工会反映职工群众的一些问题。1992 年工会法为贯彻落实上述中央精神，明确规定：县级以上地方各级人民政府可以采取适当方式，向同级工会通报政府的重要的工作部署和与工会工作有关的行政措施，研究解决工会反映的职工群众的意见和要求。2001 年修改工会法，对上述规定进行了修改完善，明确规定县级以上地方各级人民政府可以召开会议或者采取适当方式，向同级工会通报政府的重要的工作部署和与工会工作有关的行政措施，研究解决工会反映的职工群众的意见和要求。

在贯彻落实上述国家有关规定的基础上，中央和地方分别建立了行之有效的联席会议工作机制。联席会议是政府与工会为促进改革发展稳定、构建和谐劳动关系、维护职工合法权益、协商解决共同关注的重大事项和问题而召开的专门会议。据全国总工会统计，目前全国 31 个省（区、市）均建立了政府和同级工会联席会议制度。30 多年来，政府与工会的联席会议制度已逐渐向市、县，乃至乡镇延伸。联席会议制度在实践中逐步形成了政府牵头协调、工会组织运作、各相关行政部门积极参与、共同协商解决问题的有效机制，成为各地政府决策的重要程序。通过联席会议，政府可以及时听取职工意见呼声、了解回应职工关切，有效解决了一大批涉及职工切身利益的热点难点问题。2014 年，全国总工会出台《关于进一步推动完善政府和工会联席会议制度的意见》，以贯彻落实党的十八大、十八届三中全会关于“要完善协商民主制度和工作机制，推进协商民主广泛、多层、制度化发展”的精神。

工会法上述规定中的县级以上地方各级人民政府，也包括县级以上地方人民政府所属各职能部门，如 2001 年 6 月 14 日，原劳动和社会保障部与中华全国总工会就进一步加强劳动法律监督工作举行联席会议，并发布了相关会议纪要。工会，包括相应的同级产业工会，如中国教科文卫体工会、中国海员建设工会、中国能源化学地质工会、中国机械冶金建材工会、中国国防邮电工会、中国财贸轻纺烟草工会、中国农林水利气象工会，也与相关部委、行业协会联合会等建立了联席会议制度。所谓采取适当方式，是指因地、因事制宜地采用相应的形式，例如召开座谈会、现场会、发征求意见函等。

本条规定确定政府与工会的工作机制，是在新形势下推进社会主义民主政治的重要举措，是工会参政议政，充分发挥民主参与、民主监督作用的重要渠道；是完善政府决策机制，增强决策民主性、科学性的重要形式；是工会加强源头参与、反映职工意见，从源头上维护职工合法权益的有效形式；是各级人民政府坚持走群众路线、听取职工群众意见的重要途径；是工会充分发挥党和政府联系职工群众的桥梁和纽带作用、国家政权的重要社会支柱作用和职工利益的代表者维护者作用的重要制度安排。

106 什么是劳动关系三方协商机制？如何建立？

工会法第三十五条第二款规定，各级人民政府劳动行政部门应当会同同级工会和企业方面代表，建立劳动关系三方协商机制，共同研究解决劳动关系方面的重大问题。

劳动关系三方协商机制或者劳动关系三方协调机制，也称劳动关系三方原则，是国际劳工组织行动的基本准则。根据国际劳工组织 1976 年 144 号《三方协商促进实施国际劳工标准公约》以及国际劳工组织其他相关国际劳工公约和建议书的阐述，劳动关系三方原则可以表述为，政府、雇主和工人之间，就制定和实施经济与社会政策而进行的所有交往和活动，即由政府（通常以劳动部门为代表）、雇主组织和工人代表性组织通过一定的组织机构和程序规则，就有关劳动立法、经济与社会政策的制定、劳动关系调整及与之相关重大问题的解决，相互沟通、平等交涉、共商对策、合作共事的交往活动。劳动关系三方原则出发点是将雇主和工人都看作发展经济社会的重要力量，主张政府在协调劳动关系时，吸纳他们双方以平等的地位参与协商，就涉及各自利益和共同关心的问题，进行协商并达成一致，以化解劳资矛盾、维护社会稳定、推动经济与社会发展。国际劳工组织所实行的三方原则，是各国建立劳动关系三方协调机制的重要依据，也是各国政府、雇主和工会就其各自利益和共同关心的问题进行协商并达成共识而借鉴的有效形式。

我国的劳动关系三方协商机制，是专门为协调劳动关系而建立的管理体制和组织体系，指由政府劳动行政部门、企业方面代表组织和工会三方，按照三方共同制定的协商规则和协商程序，共同处理劳动关系。1990 年 9 月，全国人大常委会批准了国际劳工组织通过的《三方协商促进实施国际劳工标准公约》。2001 年工会法修改，在第三十四条对建立劳动关系三方协商机制作了规定，即“各级人民政府劳动行政部门应当会同同级工会和企业方面代表，建立劳动关系三方协商机制，共同研究解决劳动关系方面的重大问题”。2007年劳动合同法第五条进一步明确规定，县级以上人民政府劳动行政部门会同工会和企业方面代表，建立健全劳动关系三方协商机制，共同研究解决有关劳动关系的重大问题。上述规定是我国推行劳动关系三方协商机制的主要依据。劳动关系三方协商机制，实际上是一种平等对话的机制。政府、企业组织和工会组织三方的职能不能替代，各有侧重并相互独立，相互没有隶属关系，切实代表基层组织和会员的利益。

2004年国务院办公厅印发《关于深入贯彻工会法支持工会工作的通知》，明确要求各级劳动保障部门要按照工会法的要求，会同同级工会组织和企业方面代表进一步加强劳动关系三方协商机制建设，健全制度，明确职责，规范运作，并逐步向基层延伸。2015年的《中共中央、国务院关于构建和谐劳动关系的意见》强调健全劳动关系三方协商机制，提出完善劳动关系三方协商机制组织体系，建立健全由人力资源社会保障部门会同工会和企业联合会、工商业联合会等企业代表组织组成的劳动关系三方协商机制，根据实际需要推动工业园区、乡镇（街道）和产业系统建立劳动关系三方协商机制。

因此，我国的劳动关系三方协商机制应当由三方组成：

（1）政府代表。工会法中明确规定政府劳动行政部门是政府的代表。一直以来，我国参加国际劳工大会的政府代表也是劳动行政部门，即人力资源社会保障部门。由此可以看出，劳动关系三方代表中政府代表应该由政府劳动行政部门担任。

（2）企业组织代表。主要是企业联合会、工商业联合会等企业代表。随着经济社会的发展，民间的商会、个体经营者协会、青年企业家协会、女企业家协会等相继出现，作为企业方代表，它们都可以成为劳动关系三方协商机制中的一方。目前在中央层面，还是由中国企业联合会、中华全国工商业联合会作为企业方代表。

（3）职工代表。由于劳动关系三方协商机制是协商劳动关系方面的重大问题，它超出了具体企业的范围。因此，代表职工参加劳动关系三方协商机制的是各级总工会，国家层面则是中华全国总工会。

107 劳动关系三方协商机制研究解决什么问题？

工会法第三十五条第二款规定，各级人民政府劳动行政部门应当会同同级工会和企业方面代表，建立劳动关系三方协商机制，共同研究解决劳动关系方面的重大问题。劳动合同法第五条规定，县级以上人民政府劳动行政部门会同工会和企业方面代表，建立健全协调劳动关系三方协商机制，共同研究解决有关劳动关系的重大问题。根据上述两部法律的规定，劳动关系三方协商机制共同研究解决劳动关系方面的重大问题。因此，劳动关系三方协商机制处理的事务都是当前劳动关系方面的重大问题或者重大事务，如有关劳动法律法规和政策的制定与实施，劳动就业、劳动报酬、社会保险、职业培训、劳动安全与职业健康、工作时间与休息休假、劳动合同与集体合同以及有关劳动争议的处理等。2004 年国务院办公厅印发的《关于深入贯彻工会法支持工会工作的通知》，明确要求各级劳动保障部门要按照工会法的要求，对一些带有普遍性、倾向性的问题，加强经常性的协调与沟通，及时研究解决办法，充分发挥这一机制在协调劳动关系方面的作用。2015 年《中共中央、国务院关于构建和谐劳动关系的意见》要求完善劳动关系三方协商机制职能，健全工作制度，充分发挥政府、工会和企业代表组织共同研究解决有关劳动关系重大问题的重要作用。

目前，劳动关系三方协商机制一般在以下几个方面开展工作：（1）研究分析经济体制改革政策和社会经济发展计划对劳动关系的影响，提出政策性意见和建议；（2）通报交流三方各自协调劳动关系工作中的情况和问题，研究分析劳动关系状况及发展趋势，对劳动关系方面带有全局性、倾向性的重大问题进行协商；（3）对制定涉及调整劳动关系的法律、法规、规章和政策提出意见和建议，并监督实施；（4）对企业开展平等协商、签订集体合同等劳动关系调整工作进行咨询、指导；（5）研究现行劳动争议处理体制，指导地方的劳动争议处理工作；（6）对具有重大影响的集体劳动争议和群体性事件进行调查研究，提出解决和预防的意见建议等；（7）开展劳动法律、法规、规章宣传。

108 如何理解职工代表大会是企业实行民主管理的基本形式？

职工代表大会制度是企业民主管理的重要制度。企业民主管理是现代企业制度的应有之义，在完善企业治理结构、提升企业管理科学化水平方面具有重要意义。我国宪法对企业民主管理及职工代表大会制度作了明确规定。党的十九大报告明确要求："完善基层民主制度，保障人民知情权、参与权、表达权、监督权。"党的十九届四中全会强调，"全心全意依靠工人阶级，健全以职工代表大会为基本形式的企事业单位民主管理制度，探索企业职工参与管理的有效方式，保障职工群众的知情权、参与权、表达权、监督权，维护职工合法权益"。《中共中央、国务院关于构建和谐劳动关系的意见》提出，要完善以职工代表大会为基本形式的企业民主管理制度；同时要进一步提高厂务公开建制率，完善公开程序，充实公开内容，创新公开形式，推进厂务公开制度化、规范化；推行职工董事、职工监事制度。因此，职工代表大会（或职工大会）是企业实行民主管理的基本形式。

企业应当按照合法、有序、公开、公正的原则，建立以职工代表大会为基本形式的民主管理制度，实行厂务公开，推行民主管理。公司制企业应当依法建立职工董事、职工监事制度。企业应当尊重和保障职工依法享有的知情权、参与权、表达权和监督权等民主权利，支持职工参加企业管理活动。

109 职工行使民主管理权力的机构是什么？

职工代表大会（或职工大会）是职工行使民主管理权力的机构。企业可以根据职工人数确定召开职工代表大会或者职工大会。企业召开职工代表大会的，职工代表人数按照不少于全体职工人数的百分之五确定，最少不少于三十人；职工代表人数超过一百人的，超出的代表人数可以由企业与工会协商确定。职工代表大会的代表由工人、技术人员、管理人员、企业领导人员和其他方面的职工组成。其中，企业中层以上管理人员和领导人员一般不得超过职工代表总人数的百分之二十；有女职工和劳务派遣职工的企业，职工代表中应当有适当比例的女职工和劳务派遣职工代表。职工代表大会每届任期为三年至五年。职工代表大会根据需要，可以设立若干专门委员会（小组），负责办理职工代表大会交办的事项。专门委员会（小组）成员人选必须经职工代表大会审议通过。

职工代表大会行使下列职权：（1）听取企业主要负责人关于企业发展规划、年度生产经营管理情况，企业改革和制定重要规章制度情况，企业用工、劳动合同和集体合同签订履行情况，企业安全生产情况，企业缴纳社会保险费和住房公积金情况，企业投资和重大技术改造、财务预决算、企业业务招待费使用等报告，专业技术职称的评聘、企业公积金的使用、企业的改制等方案，提出意见和建议；审议企业制定、修改或者决定的有关劳动报酬、工作时间、休息休假、劳动安全卫生、保险福利、职工培训、劳动纪律以及劳动定额管理等直接涉及劳动者切身利益的规章制度或者重大事项方案，提出意见和建议。（2）审议通过集体合同草案，按照国家有关规定提取的职工福利基金使用方案、住房公积金和社会保险费缴纳比例和时间的调整方案，劳动模范的推荐人选等重大事项；审议通过企业合并、分立、改制、解散、破产实施方案中职工的裁减、分流和安置方案。（3）选举或者罢免职工董事、职工监事，选举依法进入破产程序企业的债权人会议和债权人委员会中的职工代表，根据授权推荐或者选举企业经营管理人员。（4）审查监督企业执行劳动法律法规和劳动规章制度情况，民主评议企业领导人员，并提出奖惩建议。（5）法律、行政法规、行政规章规定的其他职权。

110 国有企业的工会委员会与职工代表大会之间是什么关系？

工会法第三十六条规定，“国有企业的工会委员会是职工代表大会的工作机构”。国有企业职工代表大会是职工行使民主管理权力的机构。工会是实行民主管理的积极参加者和具体组织者，在长期的工作实践中积累了丰富的经验。维护职工合法权益是工会组织的基本职责之一，通过职工代表大会，工会可以更有效地履行自己的职能，完成自己的任务。

根据现行法律法规和政策性规定，工会委员会作为职工代表大会的工作机构主要履行下列职责：（1）提出职工代表大会代表选举方案，组织职工选举职工代表和代表团（组）长；（2）征集职工代表提案，提出职工代表大会议题的建议；（3）负责职工代表大会会议的筹备和组织工作，提出职工代表大会的议程建议；（4）提出职工代表大会主席团组成方案和组成人员建议名单；提出专门委员会（小组）的设立方案和组成人员建议名单；（5）向职工代表大会报告职工代表大会决议的执行情况和职工代表大会提案的办理情况、厂务公开的实行情况等；（6）在职工代表大会闭会期间，负责组织专门委员会（小组）和职工代表就企业职工代表大会决议的执行情况和职工代表大会提案的办理情况、厂务公开的实行情况等，开展巡视、检查、质询等监督活动；（7）受理职工代表的申诉和建议，维护职工代表的合法权益；（8）向职工进行民主管理的宣传教育，组织职工代表开展学习和培训，提高职工代表素质;（9）建立和管理职工代表大会工作档案。

111 集体企业的工会委员会，应当如何支持和组织职工参加民主管理和民主监督？

工会法第三十七条规定，“集体企业的工会委员会，应当支持和组织职工参加民主管理和民主监督，维护职工选举和罢免管理人员、决定经营管理的重大问题的权力”。集体企业是我国公有制经济的重要组成部分。根据我国宪法和《城镇集体所有制企业条例》的规定，集体企业实行民主管理。职工（代表）大会是集体企业的权力机构，主要职权包括:（1）制定、修改集体企业章程;（2）按照国家规定选举、罢免、聘用、解聘厂长（经理）、副厂长（副经理）;（3）审议厂长（经理）提交的各项议案，决定企业经营管理的重大问题;（4）审议并决定企业职工工资形式、工资调整方案、奖金和分红方案、职工住宅分配方案和其他有关职工生活福利的重大事项;（5）审议并决定企业的职工奖惩办法和其他重要规章制度;（6）法律、法规和企业章程规定的其他职权。

集体企业工会作为职工的群众组织和职工利益的代表者，应大力支持职工行使自己的民主权力，依法对集体企业进行民主管理。同时工会还应依照法律规定积极主动地做好有关的组织工作，特别是要注意努力保障职工民主选举企业领导人和决定企业经营管理重大问题的权力的落实。

112 国有企业、集体企业以外的其他企业、事业单位的工会委员会，是否应组织职工参与企业、事业单位民主管理?

我国宪法、劳动法、工会法、公司法、劳动合同法等法律法规，对企业建立职工代表大会、职工董事职工监事等民主管理制度都作出了规定，适用范围也从公有制企业逐步扩大到所有企业。实践中不同所有制企业特别是非公有制企业以及学校、科研院所等事业单位职工代表大会、厂务公开制度和公司制企业职工董事职工监事制度工作逐步发展，创造了大量鲜活的成功经验。推进非公有制企业民主管理工作是保障职工主体地位、推动企业改革发展、构建和谐劳动关系的重要举措。2012 年中央纪委、中央组织部、国务院国资委、监察部、全国总工会、全国工商联联合下发了《企业民主管理规定》，明确在社会主义市场经济条件下，所有的企业不分所有制都要实行民主管理。工会法根据宪法和有关法律，在第三十八条对公有制以外企业、事业单位规定：“本法第三十六条、第三十七条规定以外的其他企业、事业单位的工会委员会，依照法律规定组织职工采取与企业、事业单位相适应的形式，参与企业、事业单位民主管理。”《中共中央、国务院关于构建和谐劳动关系的意见》提出，要在完善以职工代表大会为基本形式的企业民主管理制度的同时，进一步提高厂务公开建制率，完善公开程序，充实公开内容，创新公开形式，推进厂务公开制度化、规范化；推行职工董事、职工监事制度。因此，职工在非公有制企业、事业单位中如何参与民主选举、民主协商、民主决策、民主监督、民主管理，需要结合单位实际，按照法律法规政策以及地方相关立法的规定进行。

113 企业、事业单位、社会组织研究哪些问题，应当听取工会的意见？

工会法第三十九条规定，“企业、事业单位、社会组织研究经营管理和发展的重大问题应当听取工会的意见”。其中，“社会组织”这一主体，是本次工会法修改时新增加的。

在研究经营管理和发展的重大问题时，听取工会的意见，能使企业、事业单位、社会组织在决策前充分了解和掌握各方面的意见，有利于决策的科学化、民主化，有利于维护职工的合法权益。工会参加企业、事业单位、社会组织重大问题的讨论，也可以使广大职工更好地了解企业、事业单位、社会组织制定发展计划的依据、原因以及发展方向，同时也可以取得广大职工的支持，更进一步调动职工群众的生产积极性，搞好企业、事业单位、社会组织的发展。

114 企业、事业单位、社会组织召开哪些会议，必须有工会代表参加？

工会法第三十九条第一款规定，企业、事业单位、社会组织“召开会议讨论有关工资、福利、劳动安全卫生、工作时间、休息休假、女职工保护和社会保险等涉及职工切身利益的问题，必须有工会代表参加”。其中，“工作时间、休息休假、女职工保护”这三项，是本次工会法修改新增加的内容。

工会是代表职工利益、为职工说话办事的群众组织。当企业、事业单位、社会组织召开讨论有关工资、福利、劳动安全卫生、工作时间、休息休假、女职工保护和社会保险等涉及职工切身利益的会议时，要有工会代表参加，使工会在讨论这些涉及职工切身利益的问题的会议上，能够反映职工的意见和要求，在工资、福利、劳动安全卫生等方面维护职工的合法权益，促进企业、事业单位、社会组织内部的安定团结和生产持续稳定的发展。

按照劳动合同法的规定，企业、事业单位、社会组织等用人单位在制定、修改或者决定有关劳动报酬、工作时间、休息休假、劳动安全卫生、保险福利、职工培训、劳动纪律以及劳动定额管理等直接涉及劳动者切身利益的规章制度或者重大事项时，应当经职工代表大会或者全体职工讨论，提出方案和意见，与工会或者职工代表平等协商确定。在规章制度和重大事项决定实施过程中，工会或者职工认为不适当的，有权向企业、事业单位、社会组织提出，通过协商予以修改完善。本次工会法修改在涉及职工切身利益的事项中增加工作时间、休息休假、女职工保护，进一步完善了工会和职工民主参与的事项内容，为提升企业、事业单位、社会组织重要决策和经营管理的科学性、合理性，提供了更明确具体的法治保障，同时也体现了法律之间的有效衔接和协调统一。

115 工会与所在企业、事业单位、社会组织之间是什么关系？

工会法第三十九条第二款规定，“企业、事业单位、社会组织应当支持工会依法开展工作，工会应当支持企业、事业单位、社会组织依法行使经营管理权”。企业、事业单位、社会组织要尊重工会的民主权利，工会要尊重企业、事业单位、社会组织的行政管理和生产指挥权利。工会与所在企业、事业单位、社会组织之间应当相互尊重、相互支持。

企业、事业单位、社会组织等用人单位是职工生产生活的主要场所，用人单位工会等基层工会是我国工会的重要组织基础和工作基础。工会是职工利益的代表者和维护者，也是用人单位经营发展的重要推动力量。工会在维护职工权益过程中，要促进用人单位发展和维护职工权益的关系，教育引导职工做用人单位的主人，充分发挥主人翁作用，为共同把用人单位各项事业办好贡献智慧力量；用人单位要把全心全意依靠工人阶级方针落实到生产经营和发展的各方面各环节，重大决策听取职工意见，涉及职工切身利益的重大问题经职代会审议，鼓励职工代表有序参与用人单位治理，关心职工群众生产生活和职业发展。工会应当与用人单位打造利益共同体、事业共同体、命运共同体。

116 公司的董事会、监事会中的职工代表应当如何产生？

工会法第四十条规定：“公司的董事会、监事会中职工代表的产生，依照公司法有关规定执行。”公司法对公司的董事会、监事会中职工代表的产生作了如下规定：（1）公司董事会中职工代表的产生。国有独资公司和两个以上的国有企业或者两个以上的其他国有投资主体投资设立的有限责任公司的董事会应当有职工代表参加，由公司职工选举产生，其他有限责任公司和股份有限公司的董事会可以有职工代表参加。（2）公司监事会中职工代表的产生。有限责任公司与股份有限公司的监事会都应当包括职工代表。监事会中的职工代表由公司职工通过职工代表大会、职工大会或者其他形式民主选举产生。

中华全国总工会出台的《关于加强公司制企业职工董事、职工监事制度建设的意见》，依法对职工董事、职工监事的产生作了进一步规范。具体包括以下内容：

第一，职工董事、职工监事候选人条件和人数比例。

（1）职工董事、职工监事候选人应符合以下基本条件：与公司存在劳动关系；能够代表和反映职工合理诉求，维护职工和公司合法权益，为职工群众信赖和拥护；熟悉公司经营管理或具有相关的工作经验，熟知劳动法律法规，有较强的协调沟通能力；遵纪守法，品行端正，秉公办事，廉洁自律；符合法律法规和公司章程规定的其他条件。遵循职工董事、职工监事任职回避原则，坚持公司高级管理人员和监事不得兼任职工董事，公司高级管理人员和董事不得兼任职工监事。公司高管的近亲属，不宜担（兼）任职工董事、职工监事。

（2）职工董事、职工监事的人数和具体比例应依法在公司章程中作出明确规定。国有及国有控股公司，其董事会成员中应当有公司职工代表；引导和支持国有及国有控股公司以外的其他公司董事会成员中配备适当比例的职工董事，力促董事会成员中至少有一名职工董事。所有公司监事会中职工监事的比例不低于三分之一。督促公司在设立（或改制）的初始阶段，依照相关法律规定在董事会、监事会中预留职工董事、职工监事的席位，并在公司章程中予以明确规定。

（3）职工持股会选派到董事会、监事会的董事、监事，一般不占职工董事、职工监事的名额。

第二，职工董事、职工监事的产生程序。

（1）职工董事、职工监事的候选人，可以由公司工会根据自荐、推荐情况，在充分听取职工意见的基础上提名，也可以由三分之一以上的职工代表或者十分之一以上的职工联名推举，还可以由职代会联席会议提名。公司工会主席、副主席一般应作为职工董事、职工监事候选人人选。

（2）职工董事、职工监事应由公司职代会以无记名投票方式差额选举，并经职代会全体代表的过半数同意方可当选。尚未建立职代会的，应在企业党组织的领导和上级工会的指导下，先行建立职代会。

（3）职工董事、职工监事由职代会选举产生后，应进行任前公示，与其他董事、监事一样履行相关手续，并报上级工会和有关部门（机构）备案。

公司工会应做好向上级工会报备的相关工作。

117 基层工会委员会召开会议或者组织职工活动，应当在什么时间进行？

工会法第四十一条第一款规定，“基层工会委员会召开会议或者组织职工活动，应当在生产或者工作时间以外进行”。这里的“生产或者工作时间”是指法定的从事生产或工作的时间。工会召开会议或组织职工活动一般应当在业余时间进行，不宜安排在生产或者工作时间，这是工会开展活动的一项基本原则，因为生产或者工作时间就是用来生产或者工作的，如果工会活动经常占用生产或者工作时间，就会影响正常的生产和工作。工会活动的目的是通过工会活动，使职工从思想上受到教育，从身体上得到休息，提高生产效率，更好地进行生产和工作。

工会法还规定了基层工会非专职委员占用生产或者工作时间参加会议或者从事工会工作具体时间的限制。如果基层工会非专职委员占用生产或者工作时间参加会议或者从事工会工作每月超过了三个工作日，其工资福利待遇将受到影响，如果没有超过三个工作日，则企业、事业单位和社会组织就应按规定，工资照发，其他待遇不受影响。

118 基层工会委员会召开会议或者组织职工活动需要占用生产或者工作时间的，是否需要征得所在单位的同意？

工会法第四十一条第一款规定，“基层工会委员会召开会议或者组织职工活动，应当在生产或者工作时间以外进行，需要占用生产或者工作时间的，应当事先征得企业、事业单位、社会组织的同意”。从现实情况看，有的基层工会的任务比较繁重，在这种情况下，工会应当事先征得企业、事业单位、社会组织的同意，在不影响生产和工作的情况下召开会议或开展活动。

119 基层工会的非专职委员是否可以占用生产或者工作时间参加会议或者从事工会工作？

工会法第四十一条第二款规定，“基层工会的非专职委员占用生产或者工作时间参加会议或者从事工会工作，每月不超过三个工作日”。非专职的工会委员在身份上具有双重性，一方面，有自己的生产或工作岗位，需要按照劳动合同等要求，完成相应的工作任务；另一方面，作为工会干部，又需要实际从事工会工作，为职工群众做好服务。这就决定了基层工会的非专职委员不能像专职的工会工作者那样，将全部工作精力和工作时间用于工会工作或相关活动，而是要把主要精力放在生产上，从事工会工作则主要是利用业余时间。与此同时，在部分情况下，非专职的工会委员从事工会活动必须占用生产时间时，企业、事业单位和社会组织应依法为之提供必要的时间，以利于工会活动的完成。因此，工会法对基层工会的非专职委员占用生产或者工作时间参加会议或者从事工会工作的时间，作了上限规定。

120 基层工会的非专职委员占用生产或者工作时间参加会议或者从事工会工作的，其工资和其他待遇是否会受到影响？

基层工会的非专职委员占用生产或者工作时间参加会议或者从事工会工作，每月不超过三个工作日，其工资照发，其他待遇不受影响。如果每月超过了三个工作日，其工资福利待遇将受到影响。基层工会非专职委员的劳动报酬包括工资、奖金、补贴等，都是根据生产（工作）时间或完成的生产（工作）任务来支付的。如果基层工会非专职委员在某些特殊情况下组织或参加工会活动，如文体比赛及参加会议等，没有完全利用业余时间，而是占用了生产（工作）时间，就会在一定程度上影响他们从事生产（工作），相应地也会影响他们获得的劳动报酬。

121 用人单位工会委员会的专职工作人员的工资、奖励、补贴，由谁支付？

工会法第四十二条规定，“用人单位工会委员会的专职工作人员的工资、奖励、补贴，由所在单位支付”。本次修改工会法，将适用范围扩大到社会组织，本条也将原来“企业、事业单位、机关”的表述调整为“用人单位”。这一规定，明确了基层工会专职工作人员工资、奖励、补贴的开支渠道，为基层工会专职工作人员领取工资、奖励、补贴提供了法律上的依据。

122 用人单位工会委员会的专职工作人员的社会保险和其他福利待遇等，是否应当享受本单位职工同等待遇？

工会法第四十二条规定，用人单位工会委员会的专职工作人员的社会保险和其他福利待遇等，享受本单位职工同等待遇。这就表明，基层工会专职工作人员的社会保险和其他福利待遇等，与本单位职工同等对待。也就是说，基层工会专职工作人员所在的用人单位中，其他职工社会保险费用的缴纳和支取、福利待遇的发放和标准是怎样的，工会专职工作人员也和他们执行相同的渠道和相同的标准。这样规定，可以避免对基层工会专职工作人员的社会保险和福利待遇等与所在企业职工予以区别对待，有利于基层工会专职工作人员敢于为职工群众说话、办事，赢得职工的信任。

123 工会经费的来源有哪些？

工会经费是工会组织依法取得的用于为职工服务和开展业务活动的资金。根据工会法第四十三条规定，工会经费主要来源于以下五个方面。

（1）工会会员缴纳会费。工会会员缴纳会费是工会经费的重要来源之一，是职工作为会员应尽的义务，也是会员在工会组织内享受权利的物质基础，既体现了会员的组织观念，也有利于会员之间团结友爱、互助互济。目前，工会会员会费缴纳标准为本人工资的 0.5%，工资尾数不足 10 元的不计为缴费基数；无固定收入的会员，可按本人上月所得工资计算应缴会费；会员所得各种奖金、津贴、稿费收入以及补助费、救济费、退休金、退职金等，均不计入缴费基数。工会会员缴纳会费全部留用于基层，不予上解。

（2）建立工会组织的用人单位向工会拨缴的经费。这是工会经费的主要来源，是国家以立法形式支持工会组织履职尽责的充分体现，是用人单位组织生产经营所必须支付的用工成本，属于初次分配范畴。用人单位按照全部职工工资总额的 2%，按月计提并向工会组织拨付工会经费是用人单位的法定义务。全部职工工资总额的计算方法，应按国家统计局关于工资总额及其构成的规定执行。具体来说，全体职工工资总额是指用人单位在一定时期内直接支付给本单位全体职工的劳动报酬总额，包括计时工资、计件工资、奖金、津贴和补贴、加班加点工资、特殊情况下支付的工资等。用人单位支付给职工的劳动报酬以及根据其他有关规定支付的工资，无论是计入成本还是不计入成本，无论是以货币形式支付还是以实物形式支付，均应列入工资总额计算范围。用人单位离退休人员待遇、劳动保护、稿费和讲课费等支出，均不作为工资总额计算项目。

（3）工会所属企业、事业单位上缴的收入。工会所属企业、事业单位上缴的收入，是工会经费的必要来源之一。所谓上缴的收入，是指工会所属企事业单位以自身的业务收入抵补各项支出后的净收益，其中的一部分按照规定上缴主管工会，作为主管工会的经费来源之一，用于弥补工会活动经费不足和发展工会事业。

（4）人民政府的补助。人民政府的补助是指各级人民政府按照工会法和国家有关规定给予县级以上工会的补助款项，是工会经费收入的重要补充。人民政府以多种形式实施工会补助项目，包括财政拨付的离退休人员离退休费和生活补贴、帮扶资金、送温暖经费、疗养事业补助、劳模补助、基建、维修及大型活动补助等。

（5）其他收入。工会经费的其他收入项目，主要包括上级补助收入、行政补助收入、投资收益、固定资产处置收入、接受捐赠收入、银行存款利息收入等。

124 企业、事业单位、社会组织拨缴的工会经费是否在税前列支？

工会法第四十三条第二款规定了建立工会组织的企业、事业单位以及社会组织，按全部职工工资总额 2% 向工会拨缴的经费，应在税前列支。工会经费在本质上属于劳动力再生产费用，按照国家法律政策现行规定，企业、事业单位、社会组织等用人单位拨缴的工会经费，应当列入成本和费用，实行税前列支，这是国家财政以减少税收形式对工会工作给予的支持。税前列支也意味着，工会经费不属于用人单位利润的组成部分。

该项规定在具体实施中应当注意，凡依法建立工会组织的企业、事业单位、社会组织等，在每月按工资总额2%的比例拨缴工会经费后，应凭工会组织开具的《工会经费收入专用收据》或税务部门认定的合法缴费凭证进行税前扣除；不能出具《工会经费收入专用收据》或者不能提供合法缴费凭证的，其提取的工会经费不得在企业所得税前扣除。

125 工会经费主要用于哪些方面？

工会法第四十三条第三款规定了工会经费的使用范围，即工会经费主要用于为职工群众服务和组织开展工会活动，这就为工会经费正确合理使用提供了法律依据。工会法同时规定，工会经费使用的具体办法由中华全国总工会制定。

按照中华全国总工会办公厅2017年印发的《基层工会经费收支管理办法》，基层工会经费支出范围包括：职工活动支出、维权支出、业务支出、资本性支出、事业支出和其他支出。

职工活动支出是指基层工会组织开展职工教育、文体、宣传等活动所发生的支出和工会组织的职工集体福利支出，包括：（1）职工教育支出。用于基层工会举办政治、法律、科技、业务等专题培训和职工技能培训所需的教材资料、教学用品、场地租金等方面的支出，用于支付职工教育活动聘请授课人员的酬金，用于基层工会组织的职工素质提升补助和职工教育培训优秀学员的奖励。对优秀学员的奖励应以精神鼓励为主、物质激励为辅。授课人员酬金标准参照国家有关规定执行。（2）文体活动支出。用于基层工会开展或参加上级工会组织的职工业余文体活动所需器材、服装、用品等购置、租赁与维修方面的支出以及活动场地、交通工具的租金支出等，用于文体活动优胜者的奖励支出，用于文体活动中必要的伙食补助费。（3）宣传活动支出。用于基层工会开展重点工作、重大主题和重大节日宣传活动所需的材料消耗、场地租金、购买服务等方面的支出，用于培育和践行社会主义核心价值观，弘扬劳模精神和工匠精神等经常性宣传活动方面的支出，用于基层工会开展或参加上级工会举办的知识竞赛、宣讲、演讲比赛、展览等宣传活动支出。（4）职工集体福利支出。用于基层工会逢年过节和会员生日、婚丧嫁娶、退休离岗的慰问支出等。（5）其他活动支出。用于工会组织开展的劳动模范和先进职工疗休养补贴等其他活动支出。

维权支出是指基层工会用于维护职工权益的支出，包括：（1）劳动关系协调费。用于推进创建劳动关系和谐企业活动、加强劳动争议调解和队伍建设、开展劳动合同咨询活动、集体合同示范文本印制与推广等方面的支出。（2）劳动保护费。用于基层工会开展群众性安全生产和职业病防治活动、加强群监员队伍建设、开展职工心理健康维护等促进安全健康生产、保护职工生命安全为宗旨开展职工劳动保护发生的支出等。（3）法律援助费。用于基层工会向职工群众开展法治宣传、提供法律咨询、法律服务等发生的支出。（4）困难职工帮扶费。用于基层工会对困难职工提供资金和物质帮助等发生的支出。其中，工会会员本人及家庭因大病、意外事故、子女就学等原因致困时，基层工会可给予一定金额的慰问。（5）送温暖费。用于基层工会开展春送岗位、夏送清凉、金秋助学和冬送温暖等活动发生的支出。（6）其他维权支出。用于基层工会补助职工和会员参加互助互济保障活动等其他方面的维权支出。

业务支出是指基层工会培训工会干部、加强自身建设以及开展业务工作发生的各项支出，包括：（1）培训费。用于基层工会开展工会干部和积极分子培训发生的支出。开支范围和标准以有关部门制定的培训费管理办法为准。（2）会议费。用于基层工会会员大会或会员代表大会、委员会、常委会、经费审查委员会以及其他专业工作会议的各项支出。开支范围和标准以有关部门制定的会议费管理办法为准。（3）专项业务费。用于基层工会开展基层工会组织建设、建家活动、劳模和工匠人才创新工作室、职工创新工作室等创建活动发生的支出，用于基层工会开办的图书馆、阅览室和职工书屋等职工文体活动阵地所发生的支出，用于基层工会开展专题调研所发生的支出，用于基层工会开展女职工工作性支出，用于基层工会开展外事活动方面的支出，用于基层工会组织开展合理化建议、技术革新、发明创造、岗位练兵、技术比武、技术培训等劳动和技能竞赛活动支出及其奖励支出。（4）其他业务支出。用于基层工会发放兼职工会干部和专职社会化工会工作者补贴，用于经上级批准评选表彰的优秀工会干部和积极分子的奖励支出，用于基层工会必要的办公费、差旅费，用于基层工会支付代理记账、中介机构审计等购买服务方面的支出。

资本性支出是指基层工会从事工会建设工程、设备工具购置、大型修缮和信息网络购建而发生的支出。

事业支出是指基层工会对独立核算的附属事业单位的补助和非独立核算的附属事业单位的各项支出。

其他支出是指基层工会除上述支出以外的其他各项支出，包括：资产盘亏、固定资产处置净损失、捐赠、赞助等。

126 如何确保工会经费的有效使用？

工会法对工会经费的使用仅作了原则性规定，同时授权全国总工会制定经费使用具体规则，体现了对工会经费独立原则和工会依法独立开展活动的支持。目前，工会经费使用管理制度体系已经建立并不断完善。例如，根据工会经费分成比例相关规定，全国工会经费全年收入 95% 留在地方工会、产业工会和基层工会，其中基层工会分成比例不低于 60%，有效保证了对基层工会工作的经费支持。再如，根据基层工会经费收支管理相关规定，基层工会经费收支管理应当遵循遵纪守法、经费独立、预算管理、服务职工、勤俭节约、民主管理原则。按照工会经费使用管理相关规定，全国总工会负责对全国工会系统工会经费的收入、支出和使用管理情况进行监督检查。按照“统一领导、分级管理”的管理体制，省以下各级工会应加强对本级和下一级工会经费收支与使用管理情况的监督检查，下一级工会应定期向本级工会委员会和上一级工会报告财务监督检查情况。同时，基层工会应加强对本单位工会经费使用情况的内部会计监督和工会预算执行情况的审查审计监督，依法接受并主动配合国家审计监督。内部会计监督主要对原始凭证的真实性合法性、会计账簿与财务报告的准确性及时性、财产物资的安全性完整性进行监督，以维护财经纪律的严肃性。审查审计监督主要对单位财务收支情况和预算执行情况进行审查监督。各级工会对监督检查中发现违反基层工会经费收支管理办法的问题，要及时纠正。违规问题情节较轻的，要限期整改；涉及违纪的，由纪检监察部门依照有关规定，追究直接责任人和相关领导责任；构成犯罪的，依法移交司法机关处理。因此，地方工会、产业工会和基层工会在使用工会经费过程中，要严格按照全国总工会现行文件规定执行，确保经费使用合法合规、科学有效，切实提升工会组织开展工作和服务职工能力水平。

127 企业、事业单位无正当理由拖延或者拒不拨缴工会经费，基层工会或者上级工会可以采取什么措施？

工会法第四十四条规定，“企业、事业单位、社会组织无正当理由拖延或者拒不拨缴工会经费，基层工会或者上级工会可以向当地人民法院申请支付令；拒不执行支付令的，工会可以依法申请人民法院强制执行”。用人单位拨缴工会经费是工会法设立的用人单位必须履行的法定义务，具有强制性、无偿性和稳定性，用人单位应当严格执行法律规定，按时足额拨缴工会经费。

一段时期以来，工会经费收缴机制改革深入推进，多项经费拨缴制度和措施先后出台，有效维护了工会经费拨缴工作的严肃性、规范性和实效性。在当前实务操作中，工会经费拨缴方式主要分为三种：自主拨缴、税务代收、财政划拨。自主拨缴，是指基层工会所在用人单位的行政方面按月向本级工会拨缴经费。税务代收，是指县级以上总工会委托税务部门，向建立工会的一般性企事业单位或社会组织收缴工会经费。财政划拨，是指将财政预算保障的行政事业单位应缴工会经费，纳入本级财政预算，并由财政部门统一划拨到县级以上工会组织。

近年来，随着工会经费收缴体制的建立完善，工会经费收入水平稳步提升，工会工作财力保障持续加强。但同时应当看到，在基层实践中，用人单位无故漏缴、欠缴、拒缴工会经费问题时有发生，且个别单位经依法催缴后仍不补缴。因此，对于无正当理由拖延或者拒不拨缴工会经费的用人单位，工会法专门规定了相应制约措施，保证拨缴工会经费制度的执行效果。凡用人单位存在此类情形的，将收到基层工会及其上级工会等组织对其发出的催缴通知。如用人单位在催缴期限内仍未补缴的，工会可以向当地人民法院申请支付令；拒不执行支付令的，工会可以依法申请人民法院强制执行。

基层工会或者上级工会可以向人民法院申请支付令。如债务人对此提出异议，则转入诉讼程序。如债务人既不提出异议，也不执行的，工会可以申请人民法院强制执行，人民法院依照民事诉讼法有关强制执行的规定办理。根据《最高人民法院关于在民事审判工作中适用〈中华人民共和国工会法〉若干问题的解释》规定，上级工会向人民法院申请支付令或者提起诉讼，要求相关单位拨缴工会经费的，人民法院应当受理。

应当指出的是，对于企业因生产经营困难、无法按时拨缴工会经费的情况，工会在提请采取强制拨缴措施时，应综合多方面因素予以酌情考虑。工会法规定，工会申请人民法院采取支付令或强制执行等措施的，仅限于有关用人单位无法提出正当理由的情形。实践中，对于确有困难或处于特殊情形下的相关单位，可视情况给予工会经费延期缴纳或返还等政策。

128 工会是否应当建立预算、决算和经费审查监督制度？

工会法第四十五条第一款规定，“工会应当根据经费独立原则，建立预算、决算和经费审查监督制度”。工会独立管理经费是历史形成的，是由工会组织性质及其工作特点所决定的。在革命战争时期，工会筹集经费并进行独立管理，是组织工人阶级开展斗争的客观需要，也是工会组织自身赖以生存的基本需要。新中国成立以后，工人阶级和工会地位都发生了根本变化，工会独立管理经费，是工会独立自主开展工作的重要前提，是使用工会经费为职工办好事、解难题的基本保证。工会经费独立原则，主要表现为工会经费使用与管理的具体办法，由中华全国总工会制定，以此建立适用于工会组织的独立预算、决算和经费审查监督制度。

工会经费预算，是指工会组织为了履行自身职能，有计划地筹集和分配工会资金的管理手段。为了保证工作正常运行，工会组织必须编制经费预算，明确工会经费年度收支计划。工会系统实行一级工会一级预算，预算管理实行下管一级的原则。工会预算一般分为五级，即：全国总工会、省级工会、市级工会、县级工会和基层工会。全国工会预算由全国总工会总预算和省级工会总预算组成。全国总工会总预算由全国总工会本级预算和与全国总工会建立经费拨缴关系的企业工会汇总预算组成。省级工会总预算由省（自治区、直辖市）总工会、中央和国家机关工会联合会、中华全国铁路总工会、中国民航工会全国委员会、中国金融工会全国委员会本级预算和汇总的下一级工会总预算组成。下一级工会只有本级预算的，下一级工会总预算即指下一级工会的本级预算。本级预算是指各级工会本级次范围内所有收支预算，包括本级所属单位的单位预算和本级工会的转移支付预算。单位预算是指本级工会机关、所属事业单位的预算。转移支付预算是指本级工会对下级工会的补助预算。

工会经费决算，是工会预算执行情况的总结，综合反映了各级工会年度预算收支结果和工会活动财务状况。工会决算组成与预算组成应当保持一致。通过编制工会决算，可以从财务上总结一年来工会组织各项活动的主要情况、经验和问题，为工会决策提供可靠的资料和数据信息。因此，在年度结束时编制工会决算，是整个工会工作不可缺少的重要环节。工会决算工作政策性强，涉及面广，复杂程度高，包括一系列工作步骤，如决算编制、决算审核、决算汇总报送、决算分析利用等。

工会经费审查监督，是指对工会各项经费收支和资产管理及相关经济活动进行监督。它是工会独立管理经费的客观需要，是对工会经费和资产管理实行民主监督和审计监督的有效方式。工会经费审查监督主要内容包括审查和审计两个方面：对工会经费预算、预算调整、决算草案进行审查，对政策落实情况、预算管理、绩效管理、财务管理、资产管理、企事业单位经济活动进行审计监督。

129 什么是工会经费审查委员会?

根据工会法第四十五条规定，各级工会经费审查委员会及其办公室，是行使工会经费审查监督职能的专门机构。各级工会经费审查委员会及其委员是由同级工会会员大会或会员代表大会民主选举产生的，是代表会员群众对工会各项经费收支和资产管理进行审查审计监督的组织，具有广泛代表性、相对独立性和监督权威性。工会经费审查委员会的任期与同级工会委员会任期相同，全国总工会和各级地方工会、产业工会经审会每届任期五年，基层工会经审会每届任期三年至五年。

130 工会经费审查委员会有什么职责?

工会经费审查委员会享有下列权利:(1)有权列席同级工会有关会议,听取并了解工会各项经费收支情况、资产管理情况以及工会企事业单位经营管理情况。(2)有权要求工会组织及所属企事业单位报送有关计划、预算、决算、会计报表和文件资料并听取汇报。(3)有权检查凭证、账表、决算、资金和财产并查阅有关文件资料。(4)有权对审查中发现的问题,向被审查单位和有关人员调查取证。(5)有权对正在进行的严重违反财经法纪、严重损失浪费行为,提请同级工会委员会或上级工会及时制止,并对已造成损失作出处理决定。(6)遇有阻挠、破坏审查工作情形时,有权采取封存账册、印鉴和资产等临时措施,并提出追究有关人员的责任的意见。

工会经费审查委员会履行下列义务:(1)对同级工会送交的年度经费预决算等事项,应及时认真进行审查。(2)对审查项目出具书面审查结果和处理意见,征求意见后报送同级工会委员会。(3)对本级工会会员大会或会员代表大会负责,在会员大会或会员代表大会闭会期间对同级工会委员会负责并报告工作。(4)加强与工会财务部门、资产管理部门等相关单位沟通联系,促进业务协作配合。

131 工会经费情况是否应当接受民主监督和国家监督?

根据工会法第四十五条规定,工会经费情况除接受经费审查委员会监督外,还应接受民主监督和国家监督。

民主监督,是指各级工会经费收支情况应当定期向会员大会或者会员代表大会报告并接受监督，工会会员大会或者会员代表大会有权对经费使用情况提出意见。工会是会员和职工利益的代表，这就决定了工会经费收支管理应接受职工监督，依靠职工管好用好工会经费。按照现行规定，各级工会年度经费收支情况应定期向会员大会或会员代表大会报告，会员大会或会员代表大会有权对基层工会委员会经费收支预算决算情况报告提出意见，予以审议和批准。各级工会还应建立经费收支信息公开制度，定期向会员公布经费收支情况，主动接受会员监督。

工会经费使用应当依法接受国家监督。国家监督可采用多种形式，包括国家审计监督、财政监督、纪检监察监督等。

132 工会办公和开展活动的必要设施和活动场所等物质条件，应当如何实现？

根据工会法第四十六条规定，各级人民政府和用人单位应当为工会办公和开展活动，提供必要的设施和活动场所等物质条件。首先，各级人民政府应当按照法律规定，为各级地方总工会提供办公和开展活动所必要的设施和场所。其次，建立基层工会的企业、事业单位、机关、社会组织等也应依法为工会提供办公和开展活动的必要物质保障。

新中国成立以来，为解决工会工作所需物质资源问题，党和政府以及部分机关企事业单位逐步向工会组织无偿划拨了大量土地、房产以及其他固定资产，作为工会开展工作、服务职工的场所和设施。这些物质资源是工会资产形成的主要来源，为工会事业发展提供了坚实物质保障，对于巩固党的阶级基础和执政基础具有重要意义。特别是地方工会机关最初的办公场所，以及各地工人文化宫、工人疗养院、工会院校等工会事业发展阵地，基本上是党和政府提供给工会使用管理的，充分体现了党和政府对工人阶级和工会工作的高度重视和大力支持。近年来，随着工会组织不断拓展业务职能，在巩固工会传统阵地基础上，各地逐渐发展出职工服务中心、困难职工帮扶中心、职工互助保障组织等工会企事业资产，为工会组织发展壮大提供了有效支撑，进一步延伸了工会联系服务职工的阵地和渠道。

133 工会的财产、经费和国家拨给工会使用的不动产，有关组织和个人是否可以侵占、挪用和任意调拨?

根据工会法第四十七条规定，保护工会资产不受侵害，是工会顺利开展工作的前提。民法典第二百七十条规定，社会团体法人、捐助法人依法所有的不动产和动产，受法律保护。保护工会资产不受侵害，是工会顺利开展工作的前提。工会自有经费、资产以及国家、用人单位等拨给工会使用的不动产和资金，是工会开展活动和举办服务职工事业的物质基础，受国家法律和政策保护。

处置工会资产，应当依据工会资产管理制度规定的程序和权限，按照审慎、有偿和公开、公平、公正的原则，严格履行审批、审核和备案等程序，任何组织和个人未经批准，不得擅自处置。禁止任何组织和个人侵占、挪用和任意调拨工会财产、经费和国家拨给工会使用的不动产，当工会资产所有权遭受侵害、造成流失，无法行使占有、使用、收益、处分权能时，工会组织有权请求国家予以保护，追究侵权人相应责任，依法责令其履行民事义务、承担民事责任。

134 工会所属的为职工服务的企业、事业单位，其隶属关系是否可以随意改变？

工会法第四十八条规定，“工会所属的为职工服务的企业、事业单位，其隶属关系不得随意改变”。工会所属企业、事业单位，是指全国总工会、地方总工会、产业工会、基层工会所属登记注册的企业、事业单位以及社团组织等单位，是工会使用自有经费或自筹资金兴办的，以及国家拨给工会使用、为职工服务的实体机构，主要包括：工人文化宫、俱乐部、工人体育场（馆）、职工学校、工会院校、文艺团体；报社、出版社、杂志社；工人疗休养院、职工旅行社、宾馆；职工互助保障组织、基金会等单位。

工会所属企事业单位坚持公益性服务性，以服务职工群众为宗旨，是工会依法履行职责和加强自身建设的物质基础，是工会维护职工合法权益、构建联系服务职工长效机制的重要载体，是增强工会组织凝聚力与影响力，促进工会事业长远发展的战略支点。为此，工会法在本条中明确规定，工会所属的为职工服务的企事业单位，其隶属关系不得随意改变，这就为加强工会所属企事业单位产权管理、防止工会资产流失提供了法律依据。根据现行规定，工会所属企事业单位改变隶属关系和产权关系，需履行严格的审批程序。国家保护工会及其所属企事业单位合法权益不受侵犯。一旦发生随意变更工会所属企事业单位隶属关系情况的，工会及其所属的企事业单位有权要求党政干预，依法制止侵权行为，维护自身合法权益。

从民法相关规定来看，工会作为社会团体的其中一类，其所属企事业单位在法律性质上属于社会团体所有的资产，这一所有权关系受到国家法律保护。如发生随意变更工会所属企事业单位隶属关系情况的，在实质上构成对工会资产所有权的侵害，工会及其所属的企事业单位有权提请党政干预或通过法律途径维权，及时采取措施制止侵权行为。如该行为造成工会资产损害的，工会及其所属企事业单位可依法请求损害赔偿，也可依法请求承担其他民事责任。

135 县级以上各级工会的离休、退休人员的待遇是否与国家机关工作人员同等对待？

工会法第四十九条规定，“县级以上各级工会的离休、退休人员的待遇，与国家机关工作人员同等对待”。这是指工会离退休人员的离退休费或养老金计发标准及办法，与国家机关同等条件的离退休人员的离退休待遇保持一致。

根据中共中央组织部、原人事部印发的《工会、共青团、妇联等人民团体和群众团体机关参照〈中华人民共和国公务员法〉管理的意见》，工会作为人民团体的重要组成部分，其县以上各级机关工作人员纳入国家干部队伍中，按照公务员制度的原则精神和基本规定进行管理，因此，工会机关工作人员退休后，享受与国家机关退休公务员同等待遇。当前，各级国家机关全面实行机关事业单位工作人员基本养老保险制度，即国家机关工作人员退休后，享受国家规定的养老金和其他待遇，国家为其生活和健康提供必要服务和帮助，鼓励发挥个人专长，参与社会发展。按照相关法律政策规定，县级以上各级工会机关同样实施机关事业单位工作人员基本养老保险制度，工会机关工作人员退休后，其退休待遇由过去的以同级财政支付为主，转变为以基本养老保险基金支付为主，其具体计发办法为，根据在岗工资水平、缴费年限等因素计算养老金待遇，以基础养老金、个人账户养老金等形式按月计发，同时执行基本养老金调整办法，从而实现退休待遇支付标准与国家机关同等条件工作人员基本一致。此外，县级以上各级工会机关离休人员，不参加机关事业单位养老保险制度改革，仍由所在工会按照国家统一规定发放离休费，并按规定调整相关待遇，所需资金由原渠道列支，以同级财政支付为主。

需要强调的是，2014 年 12 月，机关事业单位养老保险制度改革方案经国务院常务会议和中央政治局常委会议审议通过，机关事业单位工作人员养老保险制度与企业职工养老保险制度“并轨”之前，县级以上各级工会离退休人员的离退休费、医疗福利费用等主要由同级财政负担；“并轨”之后，离休人员待遇和退休人员待遇分别对应不同支付渠道，其中退休人员待遇形式上改由社保发放，事实上取代了原来由财政直接发放的相应经费，离休人员因不纳入统筹范围，其待遇仍由原渠道支付。

136 工会对违反工会法规定侵犯其合法权益的，有权采取什么措施？

根据工会法第五十条的规定，工会对违反本法规定侵犯其合法权益的，有权提请人民政府或者有关部门予以处理，或者向人民法院提起诉讼。工会组织的合法权益，具体体现在三个方面：一是工会依法开展活动的权利，二是工会的合法财产不受侵犯，三是工会工作者的合法权益不受侵犯。工会的合法权益一旦受到侵犯，工会可以通过法律途径来寻求救济。一方面，工会可以提请人民政府或者有关部门予以处理。人民政府或者有关部门（这里的有关部门主要是指劳动行政部门、市场监管部门、应急管理部门等直接行使监督管理权的部门）应当依法予以处理，决不能推卸责任。人民政府可以通过批评教育，找用人单位负责人谈话，甚至对有关责任人予以纪律处分，对有关用人单位进行通报批评等方式，责令侵犯工会权益的有关当事人立即停止侵权行为，纠正错误的决定，消除其违法行为造成的影响。除了提请人民政府或者有关部门处理外，工会还可以通过向人民法院提起诉讼来寻求法律救济。向法院提起诉讼，主要是针对侵占、挪用工会经费和财产的行为，以及企业、事业单位、社会组织无正当理由拖延或者拒不拨缴工会经费的违法行为提起民事诉讼，请求法律保护。

137 违反工会法第三条、第十二条规定，阻挠职工依法参加和组织工会或者阻挠上级工会帮助、指导职工筹建工会的，应当如何处理?

根据工会法第五十一条的规定，违反本法第三条、第十二条规定，阻挠职工依法参加和组织工会或者阻挠上级工会帮助、指导职工筹建工会的，由劳动行政部门责令其改正；拒不改正的，由劳动行政部门提请县级以上人民政府处理；以暴力、威胁等手段阻挠造成严重后果，构成犯罪的，依法追究刑事责任。工会法第三条明确规定："在中国境内的企业、事业单位、机关、社会组织（以下统称用人单位）中以工资收入为主要生活来源的劳动者，不分民族、种族、性别、职业、宗教信仰、教育程度，都有依法参加和组织工会的权利。任何组织和个人不得阻挠和限制。"阻挠职工依法参加和组织工会的行为方式，主要有：一是公开阻挠，不准职工参加和组织工会；二是变相阻挠，用调岗降薪等方式变相阻挠职工参加和组织工会。无论是以直接的方式，还是以间接的方式阻挠职工参加和组织工会，都是违反工会法的行为。阻挠上级工会帮助、指导职工筹建工会，主要是指企业拒绝上级工会派员帮助、指导职工组建工会，或者对上级工会派员设置重重障碍，甚至使用暴力、威胁的手段阻挠地方总工会派员帮助、指导职工组建工会。对于上述违法行为，劳动行政部门可以通过批评教育等方法，责令有关当事人改正违法行为。拒不改正的，由劳动行政部门提请县级以上人民政府依法处理。各级人民政府应当重视和支持工会工作，督促用人单位遵守工会法的规定。如果以暴力、威胁手段阻挠参加工会或者阻挠上级工会帮助、指导职工筹建工会，行为性质就发生变化，当严重到一定程度，就可能构成犯罪，应当依法追究刑事责任。

138 违反工会法规定，对依法履行职责的工会工作人员无正当理由调动工作岗位，进行打击报复的，应当如何处理？

根据工会法第五十二条第一款的规定，对依法履行职责的工会工作人员无正当理由调动工作岗位，进行打击报复的，由劳动行政部门责令改正、恢复原工作；造成损失的，给予赔偿。工会法第十八条明确规定："工会主席、副主席任期未满时，不得随意调动其工作。因工作需要调动时，应当征得本级工会委员会和上一级工会的同意。罢免工会主席、副主席必须召开会员大会或者会员代表大会讨论，非经会员大会全体会员或者会员代表大会全体代表过半数通过，不得罢免。"对违反工会法规定的，由劳动行政部门责令改正，恢复工会工作人员的原工作；给有关工会工作人员造成损失的，给予赔偿。赔偿的范围包括受害的工会工作人员的物质损失和精神损失。物质损失主要包括工资或其他劳动收入的损失以及为保护自己合法权益，寻求救济而支付的必要的交通费用、误工费用等。

139 对依法履行职责的工会工作人员进行侮辱、诽谤或者进行人身伤害的，应当如何处理？

根据工会法第五十二条第二款的规定，对依法履行职责的工会工作人员进行侮辱、诽谤或者进行人身伤害，构成犯罪的，依法追究刑事责任；尚未构成犯罪的，由公安机关依照治安管理处罚法的规定处罚。所谓侮辱，是指以暴力或者其他方法，公然诋毁他人人格，破坏他人名誉的行为。侮辱的方法可以是暴力，也可以是暴力以外的其他方法。所谓诽谤，是指故意捏造事实，并且进行散布，损害他人人格和名誉的行为。捏造事实，是指无中生有，凭空捏造虚假的事实。进行散布，包括利用口头、书面的方式进行散布。人身伤害，是指故意非法损害他人身体健康的行为。对于这三种行为，如果情节特别严重，构成犯罪的，就要依据刑法的规定追究刑事责任；如果情节不是特别严重，尚未构成犯罪的，应当依照治安管理处罚法的规定，由公安机关给予行政处罚。

140 职工因参加工会活动而被解除劳动合同，工会工作人员因履行工会法规定的职责而被解除劳动合同的，应当如何处理？

根据工会法第五十三条的规定，职工因参加工会活动而被解除劳动合同，或者工会工作人员因履行本法规定的职责而被解除劳动合同的，由劳动行政部门责令恢复其工作，并补发被解除劳动合同期间应得的报酬，或者责令给予本人年收入二倍的赔偿。参加工会活动是每一名职工享有的权利，是受国家法律保护的，任何用人单位都不得违反劳动法、工会法的规定，以职工参加工会活动为由而解除其劳动合同。工会干部，特别是基层工会干部在履行职责中，经常需要与用人单位行政方面就各种争议或者矛盾进行交涉、协商，从而维护职工合法权益。为保障工会干部依法履行职责，工会法也对工会干部权利保障作出规定，劳动合同方面的保护是其中的重要内容。对于以上两种违法行为，由劳动行政部门责令用人单位恢复其工作，并补发被解除劳动合同期间应得的报酬，包括工资、奖金等各种应得的报酬。如果职工在被解除劳动合同期间又找到了其他工作，或者本人不愿意再回到原来的用人单位工作，在征得职工本人同意的情况下，劳动行政部门也可以通过责令用人单位给予职工本人在本企业所得年收入二倍的赔偿的方式，来补偿职工由于被解除劳动合同所受到的损失。

141 哪些违反工会法规定的情形应由县级以上人民政府责令改正，依法处理？

根据工会法第五十四条的规定，有下列情形之一的，由县级以上人民政府责令改正，依法处理：

（1）妨碍工会组织职工通过职工代表大会和其他形式依法行使民主权利的。工会法第六条第三款规定：“工会依照法律规定通过职工代表大会或者其他形式，组织职工参与本单位的民主选举、民主协商、民主决策、民主管理和民主监督。”第三十六条、第三十七条、第三十八条也对职工的民主管理权利作了规定。工会组织职工行使民主权利的形式，可以包括职工代表大会、职工大会等多种形式。如果用人单位违反工会法的规定，妨碍工会组织职工通过职工代表大会或其他形式行使民主权利的，要承担相应的法律责任。

（2）非法撤销、合并工会组织的。工会法第十三条第一款明确规定：“任何组织和个人不得随意撤销、合并工会组织。”工会组织是依法成立的，除按工会法第十三条有关“基层工会所在的用人单位终止或者被撤销，该工会组织相应撤销，并报告上一级工会”的规定依法撤销的情况之外，任何组织和个人不得随意加以撤销，或者把工会组织合并到其他的部门当中，否则将依法承担相应的法律责任。

（3）妨碍工会参加职工因工伤亡事故以及其他侵犯职工合法权益问题的调查处理的。工会参加职工因工伤亡事故和其他严重危害职工健康的问题的调查，是工会对用人单位有关劳动安全卫生工作进行监督的重要手段。工会法第二十七条规定:“职工因工伤亡事故和其他严重危害职工健康问题的调查处理，必须有工会参加。工会应当向有关部门提出处理意见，并有权要求追究直接负责的主管人员和有关责任人员的责任。对工会提出的意见，应当及时研究，给予答复。”违反这一规定，妨碍工会参加职工因工伤亡事故以及其他侵犯职工合法权益问题的调查处理的，要依法承担相应的法律责任。

（4）无正当理由拒绝进行平等协商的。进行平等协商应主要围绕维护职工劳动权益，如工资待遇、福利、工作与休息时间、劳动安全卫生等事项进行，并签订集体合同。工会法第六条第二款明确规定:“工会通过平等协商和集体合同制度等，推动健全劳动关系协调机制，维护职工劳动权益，构建和谐劳动关系。”代表职工与企业、实行企业化管理的事业单位、社会组织进行平等协商，依法签订集体合同是工会的权利，如果工会提出进行平等协商，而企业、事业单位、社会组织行政方面无正当理由拒绝，要依法承担法律责任。

142 违反工会法第四十七条规定，侵占工会经费和财产拒不返还的，应当如何处理?

工会经费和财产是工会履行法定职责、服务广大职工群众的物质基础。党和国家在高度重视工会作用的同时，也为工会有效开展工作提供了必要保障。工会法第五章专门对工会的经费和财产作出规定，其中第四十七条明确规定，工会的财产、经费和国家拨给工会使用的不动产，任何组织和个人不得侵占、挪用和任意调拨。实践中，存在侵占工会经费和财产的违法行为，主要包括:一是个别单位或者个人非法使用或者处分工会经费和其他财产，任意调拨、挪用工会经费和财产，甚至改变所有权关系等;二是少数部门和单位将工会举办的为职工服务的企业、事业单位占为己有，改变用途或者隶属关系等。

对于违法侵占工会经费和财产的行为，工会作为权利人，首先可以要求侵权人返还。返还原物是物权请求权的一种。物权人的物被他人侵占，物权人的对物支配权受到侵害时，物权人有权请求返还原物，使物复归于物权人事实上的支配。这是各国民法的通行规定。我国民法典第二百三十五条规定，无权占用不动产或者动产的，权利人可以请求返还原物。拒不返还的，本条规定了财产损害赔偿的民事法律责任。侵占工会经费和财产拒不返还的，工会可以向人民法院提起诉讼，要求返还，并赔偿损失。经费和财产作为物权，当受到侵害时，法律给予权利人多种救济途径，其中就包括向人民法院提起诉讼。民法典第二百三十三条规定，物权受到侵害的，权利人可以通过和解、调解、仲裁、诉讼等途径解决。相对而言，诉讼途径最具权威性、严肃性，因此对诉讼途径进一步予以明确。需要注意的是，工会可以提起诉讼，也可以采取其他途径维护自身权益。提起诉讼首先可以要求被侵占的经费和财产，能返还原物的，要返还原物。如果侵占行为造成财产损失，可以依法请求损害赔偿。

143 工会工作人员违反工会法规定，损害职工或者工会权益的，应当如何处理？

工会法第五十六条规定，“工会工作人员违反本法规定，损害职工或者工会权益的，由同级工会或者上级工会责令改正，或者予以处分；情节严重的，依照《中国工会章程》予以罢免；造成损失的，应当承担赔偿责任；构成犯罪的，依法追究刑事责任”。实践中，个别工会干部违反法律规定，不认真履行法定职责，出现了损害职工或者工会权益的违法行为。在这种情况下，根据违法行为性质和程度的不同，相关工作人员将承担行政、民事和刑事等方面的法律责任。

（1）行政责任。工会工作人员违反本法规定，侵害职工或者工会权益的，由同级工会或者上级工会责令改正，或者予以处分。工会干部中参照公务员法管理的人员，属于公务员法、监察法、公职人员政务处分法的适用范围。对工会工作人员违法情节严重的，除了由同级工会或者上级工会责令改正，或者予以处分外，还可以依照《中国工会章程》予以罢免。根据《中国工会章程》的规定，工会会员有权对工会工作进行监督，提出意见和建议，要求撤换或者罢免不称职的工会工作人员。工会会员大会或者会员代表大会的职权包括撤换或者罢免其所选举的代表或者工会委员会组成人员。另外，根据工会法第十八条第二款的规定，罢免工会主席、副主席必须召开工会会员大会或者会员代表大会讨论，非经会员大会全体会员或者会员代表大会全体代表过半数通过，不得罢免。如果工会会员认为工会主席、副主席不称职，不能代表和维护职工的合法权益的，可以通过召开会员大会或者会员代表大会，来行使罢免工会主席、副主席的权利。

（2）民事责任。工会工作人员违反本法规定，侵害职工或者工会权益，造成损失的，应当承担赔偿责任。这里规定的是侵权民事责任。侵权民事责任主要是一种财产责任，它以财产赔偿的方式补偿受害人所受到的损失。

（3）刑事责任。工会工作人员违反本法规定，同时构成违反刑法规定行为的，应当依照刑法承担相应的刑事处罚。例如，工会工作人员贪污、挪用工会经费，以及收受贿赂等违法行为，不仅违反本法规定、侵害职工或者工会权益，也构成贪污罪、挪用公款罪、受贿罪等犯罪，要依法追究其刑事责任。

144 机关工会实施工会法的具体办法应当如何制定?

工会法第五十七条规定，“中华全国总工会会同有关国家机关制定机关工会实施本法的具体办法”。根据工会法第三条的规定，工会法的适用范围包括企业、事业单位、机关和社会组织。由于历史原因，工会法侧重对企业作出规定，对机关工会针对性的规定不是很多。机关与企业、事业单位、社会组织具有不同特点，各自工会工作具有共性的同时，也具有个性，因此授权中华全国总工会与有关国家机关共同制定实施本法的具体办法。2015 年，为加强机关工会工作制度化、规范化建设，充分发挥机关工会作用，根据工会法和《中国工会章程》，全国总工会制定《机关工会工作暂行条例》，对机关工会的职责、组织制度、干部队伍、工会经费和资产、工会经费审查审计、女职工工作等作出规定。

在新的历史时期，加强机关工会工作是深入学习贯彻习近平新时代中国特色社会主义思想特别是习近平总书记关于工人阶级和工会工作的重要论述的政治要求，是围绕党和国家工作大局、服务机关中心工作的内在要求，是深入推进工会系统改革的重要任务，应当深刻认识加强机关工会工作的重要意义，始终把握机关工会工作的正确政治方向，切实围绕中心、服务大局谋划开展工作，认真研究探索机关工会工作的特点和规律，切实加强对机关工会工作的组织领导。各级机关工会应当认真贯彻落实 2021 年工会法修改精神，积极探索实践《机关工会工作暂行条例》，深入推进机关工会工作创新发展，更好履行忠诚党的事业、竭诚服务职工的使命和担当，努力把机关工会建设成为机关职工信赖的“职工之家”。在《机关工会工作暂行条例》的实践基础上，全国总工会应当根据新时代对机关工会工作的新任务新要求，结合工会法修改，及时会同有关国家机关制定机关工会实施本法的具体办法。

145 修改后的工会法自什么时间开始实施？

工会法第五十八条规定，本法自公布之日起施行。1950 年 6 月 29 日中央人民政府颁布的《中华人民共和国工会法》同时废止。同时，2021 年 12 月 24 日，第十三届全国人民代表大会常务委员会第三十二次会议通过修改工会法的决定，其中明确规定本决定自 2022 年 1 月 1 日起施行。在理解和把握修改后的工会法从何时开始施行这个问题时，要根据立法形式来综合判断。现行工会法是 1992 年公布施行的，2001 年、2009 年进行了两次修改，2021 年第三次修改。第十三届全国人民代表大会常务委员会第三十二次会议通过的修改工会法决定中的“2022 年 1 月 1 日起施行”，指的是该修改决定的施行起始时间，针对的是修改决定涉及的规定。对于修改决定没有涉及的规定，其效力并没有受到影响，仍然自其公布之日起生效施行，效力没有发生改变或者中断。

第三部分 附 录

中华人民共和国宪法（节录）

（1982年12月4日第五届全国人民代表大会第五次会议通过　1982年12月4日全国人民代表大会公告公布施行　根据1988年4月12日第七届全国人民代表大会第一次会议通过的《中华人民共和国宪法修正案》、1993年3月29日第八届全国人民代表大会第一次会议通过的《中华人民共和国宪法修正案》、1999年3月15日第九届全国人民代表大会第二次会议通过的《中华人民共和国宪法修正案》、2004年3月14日第十届全国人民代表大会第二次会议通过的《中华人民共和国宪法修正案》和2018年3月11日第十三届全国人民代表大会第一次会议通过的《中华人民共和国宪法修正案》修正）

第一章　总　　纲

第一条　中华人民共和国是工人阶级领导的、以工农联盟为基础的人民民主专政的社会主义国家。

社会主义制度是中华人民共和国的根本制度。中国共产党领导是中国特色社会主义最本质的特征。禁止任何组织或者个人破坏社会主义制度。

第五条　中华人民共和国实行依法治国，建设社会主义法治国家。

国家维护社会主义法制的统一和尊严。

一切法律、行政法规和地方性法规都不得同宪法相抵触。

一切国家机关和武装力量、各政党和各社会团体、各企业事业组织都必须遵守宪法和法律。一切违反宪法和法律的行为，必须予以追究。

任何组织或者个人都不得有超越宪法和法律的特权。

第六条　中华人民共和国的社会主义经济制度的基础是生产资料的社会主义公有制，即全民所有制和劳动群众集体所有制。社会主义公有制消灭人剥削人的制度，实行各尽所能、按劳分配的原则。

国家在社会主义初级阶段，坚持公有制为主体、多种所有制经济共同发展的基本经济制度，坚持按劳分配为主体、多种分配方式并存的分配制度。

第十一条　在法律规定范围内的个体经济、私营经济等非公有制经济，是社会主义市场经济的重要组成部分。

国家保护个体经济、私营经济等非公有制经济的合法的权利和利益。国家鼓励、支持和引导非公有制经济的发展，并对非公有制经济依法实行监督和管理。

第十六条　国有企业在法律规定的范围内有权自主经营。

国有企业依照法律规定，通过职工代表大会和其他形式，实行民主管理。

第十七条　集体经济组织在遵守有关法律的前提下，有独立进行经济活动的自主权。

集体经济组织实行民主管理，依照法律规定选举和罢免管理人员，决定经营管理的重大问题。

第二章　公民的基本权利和义务

第三十五条　中华人民共和国公民有言论、出版、集会、结社、游行、示威的自由。

第四十二条　中华人民共和国公民有劳动的权利和义务。

国家通过各种途径，创造劳动就业条件，加强劳动保护，改善劳动条件，并在发展生产的基础上，提高劳动报酬和福利待遇。

劳动是一切有劳动能力的公民的光荣职责。国有企业和城乡集体经济组织的劳动者都应当以国家主人翁的态度对待自己的劳动。国家提倡社会主义劳动竞赛，奖励劳动模范和先进工作者。国家提倡公民从事义务劳动。

国家对就业前的公民进行必要的劳动就业训练。

第四十三条 中华人民共和国劳动者有休息的权利。

国家发展劳动者休息和休养的设施，规定职工的工作时间和休假制度。

第四十四条 国家依照法律规定实行企业事业组织的职工和国家机关工作人员的退休制度。退休人员的生活受到国家和社会的保障。

第四十五条 中华人民共和国公民在年老、疾病或者丧失劳动能力的情况下，有从国家和社会获得物质帮助的权利。国家发展为公民享受这些权利所需要的社会保险、社会救济和医疗卫生事业。

国家和社会保障残废军人的生活，抚恤烈士家属，优待军人家属。

国家和社会帮助安排盲、聋、哑和其他有残疾的公民的劳动、生活和教育。

第四十八条 中华人民共和国妇女在政治的、经济的、文化的、社会的和家庭的生活等各方面享有同男子平等的权利。

国家保护妇女的权利和利益，实行男女同工同酬，培养和选拔妇女干部。

中华人民共和国民法典（节录）

（2020年5月28日第十三届全国人民代表大会第三次会议通过）

第一编 总 则

第三章 法 人

第一节 一般规定

第五十七条 法人是具有民事权利能力和民事行为能力，依法独立享有民事权利和承担民事义务的组织。

第三节 非营利法人

第八十七条 为公益目的或者其他非营利目的成立，不向出资人、设立人或者会员分配所取得利润的法人，为非营利法人。

非营利法人包括事业单位、社会团体、基金会、社会服务机构等。

第九十条 具备法人条件，基于会员共同意愿，为公益目的或者会员共同利益等非营利目的设立的社会团体，经依法登记成立，取得社会团体法人资格；依法不需要办理法人登记的，从成立之日起，具有社会团体法人资格。

第九十一条 设立社会团体法人应当依法制定法人章程。

社会团体法人应当设会员大会或者会员代表大会等权力机构。

社会团体法人应当设理事会等执行机构。理事长或者会长等负责人按照法人章程的规定担任法定代表人。

第二编　物　　权

第一分编　通　　则

第三章　物权的保护

第二百三十三条　物权受到侵害的，权利人可以通过和解、调解、仲裁、诉讼等途径解决。

第二百三十四条　因物权的归属、内容发生争议的，利害关系人可以请求确认权利。

第二百三十五条　无权占有不动产或者动产的，权利人可以请求返还原物。

第二百三十六条　妨害物权或者可能妨害物权的，权利人可以请求排除妨害或者消除危险。

第二百三十七条　造成不动产或者动产毁损的，权利人可以依法请求修理、重作、更换或者恢复原状。

第二百三十八条　侵害物权，造成权利人损害的，权利人可以依法请求损害赔偿，也可以依法请求承担其他民事责任。

第二分编　所　有　权

第四章　一般规定

第二百七十条　社会团体法人、捐助法人依法所有的不动产和动产，受法律保护。

第四编 人 格 权

第一章 一般规定

第九百八十九条 本编调整因人格权的享有和保护产生的民事关系。

第九百九十条 人格权是民事主体享有的生命权、身体权、健康权、姓名权、名称权、肖像权、名誉权、荣誉权、隐私权等权利。

除前款规定的人格权外，自然人享有基于人身自由、人格尊严产生的其他人格权益。

第九百九十一条 民事主体的人格权受法律保护，任何组织或者个人不得侵害。

第二章 生命权、身体权和健康权

第一千零二条 自然人享有生命权。自然人的生命安全和生命尊严受法律保护。任何组织或者个人不得侵害他人的生命权。

第一千零三条 自然人享有身体权。自然人的身体完整和行动自由受法律保护。任何组织或者个人不得侵害他人的身体权。

第一千零四条 自然人享有健康权。自然人的身心健康受法律保护。任何组织或者个人不得侵害他人的健康权。

第一千零五条 自然人的生命权、身体权、健康权受到侵害或者处于其他危难情形的，负有法定救助义务的组织或者个人应当及时施救。

中华人民共和国劳动法

（1994 年 7 月 5 日第八届全国人民代表大会常务委员会第八次会议通过　根据 2009 年 8 月 27 日第十一届全国人民代表大会常务委员会第十次会议《关于修改部分法律的决定》第一次修正　根据 2018 年 12 月 29 日第十三届全国人民代表大会常务委员会第七次会议《关于修改〈中华人民共和国劳动法〉等七部法律的决定》第二次修正）

第一章　总　　则

第一条　为了保护劳动者的合法权益，调整劳动关系，建立和维护适应社会主义市场经济的劳动制度，促进经济发展和社会进步，根据宪法，制定本法。

第二条　在中华人民共和国境内的企业、个体经济组织（以下统称用人单位）和与之形成劳动关系的劳动者，适用本法。

国家机关、事业组织、社会团体和与之建立劳动合同关系的劳动者，依照本法执行。

第三条　劳动者享有平等就业和选择职业的权利、取得劳动报酬的权利、休息休假的权利、获得劳动安全卫生保护的权利、接受职业技能培训的权利、享受社会保险和福利的权利、提请劳动争议处理的权利以及法律规定的其他劳动权利。

劳动者应当完成劳动任务，提高职业技能，执行劳动安全卫生规程，遵守劳动纪律和职业道德。

第四条 用人单位应当依法建立和完善规章制度，保障劳动者享有劳动权利和履行劳动义务。

第五条 国家采取各种措施，促进劳动就业，发展职业教育，制定劳动标准，调节社会收入，完善社会保险，协调劳动关系，逐步提高劳动者的生活水平。

第六条 国家提倡劳动者参加社会义务劳动，开展劳动竞赛和合理化建议活动，鼓励和保护劳动者进行科学研究、技术革新和发明创造，表彰和奖励劳动模范和先进工作者。

第七条 劳动者有权依法参加和组织工会。

工会代表和维护劳动者的合法权益，依法独立自主地开展活动。

第八条 劳动者依照法律规定，通过职工大会、职工代表大会或者其他形式，参与民主管理或者就保护劳动者合法权益与用人单位进行平等协商。

第九条 国务院劳动行政部门主管全国劳动工作。

县级以上地方人民政府劳动行政部门主管本行政区域内的劳动工作。

第二章 促进就业

第十条 国家通过促进经济和社会发展，创造就业条件，扩大就业机会。

国家鼓励企业、事业组织、社会团体在法律、行政法规规定的范围内兴办产业或者拓展经营，增加就业。

国家支持劳动者自愿组织起来就业和从事个体经营实现就业。

第十一条 地方各级人民政府应当采取措施，发展多种类型的职业介绍机构，提供就业服务。

第十二条 劳动者就业，不因民族、种族、性别、宗教信仰不同而受歧视。

第十三条 妇女享有与男子平等的就业权利。在录用职工时，除国家规定的不适合妇女的工种或者岗位外，不得以性别为由拒绝录用妇女或者提高对妇女的录用标准。

第十四条 残疾人、少数民族人员、退出现役的军人的就业，法律、法规有特别规定的，从其规定。

第十五条 禁止用人单位招用未满十六周岁的未成年人。

文艺、体育和特种工艺单位招用未满十六周岁的未成年人，必须遵守国家有关规定，并保障其接受义务教育的权利。

第三章 劳动合同和集体合同

第十六条 劳动合同是劳动者与用人单位确立劳动关系、明确双方权利和义务的协议。

建立劳动关系应当订立劳动合同。

第十七条 订立和变更劳动合同，应当遵循平等自愿、协商一致的原则，不得违反法律、行政法规的规定。

劳动合同依法订立即具有法律约束力，当事人必须履行劳动合同规定的义务。

第十八条 下列劳动合同无效：

（一）违反法律、行政法规的劳动合同；

（二）采取欺诈、威胁等手段订立的劳动合同。

无效的劳动合同，从订立的时候起，就没有法律约束力。确认劳动合同部分无效的，如果不影响其余部分的效力，其余部分仍然有效。

劳动合同的无效，由劳动争议仲裁委员会或者人民法院确认。

第十九条 劳动合同应当以书面形式订立，并具备以下条款：

（一）劳动合同期限；

（二）工作内容；

（三）劳动保护和劳动条件；

（四）劳动报酬；

（五）劳动纪律；

（六）劳动合同终止的条件；

（七）违反劳动合同的责任。

劳动合同除前款规定的必备条款外，当事人可以协商约定其他内容。

第二十条 劳动合同的期限分为有固定期限、无固定期限和以完成一定的工作为期限。

劳动者在同一用人单位连续工作满十年以上，当事人双方同意续延劳动合同的，如果劳动者提出订立无固定期限的劳动合同，应当订立无固定期限的劳动合同。

第二十一条 劳动合同可以约定试用期。试用期最长不得超过六个月。

第二十二条 劳动合同当事人可以在劳动合同中约定保守用人单位商业秘密的有关事项。

第二十三条 劳动合同期满或者当事人约定的劳动合同终止条件出现，劳动合同即行终止。

第二十四条 经劳动合同当事人协商一致，劳动合同可以解除。

第二十五条 劳动者有下列情形之一的，用人单位可以解除劳动合同：

（一）在试用期间被证明不符合录用条件的；

（二）严重违反劳动纪律或者用人单位规章制度的；

（三）严重失职，营私舞弊，对用人单位利益造成重大损害的；

（四）被依法追究刑事责任的。

第二十六条 有下列情形之一的，用人单位可以解除劳动合同，但是应当提前三十日以书面形式通知劳动者本人：

（一）劳动者患病或者非因工负伤，医疗期满后，不能从事原工作也不能从事由用人单位另行安排的工作的；

（二）劳动者不能胜任工作，经过培训或者调整工作岗位，仍不能胜任工作的；

（三）劳动合同订立时所依据的客观情况发生重大变化，致使原劳动合同无法履行，经当事人协商不能就变更劳动合同达成协议的。

第二十七条 用人单位濒临破产进行法定整顿期间或者生产经营状况发生严重困难，确需裁减人员的，应当提前三十日向工会或者全体职工说明情况，听取工会或者职工的意见，经向劳动行政部门报告后，可以裁减人员。

用人单位依据本条规定裁减人员，在六个月内录用人员的，应当优先录用被裁减的人员。

第二十八条 用人单位依据本法第二十四条、第二十六条、第二十七条的规定解除劳动合同的，应当依照国家有关规定给予经济补偿。

第二十九条 劳动者有下列情形之一的，用人单位不得依据本法第二十六条、第二十七条的规定解除劳动合同：

（一）患职业病或者因工负伤并被确认丧失或者部分丧失劳动能力的；

（二）患病或者负伤，在规定的医疗期内的；

（三）女职工在孕期、产期、哺乳期内的；

（四）法律、行政法规规定的其他情形。

第三十条 用人单位解除劳动合同，工会认为不适当的，有权提出意见。如果用人单位违反法律、法规或者劳动合同，工会有权要求重新处理；劳动者申请仲裁或者提起诉讼的，工会应当依法给予支持和帮助。

第三十一条 劳动者解除劳动合同，应当提前三十日以书面形式通知用人单位。

第三十二条 有下列情形之一的，劳动者可以随时通知用人单位解除劳动合同：

（一）在试用期内的；

（二）用人单位以暴力、威胁或者非法限制人身自由的手段强迫劳动的；

（三）用人单位未按照劳动合同约定支付劳动报酬或者提供劳动条件的。

第三十三条 企业职工一方与企业可以就劳动报酬、工作时间、休息休假、劳动安全卫生、保险福利等事项，签订集体合同。集体合同草案应当提交职工代表大会或者全体职工讨论通过。

集体合同由工会代表职工与企业签订；没有建立工会的企业，由职工推举的代表与企业签订。

第三十四条 集体合同签订后应当报送劳动行政部门；劳动行政部门自收到集体合同文本之日起十五日内未提出异议的，集体合同即行生效。

第三十五条 依法签订的集体合同对企业和企业全体职工具有约束力。职工个人与企业订立的劳动合同中劳动条件和劳动报酬等标准不得低于集体合同的规定。

第四章 工作时间和休息休假

第三十六条 国家实行劳动者每日工作时间不超过八小时、平均每周工作时间不超过四十四小时的工时制度。

第三十七条 对实行计件工作的劳动者，用人单位应当根据本法第三十六条规定的工时制度合理确定其劳动定额和计件报酬标准。

第三十八条 用人单位应当保证劳动者每周至少休息一日。

第三十九条 企业因生产特点不能实行本法第三十六条、第三十八条规定的，经劳动行政部门批准，可以实行其他工作和休息办法。

第四十条 用人单位在下列节日期间应当依法安排劳动者休假：

（一）元旦；

（二）春节；

（三）国际劳动节；

（四）国庆节；

（五）法律、法规规定的其他休假节日。

第四十一条 用人单位由于生产经营需要，经与工会和劳动者协商后可以延长工作时间，一般每日不得超过一小时；因特殊原因需要延长工作时间的，在保障劳动者身体健康的条件下延长工作时间每日不得超过三小时，但是每月不得超过三十六小时。

第四十二条 有下列情形之一的，延长工作时间不受本法第四十一条规定的限制：

（一）发生自然灾害、事故或者因其他原因，威胁劳动者生命健康和财产安全，需要紧急处理的；

（二）生产设备、交通运输线路、公共设施发生故障，影响生产和公众利益，必须及时抢修的；

（三）法律、行政法规规定的其他情形。

第四十三条 用人单位不得违反本法规定延长劳动者的工作时间。

第四十四条 有下列情形之一的，用人单位应当按照下列标准支付高于劳动者正常工作时间工资的工资报酬：

（一）安排劳动者延长工作时间的，支付不低于工资的百分之一百五十的工资报酬；

（二）休息日安排劳动者工作又不能安排补休的，支付不低于工资的百分之二百的工资报酬；

（三）法定休假日安排劳动者工作的，支付不低于工资的百分之三百的工资报酬。

第四十五条 国家实行带薪年休假制度。

劳动者连续工作一年以上的，享受带薪年休假。具体办法由国务院规定。

第五章 工　资

第四十六条 工资分配应当遵循按劳分配原则，实行同工同酬。

工资水平在经济发展的基础上逐步提高。国家对工资总量实行宏观调控。

第四十七条 用人单位根据本单位的生产经营特点和经济效益，依法自主确定本单位的工资分配方式和工资水平。

第四十八条 国家实行最低工资保障制度。最低工资的具体标准由省、自治区、直辖市人民政府规定，报国务院备案。

用人单位支付劳动者的工资不得低于当地最低工资标准。

第四十九条 确定和调整最低工资标准应当综合参考下列因素：

（一）劳动者本人及平均赡养人口的最低生活费用；

（二）社会平均工资水平；

（三）劳动生产率；

（四）就业状况；

（五）地区之间经济发展水平的差异。

第五十条 工资应当以货币形式按月支付给劳动者本人。不得克扣或者无故拖欠劳动者的工资。

第五十一条 劳动者在法定休假日和婚丧假期间以及依法参加社会活动期间，用人单位应当依法支付工资。

第六章 劳动安全卫生

第五十二条 用人单位必须建立、健全劳动安全卫生制度，严格执行国家劳动安全卫生规程和标准，对劳动者进行劳动安全卫生教育，防止劳动过程中的事故，减少职业危害。

第五十三条 劳动安全卫生设施必须符合国家规定的标准。

新建、改建、扩建工程的劳动安全卫生设施必须与主体工程同时设计、同时施工、同时投入生产和使用。

第五十四条 用人单位必须为劳动者提供符合国家规定的劳动安全卫生条件和必要的劳动防护用品，对从事有职业危害作业的劳动者应当定期进行健康检查。

第五十五条 从事特种作业的劳动者必须经过专门培训并取得特种作业资格。

第五十六条 劳动者在劳动过程中必须严格遵守安全操作规程。

劳动者对用人单位管理人员违章指挥、强令冒险作业，有权拒绝执行；对危害生命安全和身体健康的行为，有权提出批评、检举和控告。

第五十七条 国家建立伤亡事故和职业病统计报告和处理制度。县级以上各级人民政府劳动行政部门、有关部门和用人单位应当依法对劳动者在劳动过程中发生的伤亡事故和劳动者的职业病状况，进行统计、报告和处理。

第七章 女职工和未成年工特殊保护

第五十八条 国家对女职工和未成年工实行特殊劳动保护。

未成年工是指年满十六周岁未满十八周岁的劳动者。

第五十九条 禁止安排女职工从事矿山井下、国家规定的第四级体力劳动强度的劳动和其他禁忌从事的劳动。

第六十条 不得安排女职工在经期从事高处、低温、冷水作业和国家规定的第三级体力劳动强度的劳动。

第六十一条 不得安排女职工在怀孕期间从事国家规定的第三级体力劳动强度的劳动和孕期禁忌从事的劳动。对怀孕七个月以上的女职工，不得安排其延长工作时间和夜班劳动。

第六十二条 女职工生育享受不少于九十天的产假。

第六十三条 不得安排女职工在哺乳未满一周岁的婴儿期间从事国家规定的第三级体力劳动强度的劳动和哺乳期禁忌从事的其他劳动，不得安排其延长工作时间和夜班劳动。

第六十四条 不得安排未成年工从事矿山井下、有毒有害、国家规定的第四级体力劳动强度的劳动和其他禁忌从事的劳动。

第六十五条 用人单位应当对未成年工定期进行健康检查。

第八章 职业培训

第六十六条 国家通过各种途径，采取各种措施，发展职业培训事业，开发劳动者的职业技能，提高劳动者素质，增强劳动者的就业能力和工作能力。

第六十七条 各级人民政府应当把发展职业培训纳入社会经济发展的规划，鼓励和支持有条件的企业、事业组织、社会团体和个人进行各种形式的职业培训。

第六十八条 用人单位应当建立职业培训制度，按照国家规定提取和使用职业培训经费，根据本单位实际，有计划地对劳动者进行职业培训。

从事技术工种的劳动者，上岗前必须经过培训。

第六十九条 国家确定职业分类，对规定的职业制定职业技能标准，实行职业资格证书制度，由经备案的考核鉴定机构负责对劳动者实施职业技能考核鉴定。

第九章 社会保险和福利

第七十条 国家发展社会保险事业，建立社会保险制度，设立社会保险基金，使劳动者在年老、患病、工伤、失业、生育等情况下获得帮助和补偿。

第七十一条 社会保险水平应当与社会经济发展水平和社会承受能力相适应。

第七十二条 社会保险基金按照保险类型确定资金来源，逐步实行社会统筹。用人单位和劳动者必须依法参加社会保险，缴纳社会保险费。

第七十三条 劳动者在下列情形下，依法享受社会保险待遇：

（一）退休；

（二）患病、负伤；

（三）因工伤残或者患职业病；

（四）失业；

（五）生育。

劳动者死亡后，其遗属依法享受遗属津贴。

劳动者享受社会保险待遇的条件和标准由法律、法规规定。

劳动者享受的社会保险金必须按时足额支付。

第七十四条 社会保险基金经办机构依照法律规定收支、管理和运营社会保险基金，并负有使社会保险基金保值增值的责任。

社会保险基金监督机构依照法律规定，对社会保险基金的收支、管理和运营实施监督。

社会保险基金经办机构和社会保险基金监督机构的设立和职能由法律规定。

任何组织和个人不得挪用社会保险基金。

第七十五条 国家鼓励用人单位根据本单位实际情况为劳动者建立补充保险。

国家提倡劳动者个人进行储蓄性保险。

第七十六条 国家发展社会福利事业，兴建公共福利设施，为劳动者休息、休养和疗养提供条件。

用人单位应当创造条件，改善集体福利，提高劳动者的福利待遇。

第十章 劳动争议

第七十七条 用人单位与劳动者发生劳动争议，当事人可以依法申请调解、仲裁、提起诉讼，也可以协商解决。

调解原则适用于仲裁和诉讼程序。

第七十八条 解决劳动争议，应当根据合法、公正、及时处理的原则，依法维护劳动争议当事人的合法权益。

第七十九条 劳动争议发生后，当事人可以向本单位劳动争议调解委员会申请调解；调解不成，当事人一方要求仲裁的，可以向劳动争议仲裁委员会申请仲裁。当事人一方也可以直接向劳动争议仲裁委员会申请仲裁。对仲裁裁决不服的，可以向人民法院提起诉讼。

第八十条 在用人单位内，可以设立劳动争议调解委员会。劳动争议调解委员会由职工代表、用人单位代表和工会代表组成。劳动争议调解委员会主任由工会代表担任。

劳动争议经调解达成协议的，当事人应当履行。

第八十一条 劳动争议仲裁委员会由劳动行政部门代表、同级工会代表、用人单位方面的代表组成。劳动争议仲裁委员会主任由劳动行政部门代表担任。

第八十二条 提出仲裁要求的一方应当自劳动争议发生之日起六十日内向劳动争议仲裁委员会提出书面申请。仲裁裁决一般应在收到仲裁申请的六十日内作出。对仲裁裁决无异议的，当事人必须履行。

第八十三条 劳动争议当事人对仲裁裁决不服的，可以自收到仲裁裁决书之日起十五日内向人民法院提起诉讼。一方当事人在法定期限内不起诉又不履行仲裁裁决的，另一方当事人可以申请人民法院强制执行。

第八十四条 因签订集体合同发生争议，当事人协商解决不成的，当地人民政府劳动行政部门可以组织有关各方协调处理。

因履行集体合同发生争议，当事人协商解决不成的，可以向劳动争议仲裁委员会申请仲裁；对仲裁裁决不服的，可以自收到仲裁裁决书之日起十五日内向人民法院提起诉讼。

第十一章 监督检查

第八十五条 县级以上各级人民政府劳动行政部门依法对用人单位遵守劳动法律、法规的情况进行监督检查，对违反劳动法律、法规的行为有权制止，并责令改正。

第八十六条 县级以上各级人民政府劳动行政部门监督检查人员执行公务，有权进入用人单位了解执行劳动法律、法规的情况，查阅必要的资料，并对劳动场所进行检查。

县级以上各级人民政府劳动行政部门监督检查人员执行公务，必须出示证件，秉公执法并遵守有关规定。

第八十七条 县级以上各级人民政府有关部门在各自职责范围内，对用人单位遵守劳动法律、法规的情况进行监督。

第八十八条 各级工会依法维护劳动者的合法权益，对用人单位遵守劳动法律、法规的情况进行监督。

任何组织和个人对于违反劳动法律、法规的行为有权检举和控告。

第十二章 法律责任

第八十九条 用人单位制定的劳动规章制度违反法律、法规规定的，由劳动行政部门给予警告，责令改正；对劳动者造成损害的，应当承担赔偿责任。

第九十条 用人单位违反本法规定，延长劳动者工作时间的，由劳动行政部门给予警告，责令改正，并可以处以罚款。

第九十一条 用人单位有下列侵害劳动者合法权益情形之一的，由劳动行政部门责令支付劳动者的工资报酬、经济补偿，并可以责令支付赔偿金：

（一）克扣或者无故拖欠劳动者工资的；

（二）拒不支付劳动者延长工作时间工资报酬的；

（三）低于当地最低工资标准支付劳动者工资的；

（四）解除劳动合同后，未依照本法规定给予劳动者经济补偿的。

第九十二条 用人单位的劳动安全设施和劳动卫生条件不符合国家规定或者未向劳动者提供必要的劳动防护用品和劳动保护设施的，由劳动行政部门或者有关部门责令改正，可以处以罚款；情节严重的，提请县级以上人民政府决定责令停产整顿；对事故隐患不采取措施，致使发生重大事故，造成劳动者生命和财产损失的，对责任人员依照刑法有关规定追究刑事责任。

第九十三条 用人单位强令劳动者违章冒险作业，发生重大伤亡事故，造成严重后果的，对责任人员依法追究刑事责任。

第九十四条 用人单位非法招用未满十六周岁的未成年人的，由劳动行政部门责令改正，处以罚款；情节严重的，由市场监督管理部门吊销营业执照。

第九十五条 用人单位违反本法对女职工和未成年工的保护规定，侵害其合法权益的，由劳动行政部门责令改正，处以罚款；对女职工或者未成年工造成损害的，应当承担赔偿责任。

第九十六条 用人单位有下列行为之一，由公安机关对责任人员处以十五日以下拘留、罚款或者警告；构成犯罪的，对责任人员依法追究刑事责任：

（一）以暴力、威胁或者非法限制人身自由的手段强迫劳动的；

（二）侮辱、体罚、殴打、非法搜查和拘禁劳动者的。

第九十七条 由于用人单位的原因订立的无效合同，对劳动者造成损害的，应当承担赔偿责任。

第九十八条 用人单位违反本法规定的条件解除劳动合同或者故意拖延不订立劳动合同的，由劳动行政部门责令改正；对劳动者造成损害的，应当承担赔偿责任。

第九十九条 用人单位招用尚未解除劳动合同的劳动者，对原用人单位造成经济损失的，该用人单位应当依法承担连带赔偿责任。

第一百条 用人单位无故不缴纳社会保险费的，由劳动行政部门责令其限期缴纳；逾期不缴的，可以加收滞纳金。

第一百零一条 用人单位无理阻挠劳动行政部门、有关部门及其工作人员行使监督检查权，打击报复举报人员的，由劳动行政部门或者有关部门处以罚款；构成犯罪的，对责任人员依法追究刑事责任。

第一百零二条 劳动者违反本法规定的条件解除劳动合同或者违反劳动合同中约定的保密事项，对用人单位造成经济损失的，应当依法承担赔偿责任。

第一百零三条 劳动行政部门或者有关部门的工作人员滥用职权、玩忽职守、徇私舞弊，构成犯罪的，依法追究刑事责任；不构成犯罪的，给予行政处分。

第一百零四条 国家工作人员和社会保险基金经办机构的工作人员挪用社会保险基金，构成犯罪的，依法追究刑事责任。

第一百零五条 违反本法规定侵害劳动者合法权益，其他法律、行政法规已规定处罚的，依照该法律、行政法规的规定处罚。

第十三章 附 则

第一百零六条 省、自治区、直辖市人民政府根据本法和本地区的实际情况，规定劳动合同制度的实施步骤，报国务院备案。

第一百零七条 本法自 1995 年 1 月 1 日起施行。

中华人民共和国劳动合同法

（2007 年 6 月 29 日第十届全国人民代表大会常务委员会第二十八次会议通过 根据 2012 年 12 月 28 日第十一届全国人民代表大会常务委员会第三十次会议《关于修改〈中华人民共和国劳动合同法〉的决定》修正）

第一章 总 则

第一条 为了完善劳动合同制度，明确劳动合同双方当事人的权利和义务，保护劳动者的合法权益，构建和发展和谐稳定的劳动关系，制定本法。

第二条 中华人民共和国境内的企业、个体经济组织、民办非企业单位等组织（以下称用人单位）与劳动者建立劳动关系，订立、履行、变更、解除或者终止劳动合同，适用本法。

国家机关、事业单位、社会团体和与其建立劳动关系的劳动者，订立、履行、变更、解除或者终止劳动合同，依照本法执行。

第三条 订立劳动合同，应当遵循合法、公平、平等自愿、协商一致、诚实信用的原则。

依法订立的劳动合同具有约束力，用人单位与劳动者应当履行劳动合同约定的义务。

第四条 用人单位应当依法建立和完善劳动规章制度，保障劳动者享有劳动权利、履行劳动义务。

用人单位在制定、修改或者决定有关劳动报酬、工作时间、休息休假、劳动安全卫生、保险福利、职工培训、劳动纪律以及劳动定额管理等直接涉及劳动者切身利益的规章制度或者重大事项时，应当经职工代表大会或者全体职工讨论，提出方案和意见，与工会或者职工代表平等协商确定。

在规章制度和重大事项决定实施过程中，工会或者职工认为不适当的，有权向用人单位提出，通过协商予以修改完善。

用人单位应当将直接涉及劳动者切身利益的规章制度和重大事项决定公示，或者告知劳动者。

第五条 县级以上人民政府劳动行政部门会同工会和企业方面代表，建立健全协调劳动关系三方机制，共同研究解决有关劳动关系的重大问题。

第六条 工会应当帮助、指导劳动者与用人单位依法订立和履行劳动合同，并与用人单位建立集体协商机制，维护劳动者的合法权益。

第二章 劳动合同的订立

第七条 用人单位自用工之日起即与劳动者建立劳动关系。用人单位应当建立职工名册备查。

第八条 用人单位招用劳动者时，应当如实告知劳动者工作内容、工作条件、工作地点、职业危害、安全生产状况、劳动报酬，以及劳动者要求了解的其他情况；用人单位有权了解劳动者与劳动合同直接相关的基本情况，劳动者应当如实说明。

第九条 用人单位招用劳动者，不得扣押劳动者的居民身份证和其他证件，不得要求劳动者提供担保或者以其他名义向劳动者收取财物。

第十条 建立劳动关系，应当订立书面劳动合同。

已建立劳动关系，未同时订立书面劳动合同的，应当自用工之日起一个月内订立书面劳动合同。

用人单位与劳动者在用工前订立劳动合同的，劳动关系自用工之日起建立。

第十一条 用人单位未在用工的同时订立书面劳动合同，与劳动者约定的劳动报酬不明确的，新招用的劳动者的劳动报酬按照集体合同规定的标准执行；没有集体合同或者集体合同未规定的，实行同工同酬。

第十二条 劳动合同分为固定期限劳动合同、无固定期限劳动合同和以完成一定工作任务为期限的劳动合同。

第十三条 固定期限劳动合同，是指用人单位与劳动者约定合同终止时间的劳动合同。

用人单位与劳动者协商一致，可以订立固定期限劳动合同。

第十四条 无固定期限劳动合同，是指用人单位与劳动者约定无确定终止时间的劳动合同。

用人单位与劳动者协商一致，可以订立无固定期限劳动合同。有下列情形之一，劳动者提出或者同意续订、订立劳动合同的，除劳动者提出订立固定期限劳动合同外，应当订立无固定期限劳动合同：

（一）劳动者在该用人单位连续工作满十年的；

（二）用人单位初次实行劳动合同制度或者国有企业改制重新订立劳动合同时，劳动者在该用人单位连续工作满十年且距法定退休年龄不足十年的；

（三）连续订立二次固定期限劳动合同，且劳动者没有本法第三十九条和第四十条第一项、第二项规定的情形，续订劳动合同的。

用人单位自用工之日起满一年不与劳动者订立书面劳动合同的，视为用人单位与劳动者已订立无固定期限劳动合同。

第十五条 以完成一定工作任务为期限的劳动合同，是指用人单位与劳动者约定以某项工作的完成为合同期限的劳动合同。

用人单位与劳动者协商一致，可以订立以完成一定工作任务为期限的劳动合同。

第十六条 劳动合同由用人单位与劳动者协商一致，并经用人单位与劳动者在劳动合同文本上签字或者盖章生效。

劳动合同文本由用人单位和劳动者各执一份。

第十七条 劳动合同应当具备以下条款：

（一）用人单位的名称、住所和法定代表人或者主要负责人；

（二）劳动者的姓名、住址和居民身份证或者其他有效身份证件号码；

（三）劳动合同期限；

（四）工作内容和工作地点；

（五）工作时间和休息休假；

（六）劳动报酬；

（七）社会保险；

（八）劳动保护、劳动条件和职业危害防护；

（九）法律、法规规定应当纳入劳动合同的其他事项。

劳动合同除前款规定的必备条款外，用人单位与劳动者可以约定试用期、培训、保守秘密、补充保险和福利待遇等其他事项。

第十八条 劳动合同对劳动报酬和劳动条件等标准约定不明确，引发争议的，用人单位与劳动者可以重新协商；协商不成的，适用集体合同规定；没有集体合同或者集体合同未规定劳动报酬的，实行同工同酬；没有集体合同或者集体合同未规定劳动条件等标准的，适用国家有关规定。

第十九条 劳动合同期限三个月以上不满一年的，试用期不得超过一个月；劳动合同期限一年以上不满三年的，试用期不得超过二个月；三年以上固定期限和无固定期限的劳动合同，试用期不得超过六个月。

同一用人单位与同一劳动者只能约定一次试用期。

以完成一定工作任务为期限的劳动合同或者劳动合同期限不满三个月的，不得约定试用期。

试用期包含在劳动合同期限内。劳动合同仅约定试用期的，试用期不成立，该期限为劳动合同期限。

第二十条 劳动者在试用期的工资不得低于本单位相同岗位最低档工资或者劳动合同约定工资的百分之八十，并不得低于用人单位所在地的最低工资标准。

第二十一条 在试用期中，除劳动者有本法第三十九条和第四十条第一项、第二项规定的情形外，用人单位不得解除劳动合同。用人单位在试用期解除劳动合同的，应当向劳动者说明理由。

第二十二条 用人单位为劳动者提供专项培训费用，对其进行专业技术培训的，可以与该劳动者订立协议，约定服务期。

劳动者违反服务期约定的，应当按照约定向用人单位支付违约金。违约金的数额不得超过用人单位提供的培训费用。用人单位要求劳动者支付的违约金不得超过服务期尚未履行部分所应分摊的培训费用。

用人单位与劳动者约定服务期的，不影响按照正常的工资调整机制提高劳动者在服务期期间的劳动报酬。

第二十三条 用人单位与劳动者可以在劳动合同中约定保守用人单位的商业秘密和与知识产权相关的保密事项。

对负有保密义务的劳动者，用人单位可以在劳动合同或者保密协议中与劳动者约定竞业限制条款，并约定在解除或者终止劳动合同后，在竞业限制期限内按月给予劳动者经济补偿。劳动者违反竞业限制约定的，应当按照约定向用人单位支付违约金。

第二十四条 竞业限制的人员限于用人单位的高级管理人员、高级技术人员和其他负有保密义务的人员。竞业限制的范围、地域、期限由用人单位与劳动者约定，竞业限制的约定不得违反法律、法规的规定。

在解除或者终止劳动合同后，前款规定的人员到与本单位生产或者经营同类产品、从事同类业务的有竞争关系的其他用人单位，或者自己开业生产或者经营同类产品、从事同类业务的竞业限制期限，不得超过二年。

第二十五条 除本法第二十二条和第二十三条规定的情形外，用人单位不得与劳动者约定由劳动者承担违约金。

第二十六条 下列劳动合同无效或者部分无效：

（一）以欺诈、胁迫的手段或者乘人之危，使对方在违背真实意思的情况下订立或者变更劳动合同的；

（二）用人单位免除自己的法定责任、排除劳动者权利的；

（三）违反法律、行政法规强制性规定的。

对劳动合同的无效或者部分无效有争议的，由劳动争议仲裁机构或者人民法院确认。

第二十七条 劳动合同部分无效，不影响其他部分效力的，其他部分仍然有效。

第二十八条 劳动合同被确认无效，劳动者已付出劳动的，用人单位应当向劳动者支付劳动报酬。劳动报酬的数额，参照本单位相同或者相近岗位劳动者的劳动报酬确定。

第三章 劳动合同的履行和变更

第二十九条 用人单位与劳动者应当按照劳动合同的约定，全面履行各自的义务。

第三十条 用人单位应当按照劳动合同约定和国家规定，向劳动者及时足额支付劳动报酬。

用人单位拖欠或者未足额支付劳动报酬的，劳动者可以依法向当地人民法院申请支付令，人民法院应当依法发出支付令。

第三十一条 用人单位应当严格执行劳动定额标准，不得强迫或者变相强迫劳动者加班。用人单位安排加班的，应当按照国家有关规定向劳动者支付加班费。

第三十二条 劳动者拒绝用人单位管理人员违章指挥、强令冒险作业的，不视为违反劳动合同。

劳动者对危害生命安全和身体健康的劳动条件，有权对用人单位提出批评、检举和控告。

第三十三条 用人单位变更名称、法定代表人、主要负责人或者投资人等事项，不影响劳动合同的履行。

第三十四条 用人单位发生合并或者分立等情况，原劳动合同继续有效，劳动合同由承继其权利和义务的用人单位继续履行。

第三十五条 用人单位与劳动者协商一致，可以变更劳动合同约定的内容。变更劳动合同，应当采用书面形式。

变更后的劳动合同文本由用人单位和劳动者各执一份。

第四章 劳动合同的解除和终止

第三十六条 用人单位与劳动者协商一致，可以解除劳动合同。

第三十七条 劳动者提前三十日以书面形式通知用人单位，可以解除劳动合同。劳动者在试用期内提前三日通知用人单位，可以解除劳动合同。

第三十八条 用人单位有下列情形之一的，劳动者可以解除劳动合同：

（一）未按照劳动合同约定提供劳动保护或者劳动条件的；

（二）未及时足额支付劳动报酬的；

（三）未依法为劳动者缴纳社会保险费的；

（四）用人单位的规章制度违反法律、法规的规定，损害劳动者权益的；

（五）因本法第二十六条第一款规定的情形致使劳动合同无效的；

（六）法律、行政法规规定劳动者可以解除劳动合同的其他情形。

用人单位以暴力、威胁或者非法限制人身自由的手段强迫劳动者劳动的，或者用人单位违章指挥、强令冒险作业危及劳动者人身安全的，劳动者可以立即解除劳动合同，不需事先告知用人单位。

第三十九条 劳动者有下列情形之一的，用人单位可以解除劳动合同：

（一）在试用期间被证明不符合录用条件的；

（二）严重违反用人单位的规章制度的；

（三）严重失职，营私舞弊，给用人单位造成重大损害的；

（四）劳动者同时与其他用人单位建立劳动关系，对完成本单位的工作任务造成严重影响，或者经用人单位提出，拒不改正的；

（五）因本法第二十六条第一款第一项规定的情形致使劳动合同无效的；

（六）被依法追究刑事责任的。

第四十条 有下列情形之一的，用人单位提前三十日以书面形式通知劳动者本人或者额外支付劳动者一个月工资后，可以解除劳动合同：

（一）劳动者患病或者非因工负伤，在规定的医疗期满后不能从事原工作，也不能从事由用人单位另行安排的工作的；

（二）劳动者不能胜任工作，经过培训或者调整工作岗位，仍不能胜任工作的；

（三）劳动合同订立时所依据的客观情况发生重大变化，致使劳动合同无法履行，经用人单位与劳动者协商，未能就变更劳动合同内容达成协议的。

第四十一条 有下列情形之一，需要裁减人员二十人以上或者裁减不足二十人但占企业职工总数百分之十以上的，用人单位提前三十日向工会或者全体职工说明情况，听取工会或者职工的意见后，裁减人员方案经向劳动行政部门报告，可以裁减人员：

（一）依照企业破产法规定进行重整的；

（二）生产经营发生严重困难的；

（三）企业转产、重大技术革新或者经营方式调整，经变更劳动合同后，仍需裁减人员的；

（四）其他因劳动合同订立时所依据的客观经济情况发生重大变化，致使劳动合同无法履行的。

裁减人员时，应当优先留用下列人员：

（一）与本单位订立较长期限的固定期限劳动合同的；

（二）与本单位订立无固定期限劳动合同的；

（三）家庭无其他就业人员，有需要扶养的老人或者未成年人的。

用人单位依照本条第一款规定裁减人员，在六个月内重新招用人员的，应当通知被裁减的人员，并在同等条件下优先招用被裁减的人员。

第四十二条 劳动者有下列情形之一的，用人单位不得依照本法第四十条、第四十一条的规定解除劳动合同：

（一）从事接触职业病危害作业的劳动者未进行离岗前职业健康检查，或者疑似职业病病人在诊断或者医学观察期间的；

（二）在本单位患职业病或者因工负伤并被确认丧失或者部分丧失劳动能力的；

（三）患病或者非因工负伤，在规定的医疗期内的；

（四）女职工在孕期、产期、哺乳期的；

（五）在本单位连续工作满十五年，且距法定退休年龄不足五年的；

（六）法律、行政法规规定的其他情形。

第四十三条 用人单位单方解除劳动合同，应当事先将理由通知工会。用人单位违反法律、行政法规规定或者劳动合同约定的，工会有权要求用人单位纠正。用人单位应当研究工会的意见，并将处理结果书面通知工会。

第四十四条 有下列情形之一的，劳动合同终止：

（一）劳动合同期满的；

（二）劳动者开始依法享受基本养老保险待遇的；

（三）劳动者死亡，或者被人民法院宣告死亡或者宣告失踪的；

（四）用人单位被依法宣告破产的；

（五）用人单位被吊销营业执照、责令关闭、撤销或者用人单位决定提前解散的；

（六）法律、行政法规规定的其他情形。

第四十五条 劳动合同期满，有本法第四十二条规定情形之一的，劳动合同应当续延至相应的情形消失时终止。但是，本法第四十二条第二项规定丧失或者部分丧失劳动能力劳动者的劳动合同的终止，按照国家有关工伤保险的规定执行。

第四十六条 有下列情形之一的，用人单位应当向劳动者支付经济补偿：

（一）劳动者依照本法第三十八条规定解除劳动合同的；

（二）用人单位依照本法第三十六条规定向劳动者提出解除劳动合同并与劳动者协商一致解除劳动合同的；

（三）用人单位依照本法第四十条规定解除劳动合同的；

（四）用人单位依照本法第四十一条第一款规定解除劳动合同的；

（五）除用人单位维持或者提高劳动合同约定条件续订劳动合同，劳动者不同意续订的情形外，依照本法第四十四条第一项规定终止固定期限劳动合同的；

（六）依照本法第四十四条第四项、第五项规定终止劳动合同的；

（七）法律、行政法规规定的其他情形。

第四十七条 经济补偿按劳动者在本单位工作的年限，每满一年支付一个月工资的标准向劳动者支付。六个月以上不满一年的，按一年计算；不满六个月的，向劳动者支付半个月工资的经济补偿。

劳动者月工资高于用人单位所在直辖市、设区的市级人民政府公布的本地区上年度职工月平均工资三倍的，向其支付经济补偿的标准按职工月平均工资三倍的数额支付，向其支付经济补偿的年限最高不超过十二年。

本条所称月工资是指劳动者在劳动合同解除或者终止前十二个月的平均工资。

第四十八条 用人单位违反本法规定解除或者终止劳动合同，劳动者要求继续履行劳动合同的，用人单位应当继续履行；劳动者不要求继续履行劳动合同或者劳动合同已经不能继续履行的，用人单位应当依照本法第八十七条规定支付赔偿金。

第四十九条 国家采取措施，建立健全劳动者社会保险关系跨地区转移接续制度。

第五十条 用人单位应当在解除或者终止劳动合同时出具解除或者终止劳动合同的证明，并在十五日内为劳动者办理档案和社会保险关系转移手续。

劳动者应当按照双方约定，办理工作交接。用人单位依照本法有关规定应当向劳动者支付经济补偿的，在办结工作交接时支付。

用人单位对已经解除或者终止的劳动合同的文本，至少保存二年备查。

第五章 特别规定

第一节 集体合同

第五十一条 企业职工一方与用人单位通过平等协商，可以就劳动报酬、工作时间、休息休假、劳动安全卫生、保险福利等事项订立集体合同。集体合同草案应当提交职工代表大会或者全体职工讨论通过。

集体合同由工会代表企业职工一方与用人单位订立；尚未建立工会的用人单位，由上级工会指导劳动者推举的代表与用人单位订立。

第五十二条 企业职工一方与用人单位可以订立劳动安全卫生、女职工权益保护、工资调整机制等专项集体合同。

第五十三条 在县级以下区域内，建筑业、采矿业、餐饮服务业等行业可以由工会与企业方面代表订立行业性集体合同，或者订立区域性集体合同。

第五十四条 集体合同订立后，应当报送劳动行政部门；劳动行政部门自收到集体合同文本之日起十五日内未提出异议的，集体合同即行生效。

依法订立的集体合同对用人单位和劳动者具有约束力。行业性、区域性集体合同对当地本行业、本区域的用人单位和劳动者具有约束力。

第五十五条 集体合同中劳动报酬和劳动条件等标准不得低于当地人民政府规定的最低标准；用人单位与劳动者订立的劳动合同中劳动报酬和劳动条件等标准不得低于集体合同规定的标准。

第五十六条 用人单位违反集体合同，侵犯职工劳动权益的，工会可以依法要求用人单位承担责任；因履行集体合同发生争议，经协商解决不成的，工会可以依法申请仲裁、提起诉讼。

第二节 劳务派遣

第五十七条 经营劳务派遣业务应当具备下列条件：

（一）注册资本不得少于人民币二百万元；

（二）有与开展业务相适应的固定的经营场所和设施；

（三）有符合法律、行政法规规定的劳务派遣管理制度；

（四）法律、行政法规规定的其他条件。

经营劳务派遣业务，应当向劳动行政部门依法申请行政许可；经许可的，依法办理相应的公司登记。未经许可，任何单位和个人不得经营劳务派遣业务。

第五十八条 劳务派遣单位是本法所称用人单位，应当履行用人单位对劳动者的义务。劳务派遣单位与被派遣劳动者订立的劳动合同，除应当载明本法第十七条规定的事项外，还应当载明被派遣劳动者的用工单位以及派遣期限、工作岗位等情况。

劳务派遣单位应当与被派遣劳动者订立二年以上的固定期限劳动合同，按月支付劳动报酬；被派遣劳动者在无工作期间，劳务派遣单位应当按照所在地人民政府规定的最低工资标准，向其按月支付报酬。

第五十九条 劳务派遣单位派遣劳动者应当与接受以劳务派遣形式用工的单位（以下称用工单位）订立劳务派遣协议。劳务派遣协议应当约定派遣岗位和人员数量、派遣期限、劳动报酬和社会保险费的数额与支付方式以及违反协议的责任。

用工单位应当根据工作岗位的实际需要与劳务派遣单位确定派遣期限，不得将连续用工期限分割订立数个短期劳务派遣协议。

第六十条 劳务派遣单位应当将劳务派遣协议的内容告知被派遣劳动者。

劳务派遣单位不得克扣用工单位按照劳务派遣协议支付给被派遣劳动者

的劳动报酬。

劳务派遣单位和用工单位不得向被派遣劳动者收取费用。

第六十一条 劳务派遣单位跨地区派遣劳动者的，被派遣劳动者享有的劳动报酬和劳动条件，按照用工单位所在地的标准执行。

第六十二条 用工单位应当履行下列义务：

（一）执行国家劳动标准，提供相应的劳动条件和劳动保护；

（二）告知被派遣劳动者的工作要求和劳动报酬；

（三）支付加班费、绩效奖金，提供与工作岗位相关的福利待遇；

（四）对在岗被派遣劳动者进行工作岗位所必需的培训；

（五）连续用工的，实行正常的工资调整机制。

用工单位不得将被派遣劳动者再派遣到其他用人单位。

第六十三条 被派遣劳动者享有与用工单位的劳动者同工同酬的权利。用工单位应当按照同工同酬原则，对被派遣劳动者与本单位同类岗位的劳动者实行相同的劳动报酬分配办法。用工单位无同类岗位劳动者的，参照用工单位所在地相同或者相近岗位劳动者的劳动报酬确定。

劳务派遣单位与被派遣劳动者订立的劳动合同和与用工单位订立的劳务派遣协议，载明或者约定的向被派遣劳动者支付的劳动报酬应当符合前款规定。

第六十四条 被派遣劳动者有权在劳务派遣单位或者用工单位依法参加或者组织工会，维护自身的合法权益。

第六十五条 被派遣劳动者可以依照本法第三十六条、第三十八条的规定与劳务派遣单位解除劳动合同。

被派遣劳动者有本法第三十九条和第四十条第一项、第二项规定情形的，用工单位可以将劳动者退回劳务派遣单位，劳务派遣单位依照本法有关规定，可以与劳动者解除劳动合同。

第六十六条 劳动合同用工是我国的企业基本用工形式。劳务派遣用工是补充形式，只能在临时性、辅助性或者替代性的工作岗位上实施。

前款规定的临时性工作岗位是指存续时间不超过六个月的岗位；辅助性工作岗位是指为主营业务岗位提供服务的非主营业务岗位；替代性工作岗位是指用工单位的劳动者因脱产学习、休假等原因无法工作的一定期间内，可以由其他劳动者替代工作的岗位。

用工单位应当严格控制劳务派遣用工数量，不得超过其用工总量的一定比例，具体比例由国务院劳动行政部门规定。

第六十七条 用人单位不得设立劳务派遣单位向本单位或者所属单位派遣劳动者。

第三节 非全日制用工

第六十八条 非全日制用工，是指以小时计酬为主，劳动者在同一用人单位一般平均每日工作时间不超过四小时，每周工作时间累计不超过二十四小时的用工形式。

第六十九条 非全日制用工双方当事人可以订立口头协议。

从事非全日制用工的劳动者可以与一个或者一个以上用人单位订立劳动合同；但是，后订立的劳动合同不得影响先订立的劳动合同的履行。

第七十条 非全日制用工双方当事人不得约定试用期。

第七十一条 非全日制用工双方当事人任何一方都可以随时通知对方终止用工。终止用工，用人单位不向劳动者支付经济补偿。

第七十二条 非全日制用工小时计酬标准不得低于用人单位所在地人民政府规定的最低小时工资标准。

非全日制用工劳动报酬结算支付周期最长不得超过十五日。

第六章 监督检查

第七十三条 国务院劳动行政部门负责全国劳动合同制度实施的监督管理。

县级以上地方人民政府劳动行政部门负责本行政区域内劳动合同制度实施的监督管理。

县级以上各级人民政府劳动行政部门在劳动合同制度实施的监督管理工作中，应当听取工会、企业方面代表以及有关行业主管部门的意见。

第七十四条 县级以上地方人民政府劳动行政部门依法对下列实施劳动合同制度的情况进行监督检查：

（一）用人单位制定直接涉及劳动者切身利益的规章制度及其执行的情况；

（二）用人单位与劳动者订立和解除劳动合同的情况；

（三）劳务派遣单位和用工单位遵守劳务派遣有关规定的情况；

（四）用人单位遵守国家关于劳动者工作时间和休息休假规定的情况；

（五）用人单位支付劳动合同约定的劳动报酬和执行最低工资标准的情况；

（六）用人单位参加各项社会保险和缴纳社会保险费的情况；

（七）法律、法规规定的其他劳动监察事项。

第七十五条 县级以上地方人民政府劳动行政部门实施监督检查时，有权查阅与劳动合同、集体合同有关的材料，有权对劳动场所进行实地检查，用人单位和劳动者都应当如实提供有关情况和材料。

劳动行政部门的工作人员进行监督检查，应当出示证件，依法行使职权，文明执法。

第七十六条 县级以上人民政府建设、卫生、安全生产监督管理等有关主管部门在各自职责范围内，对用人单位执行劳动合同制度的情况进行监督管理。

第七十七条 劳动者合法权益受到侵害的，有权要求有关部门依法处理，或者依法申请仲裁、提起诉讼。

第七十八条 工会依法维护劳动者的合法权益，对用人单位履行劳动合同、集体合同的情况进行监督。用人单位违反劳动法律、法规和劳动合同、集体合同的，工会有权提出意见或者要求纠正；劳动者申请仲裁、提起诉讼的，工会依法给予支持和帮助。

第七十九条 任何组织或者个人对违反本法的行为都有权举报，县级以上人民政府劳动行政部门应当及时核实、处理，并对举报有功人员给予奖励。

第七章 法律责任

第八十条 用人单位直接涉及劳动者切身利益的规章制度违反法律、法规规定的，由劳动行政部门责令改正，给予警告；给劳动者造成损害的，应当承担赔偿责任。

第八十一条 用人单位提供的劳动合同文本未载明本法规定的劳动合同必备条款或者用人单位未将劳动合同文本交付劳动者的，由劳动行政部门责令改正；给劳动者造成损害的，应当承担赔偿责任。

第八十二条 用人单位自用工之日起超过一个月不满一年未与劳动者订立书面劳动合同的，应当向劳动者每月支付二倍的工资。

用人单位违反本法规定不与劳动者订立无固定期限劳动合同的，自应当订立无固定期限劳动合同之日起向劳动者每月支付二倍的工资。

第八十三条 用人单位违反本法规定与劳动者约定试用期的，由劳动行政部门责令改正；违法约定的试用期已经履行的，由用人单位以劳动者试用期满月工资为标准，按已经履行的超过法定试用期的期间向劳动者支付赔偿金。

第八十四条 用人单位违反本法规定，扣押劳动者居民身份证等证件的，由劳动行政部门责令限期退还劳动者本人，并依照有关法律规定给予处罚。

用人单位违反本法规定，以担保或者其他名义向劳动者收取财物的，由劳动行政部门责令限期退还劳动者本人，并以每人五百元以上二千元以下的标准处以罚款；给劳动者造成损害的，应当承担赔偿责任。

劳动者依法解除或者终止劳动合同，用人单位扣押劳动者档案或者其他物品的，依照前款规定处罚。

第八十五条 用人单位有下列情形之一的，由劳动行政部门责令限期支付劳动报酬、加班费或者经济补偿；劳动报酬低于当地最低工资标准的，应当支付其差额部分；逾期不支付的，责令用人单位按应付金额百分之五十以上百分之一百以下的标准向劳动者加付赔偿金：

（一）未按照劳动合同的约定或者国家规定及时足额支付劳动者劳动报酬的；

（二）低于当地最低工资标准支付劳动者工资的；

（三）安排加班不支付加班费的；

（四）解除或者终止劳动合同，未依照本法规定向劳动者支付经济补偿的。

第八十六条 劳动合同依照本法第二十六条规定被确认无效，给对方造成损害的，有过错的一方应当承担赔偿责任。

第八十七条 用人单位违反本法规定解除或者终止劳动合同的，应当依照本法第四十七条规定的经济补偿标准的二倍向劳动者支付赔偿金。

第八十八条 用人单位有下列情形之一的，依法给予行政处罚；构成犯罪的，依法追究刑事责任；给劳动者造成损害的，应当承担赔偿责任：

（一）以暴力、威胁或者非法限制人身自由的手段强迫劳动的；

（二）违章指挥或者强令冒险作业危及劳动者人身安全的；

（三）侮辱、体罚、殴打、非法搜查或者拘禁劳动者的；

（四）劳动条件恶劣、环境污染严重，给劳动者身心健康造成严重损害的。

第八十九条 用人单位违反本法规定未向劳动者出具解除或者终止劳动合同的书面证明，由劳动行政部门责令改正；给劳动者造成损害的，应当承担赔偿责任。

第九十条 劳动者违反本法规定解除劳动合同，或者违反劳动合同中约定的保密义务或者竞业限制，给用人单位造成损失的，应当承担赔偿责任。

第九十一条 用人单位招用与其他用人单位尚未解除或者终止劳动合同的劳动者，给其他用人单位造成损失的，应当承担连带赔偿责任。

第九十二条 违反本法规定，未经许可，擅自经营劳务派遣业务的，由劳动行政部门责令停止违法行为，没收违法所得，并处违法所得一倍以上五倍以下的罚款；没有违法所得的，可以处五万元以下的罚款。

劳务派遣单位、用工单位违反本法有关劳务派遣规定的，由劳动行政部门责令限期改正；逾期不改正的，以每人五千元以上一万元以下的标准处以罚款，对劳务派遣单位，吊销其劳务派遣业务经营许可证。用工单位给被派遣劳动者造成损害的，劳务派遣单位与用工单位承担连带赔偿责任。

第九十三条 对不具备合法经营资格的用人单位的违法犯罪行为，依法追究法律责任；劳动者已经付出劳动的，该单位或者其出资人应当依照本法有关规定向劳动者支付劳动报酬、经济补偿、赔偿金；给劳动者造成损害的，应当承担赔偿责任。

第九十四条 个人承包经营违反本法规定招用劳动者，给劳动者造成损害的，发包的组织与个人承包经营者承担连带赔偿责任。

第九十五条 劳动行政部门和其他有关主管部门及其工作人员玩忽职守、不履行法定职责，或者违法行使职权，给劳动者或者用人单位造成损害的，应当承担赔偿责任；对直接负责的主管人员和其他直接责任人员，依法给予行政处分；构成犯罪的，依法追究刑事责任。

第八章　附　　则

第九十六条 事业单位与实行聘用制的工作人员订立、履行、变更、解除或者终止劳动合同，法律、行政法规或者国务院另有规定的，依照其规定；未作规定的，依照本法有关规定执行。

第九十七条 本法施行前已依法订立且在本法施行之日存续的劳动合同，继续履行；本法第十四条第二款第三项规定连续订立固定期限劳动合同的次数，自本法施行后续订固定期限劳动合同时开始计算。

本法施行前已建立劳动关系，尚未订立书面劳动合同的，应当自本法施行之日起一个月内订立。

本法施行之日存续的劳动合同在本法施行后解除或者终止，依照本法第四十六条规定应当支付经济补偿的，经济补偿年限自本法施行之日起计算；本法施行前按照当时有关规定，用人单位应当向劳动者支付经济补偿的，按照当时有关规定执行。

第九十八条 本法自 2008 年 1 月 1 日起施行。

中华人民共和国劳动争议调解仲裁法

（2007 年 12 月 29 日第十届全国人民代表大会常务委员会第三十一次会议通过）

第一章 总 则

第一条 为了公正及时解决劳动争议，保护当事人合法权益，促进劳动关系和谐稳定，制定本法。

第二条 中华人民共和国境内的用人单位与劳动者发生的下列劳动争议，适用本法：

（一）因确认劳动关系发生的争议；

（二）因订立、履行、变更、解除和终止劳动合同发生的争议；

（三）因除名、辞退和辞职、离职发生的争议；

（四）因工作时间、休息休假、社会保险、福利、培训以及劳动保护发生的争议；

（五）因劳动报酬、工伤医疗费、经济补偿或者赔偿金等发生的争议；

（六）法律、法规规定的其他劳动争议。

第三条 解决劳动争议，应当根据事实，遵循合法、公正、及时、着重调解的原则，依法保护当事人的合法权益。

第四条 发生劳动争议，劳动者可以与用人单位协商，也可以请工会或者第三方共同与用人单位协商，达成和解协议。

第五条 发生劳动争议，当事人不愿协商、协商不成或者达成和解协议后不履行的，可以向调解组织申请调解；不愿调解、调解不成或者达成调解协议后不履行的，可以向劳动争议仲裁委员会申请仲裁；对仲裁裁决不服的，除本法另有规定的外，可以向人民法院提起诉讼。

第六条 发生劳动争议，当事人对自己提出的主张，有责任提供证据。与争议事项有关的证据属于用人单位掌握管理的，用人单位应当提供；用人单位不提供的，应当承担不利后果。

第七条 发生劳动争议的劳动者一方在十人以上，并有共同请求的，可以推举代表参加调解、仲裁或者诉讼活动。

第八条 县级以上人民政府劳动行政部门会同工会和企业方面代表建立协调劳动关系三方机制，共同研究解决劳动争议的重大问题。

第九条 用人单位违反国家规定，拖欠或者未足额支付劳动报酬，或者拖欠工伤医疗费、经济补偿或者赔偿金的，劳动者可以向劳动行政部门投诉，劳动行政部门应当依法处理。

第二章 调 解

第十条 发生劳动争议，当事人可以到下列调解组织申请调解：

（一）企业劳动争议调解委员会；

（二）依法设立的基层人民调解组织；

（三）在乡镇、街道设立的具有劳动争议调解职能的组织。

企业劳动争议调解委员会由职工代表和企业代表组成。职工代表由工会成员担任或者由全体职工推举产生，企业代表由企业负责人指定。企业劳动争议调解委员会主任由工会成员或者双方推举的人员担任。

第十一条 劳动争议调解组织的调解员应当由公道正派、联系群众、热心调解工作，并具有一定法律知识、政策水平和文化水平的成年公民担任。

第十二条 当事人申请劳动争议调解可以书面申请，也可以口头申请。口头申请的，调解组织应当当场记录申请人基本情况、申请调解的争议事项、理由和时间。

第十三条 调解劳动争议，应当充分听取双方当事人对事实和理由的陈述，耐心疏导，帮助其达成协议。

第十四条 经调解达成协议的，应当制作调解协议书。

调解协议书由双方当事人签名或者盖章，经调解员签名并加盖调解组织印章后生效，对双方当事人具有约束力，当事人应当履行。

自劳动争议调解组织收到调解申请之日起十五日内未达成调解协议的，当事人可以依法申请仲裁。

第十五条 达成调解协议后，一方当事人在协议约定期限内不履行调解协议的，另一方当事人可以依法申请仲裁。

第十六条 因支付拖欠劳动报酬、工伤医疗费、经济补偿或者赔偿金事项达成调解协议，用人单位在协议约定期限内不履行的，劳动者可以持调解协议书依法向人民法院申请支付令。人民法院应当依法发出支付令。

第三章 仲 裁

第一节 一般规定

第十七条 劳动争议仲裁委员会按照统筹规划、合理布局和适应实际需要的原则设立。省、自治区人民政府可以决定在市、县设立；直辖市人民政府可以决定在区、县设立。直辖市、设区的市也可以设立一个或者若干个劳动争议仲裁委员会。劳动争议仲裁委员会不按行政区划层层设立。

第十八条 国务院劳动行政部门依照本法有关规定制定仲裁规则。省、自治区、直辖市人民政府劳动行政部门对本行政区域的劳动争议仲裁工作进行指导。

第十九条 劳动争议仲裁委员会由劳动行政部门代表、工会代表和企业方面代表组成。劳动争议仲裁委员会组成人员应当是单数。

劳动争议仲裁委员会依法履行下列职责：

（一）聘任、解聘专职或者兼职仲裁员；

（二）受理劳动争议案件；

（三）讨论重大或者疑难的劳动争议案件；

（四）对仲裁活动进行监督。

劳动争议仲裁委员会下设办事机构，负责办理劳动争议仲裁委员会的日常工作。

第二十条 劳动争议仲裁委员会应当设仲裁员名册。

仲裁员应当公道正派并符合下列条件之一：

（一）曾任审判员的；

（二）从事法律研究、教学工作并具有中级以上职称的；

（三）具有法律知识、从事人力资源管理或者工会等专业工作满五年的；

（四）律师执业满三年的。

第二十一条 劳动争议仲裁委员会负责管辖本区域内发生的劳动争议。

劳动争议由劳动合同履行地或者用人单位所在地的劳动争议仲裁委员会管辖。双方当事人分别向劳动合同履行地和用人单位所在地的劳动争议仲裁委员会申请仲裁的，由劳动合同履行地的劳动争议仲裁委员会管辖。

第二十二条 发生劳动争议的劳动者和用人单位为劳动争议仲裁案件的双方当事人。

劳务派遣单位或者用工单位与劳动者发生劳动争议的，劳务派遣单位和用工单位为共同当事人。

第二十三条 与劳动争议案件的处理结果有利害关系的第三人，可以申请参加仲裁活动或者由劳动争议仲裁委员会通知其参加仲裁活动。

第二十四条 当事人可以委托代理人参加仲裁活动。委托他人参加仲裁活动，应当向劳动争议仲裁委员会提交有委托人签名或者盖章的委托书，委托书应当载明委托事项和权限。

第二十五条 丧失或者部分丧失民事行为能力的劳动者，由其法定代理人代为参加仲裁活动；无法定代理人的，由劳动争议仲裁委员会为其指定代理人。劳动者死亡的，由其近亲属或者代理人参加仲裁活动。

第二十六条 劳动争议仲裁公开进行，但当事人协议不公开进行或者涉及国家秘密、商业秘密和个人隐私的除外。

第二节 申请和受理

第二十七条 劳动争议申请仲裁的时效期间为一年。仲裁时效期间从当事人知道或者应当知道其权利被侵害之日起计算。

前款规定的仲裁时效，因当事人一方向对方当事人主张权利，或者向有关部门请求权利救济，或者对方当事人同意履行义务而中断。从中断时起，仲裁时效期间重新计算。

因不可抗力或者有其他正当理由，当事人不能在本条第一款规定的仲裁时效期间申请仲裁的，仲裁时效中止。从中止时效的原因消除之日起，仲裁时效期间继续计算。

劳动关系存续期间因拖欠劳动报酬发生争议的，劳动者申请仲裁不受本条第一款规定的仲裁时效期间的限制；但是，劳动关系终止的，应当自劳动关系终止之日起一年内提出。

第二十八条 申请人申请仲裁应当提交书面仲裁申请，并按照被申请人人数提交副本。

仲裁申请书应当载明下列事项：

（一）劳动者的姓名、性别、年龄、职业、工作单位和住所，用人单位的名称、住所和法定代表人或者主要负责人的姓名、职务；

（二）仲裁请求和所根据的事实、理由；

（三）证据和证据来源、证人姓名和住所。

书写仲裁申请确有困难的，可以口头申请，由劳动争议仲裁委员会记入笔录，并告知对方当事人。

第二十九条 劳动争议仲裁委员会收到仲裁申请之日起五日内，认为符合受理条件的，应当受理，并通知申请人；认为不符合受理条件的，应当书面通知申请人不予受理，并说明理由。对劳动争议仲裁委员会不予受理或者逾期未作出决定的，申请人可以就该劳动争议事项向人民法院提起诉讼。

第三十条 劳动争议仲裁委员会受理仲裁申请后，应当在五日内将仲裁申请书副本送达被申请人。

被申请人收到仲裁申请书副本后，应当在十日内向劳动争议仲裁委员会提交答辩书。劳动争议仲裁委员会收到答辩书后，应当在五日内将答辩书副本送达申请人。被申请人未提交答辩书的，不影响仲裁程序的进行。

第三节 开庭和裁决

第三十一条 劳动争议仲裁委员会裁决劳动争议案件实行仲裁庭制。仲裁庭由三名仲裁员组成，设首席仲裁员。简单劳动争议案件可以由一名仲裁员独任仲裁。

第三十二条 劳动争议仲裁委员会应当在受理仲裁申请之日起五日内将仲裁庭的组成情况书面通知当事人。

第三十三条 仲裁员有下列情形之一，应当回避，当事人也有权以口头或者书面方式提出回避申请：

（一）是本案当事人或者当事人、代理人的近亲属的；

（二）与本案有利害关系的；

（三）与本案当事人、代理人有其他关系，可能影响公正裁决的；

（四）私自会见当事人、代理人，或者接受当事人、代理人的请客送礼的。

劳动争议仲裁委员会对回避申请应当及时作出决定，并以口头或者书面方式通知当事人。

第三十四条 仲裁员有本法第三十三条第四项规定情形，或者有索贿受贿、徇私舞弊、枉法裁决行为的，应当依法承担法律责任。劳动争议仲裁委员会应当将其解聘。

第三十五条 仲裁庭应当在开庭五日前，将开庭日期、地点书面通知双方当事人。当事人有正当理由的，可以在开庭三日前请求延期开庭。是否延期，由劳动争议仲裁委员会决定。

第三十六条 申请人收到书面通知，无正当理由拒不到庭或者未经仲裁庭同意中途退庭的，可以视为撤回仲裁申请。

被申请人收到书面通知，无正当理由拒不到庭或者未经仲裁庭同意中途退庭的，可以缺席裁决。

第三十七条 仲裁庭对专门性问题认为需要鉴定的，可以交由当事人约定的鉴定机构鉴定；当事人没有约定或者无法达成约定的，由仲裁庭指定的鉴定机构鉴定。

根据当事人的请求或者仲裁庭的要求，鉴定机构应当派鉴定人参加开庭。当事人经仲裁庭许可，可以向鉴定人提问。

第三十八条 当事人在仲裁过程中有权进行质证和辩论。质证和辩论终结时，首席仲裁员或者独任仲裁员应当征询当事人的最后意见。

第三十九条 当事人提供的证据经查证属实的，仲裁庭应当将其作为认定事实的根据。

劳动者无法提供由用人单位掌握管理的与仲裁请求有关的证据，仲裁庭可以要求用人单位在指定期限内提供。用人单位在指定期限内不提供的，应当承担不利后果。

第四十条 仲裁庭应当将开庭情况记入笔录。当事人和其他仲裁参加人认为对自己陈述的记录有遗漏或者差错的，有权申请补正。如果不予补正，应当记录该申请。

笔录由仲裁员、记录人员、当事人和其他仲裁参加人签名或者盖章。

第四十一条 当事人申请劳动争议仲裁后，可以自行和解。达成和解协议的，可以撤回仲裁申请。

第四十二条 仲裁庭在作出裁决前，应当先行调解。

调解达成协议的，仲裁庭应当制作调解书。

调解书应当写明仲裁请求和当事人协议的结果。调解书由仲裁员签名，加盖劳动争议仲裁委员会印章，送达双方当事人。调解书经双方当事人签收后，发生法律效力。

调解不成或者调解书送达前，一方当事人反悔的，仲裁庭应当及时作出裁决。

第四十三条 仲裁庭裁决劳动争议案件，应当自劳动争议仲裁委员会受理仲裁申请之日起四十五日内结束。案情复杂需要延期的，经劳动争议仲裁委员会主任批准，可以延期并书面通知当事人，但是延长期限不得超过十五日。逾期未作出仲裁裁决的，当事人可以就该劳动争议事项向人民法院提起诉讼。

仲裁庭裁决劳动争议案件时，其中一部分事实已经清楚，可以就该部分先行裁决。

第四十四条 仲裁庭对追索劳动报酬、工伤医疗费、经济补偿或者赔偿金的案件，根据当事人的申请，可以裁决先予执行，移送人民法院执行。

仲裁庭裁决先予执行的，应当符合下列条件：

（一）当事人之间权利义务关系明确；

（二）不先予执行将严重影响申请人的生活。

劳动者申请先予执行的，可以不提供担保。

第四十五条 裁决应当按照多数仲裁员的意见作出，少数仲裁员的不同意见应当记入笔录。仲裁庭不能形成多数意见时，裁决应当按照首席仲裁员的意见作出。

第四十六条 裁决书应当载明仲裁请求、争议事实、裁决理由、裁决结果和裁决日期。裁决书由仲裁员签名，加盖劳动争议仲裁委员会印章。对裁决持不同意见的仲裁员，可以签名，也可以不签名。

第四十七条 下列劳动争议，除本法另有规定的外，仲裁裁决为终局裁决，裁决书自作出之日起发生法律效力：

（一）追索劳动报酬、工伤医疗费、经济补偿或者赔偿金，不超过当地月最低工资标准十二个月金额的争议；

（二）因执行国家的劳动标准在工作时间、休息休假、社会保险等方面发生的争议。

第四十八条 劳动者对本法第四十七条规定的仲裁裁决不服的，可以自收到仲裁裁决书之日起十五日内向人民法院提起诉讼。

第四十九条 用人单位有证据证明本法第四十七条规定的仲裁裁决有下列情形之一，可以自收到仲裁裁决书之日起三十日内向劳动争议仲裁委员会所在地的中级人民法院申请撤销裁决：

（一）适用法律、法规确有错误的；

（二）劳动争议仲裁委员会无管辖权的；

（三）违反法定程序的；

（四）裁决所根据的证据是伪造的；

（五）对方当事人隐瞒了足以影响公正裁决的证据的；

（六）仲裁员在仲裁该案时有索贿受贿、徇私舞弊、枉法裁决行为的。

人民法院经组成合议庭审查核实裁决有前款规定情形之一的，应当裁定撤销。

仲裁裁决被人民法院裁定撤销的，当事人可以自收到裁定书之日起十五日内就该劳动争议事项向人民法院提起诉讼。

第五十条 当事人对本法第四十七条规定以外的其他劳动争议案件的仲裁裁决不服的，可以自收到仲裁裁决书之日起十五日内向人民法院提起诉讼；期满不起诉的，裁决书发生法律效力。

第五十一条 当事人对发生法律效力的调解书、裁决书，应当依照规定的期限履行。一方当事人逾期不履行的，另一方当事人可以依照民事诉讼法的有关规定向人民法院申请执行。受理申请的人民法院应当依法执行。

第四章 附 则

第五十二条 事业单位实行聘用制的工作人员与本单位发生劳动争议的，依照本法执行；法律、行政法规或者国务院另有规定的，依照其规定。

第五十三条 劳动争议仲裁不收费。劳动争议仲裁委员会的经费由财政予以保障。

第五十四条 本法自 2008 年 5 月 1 日起施行。

中华人民共和国法律援助法

（2021年8月20日第十三届全国人民代表大会常务委员会第三十次会议通过）

第一章 总 则

第一条 为了规范和促进法律援助工作，保障公民和有关当事人的合法权益，保障法律正确实施，维护社会公平正义，制定本法。

第二条 本法所称法律援助，是国家建立的为经济困难公民和符合法定条件的其他当事人无偿提供法律咨询、代理、刑事辩护等法律服务的制度，是公共法律服务体系的组成部分。

第三条 法律援助工作坚持中国共产党领导，坚持以人民为中心，尊重和保障人权，遵循公开、公平、公正的原则，实行国家保障与社会参与相结合。

第四条 县级以上人民政府应当将法律援助工作纳入国民经济和社会发展规划、基本公共服务体系，保障法律援助事业与经济社会协调发展。

县级以上人民政府应当健全法律援助保障体系，将法律援助相关经费列入本级政府预算，建立动态调整机制，保障法律援助工作需要，促进法律援助均衡发展。

第五条 国务院司法行政部门指导、监督全国的法律援助工作。县级以上地方人民政府司法行政部门指导、监督本行政区域的法律援助工作。

县级以上人民政府其他有关部门依照各自职责，为法律援助工作提供支持和保障。

第六条　人民法院、人民检察院、公安机关应当在各自职责范围内保障当事人依法获得法律援助，为法律援助人员开展工作提供便利。

第七条　律师协会应当指导和支持律师事务所、律师参与法律援助工作。

第八条　国家鼓励和支持群团组织、事业单位、社会组织在司法行政部门指导下，依法提供法律援助。

第九条　国家鼓励和支持企业事业单位、社会组织和个人等社会力量，依法通过捐赠等方式为法律援助事业提供支持；对符合条件的，给予税收优惠。

第十条　司法行政部门应当开展经常性的法律援助宣传教育，普及法律援助知识。

新闻媒体应当积极开展法律援助公益宣传，并加强舆论监督。

第十一条　国家对在法律援助工作中做出突出贡献的组织和个人，按照有关规定给予表彰、奖励。

第二章　机构和人员

第十二条　县级以上人民政府司法行政部门应当设立法律援助机构。法律援助机构负责组织实施法律援助工作，受理、审查法律援助申请，指派律师、基层法律服务工作者、法律援助志愿者等法律援助人员提供法律援助，支付法律援助补贴。

第十三条　法律援助机构根据工作需要，可以安排本机构具有律师资格或者法律职业资格的工作人员提供法律援助；可以设置法律援助工作站或者联络点，就近受理法律援助申请。

第十四条　法律援助机构可以在人民法院、人民检察院和看守所等场所派驻值班律师，依法为没有辩护人的犯罪嫌疑人、被告人提供法律援助。

第十五条　司法行政部门可以通过政府采购等方式，择优选择律师事务所等法律服务机构为受援人提供法律援助。

第十六条 律师事务所、基层法律服务所、律师、基层法律服务工作者负有依法提供法律援助的义务。

律师事务所、基层法律服务所应当支持和保障本所律师、基层法律服务工作者履行法律援助义务。

第十七条 国家鼓励和规范法律援助志愿服务；支持符合条件的个人作为法律援助志愿者，依法提供法律援助。

高等院校、科研机构可以组织从事法学教育、研究工作的人员和法学专业学生作为法律援助志愿者，在司法行政部门指导下，为当事人提供法律咨询、代拟法律文书等法律援助。

法律援助志愿者具体管理办法由国务院有关部门规定。

第十八条 国家建立健全法律服务资源依法跨区域流动机制，鼓励和支持律师事务所、律师、法律援助志愿者等在法律服务资源相对短缺地区提供法律援助。

第十九条 法律援助人员应当依法履行职责，及时为受援人提供符合标准的法律援助服务，维护受援人的合法权益。

第二十条 法律援助人员应当恪守职业道德和执业纪律，不得向受援人收取任何财物。

第二十一条 法律援助机构、法律援助人员对提供法律援助过程中知悉的国家秘密、商业秘密和个人隐私应当予以保密。

第三章 形式和范围

第二十二条 法律援助机构可以组织法律援助人员依法提供下列形式的法律援助服务：

（一）法律咨询；

（二）代拟法律文书；

（三）刑事辩护与代理；

（四）民事案件、行政案件、国家赔偿案件的诉讼代理及非诉讼代理；

（五）值班律师法律帮助；

（六）劳动争议调解与仲裁代理；

（七）法律、法规、规章规定的其他形式。

第二十三条 法律援助机构应当通过服务窗口、电话、网络等多种方式提供法律咨询服务；提示当事人享有依法申请法律援助的权利，并告知申请法律援助的条件和程序。

第二十四条 刑事案件的犯罪嫌疑人、被告人因经济困难或者其他原因没有委托辩护人的，本人及其近亲属可以向法律援助机构申请法律援助。

第二十五条 刑事案件的犯罪嫌疑人、被告人属于下列人员之一，没有委托辩护人的，人民法院、人民检察院、公安机关应当通知法律援助机构指派律师担任辩护人：

（一）未成年人；

（二）视力、听力、言语残疾人；

（三）不能完全辨认自己行为的成年人；

（四）可能被判处无期徒刑、死刑的人；

（五）申请法律援助的死刑复核案件被告人；

（六）缺席审判案件的被告人；

（七）法律法规规定的其他人员。

其他适用普通程序审理的刑事案件，被告人没有委托辩护人的，人民法院可以通知法律援助机构指派律师担任辩护人。

第二十六条 对可能被判处无期徒刑、死刑的人，以及死刑复核案件的被告人，法律援助机构收到人民法院、人民检察院、公安机关通知后，应当指派具有三年以上相关执业经历的律师担任辩护人。

第二十七条 人民法院、人民检察院、公安机关通知法律援助机构指派律师担任辩护人时，不得限制或者损害犯罪嫌疑人、被告人委托辩护人的权利。

第二十八条 强制医疗案件的被申请人或者被告人没有委托诉讼代理人的，人民法院应当通知法律援助机构指派律师为其提供法律援助。

第二十九条 刑事公诉案件的被害人及其法定代理人或者近亲属，刑事自诉案件的自诉人及其法定代理人，刑事附带民事诉讼案件的原告人及其法定代理人，因经济困难没有委托诉讼代理人的，可以向法律援助机构申请法律援助。

第三十条 值班律师应当依法为没有辩护人的犯罪嫌疑人、被告人提供法律咨询、程序选择建议、申请变更强制措施、对案件处理提出意见等法律帮助。

第三十一条 下列事项的当事人，因经济困难没有委托代理人的，可以向法律援助机构申请法律援助：

（一）依法请求国家赔偿；

（二）请求给予社会保险待遇或者社会救助；

（三）请求发给抚恤金；

（四）请求给付赡养费、抚养费、扶养费；

（五）请求确认劳动关系或者支付劳动报酬；

（六）请求认定公民无民事行为能力或者限制民事行为能力；

（七）请求工伤事故、交通事故、食品药品安全事故、医疗事故人身损害赔偿；

（八）请求环境污染、生态破坏损害赔偿；

（九）法律、法规、规章规定的其他情形。

第三十二条 有下列情形之一，当事人申请法律援助的，不受经济困难条件的限制：

（一）英雄烈士近亲属为维护英雄烈士的人格权益；

（二）因见义勇为行为主张相关民事权益；

（三）再审改判无罪请求国家赔偿；

（四）遭受虐待、遗弃或者家庭暴力的受害人主张相关权益；

（五）法律、法规、规章规定的其他情形。

第三十三条　当事人不服司法机关生效裁判或者决定提出申诉或者申请再审，人民法院决定、裁定再审或者人民检察院提出抗诉，因经济困难没有委托辩护人或者诉讼代理人的，本人及其近亲属可以向法律援助机构申请法律援助。

第三十四条　经济困难的标准，由省、自治区、直辖市人民政府根据本行政区域经济发展状况和法律援助工作需要确定，并实行动态调整。

第四章　程序和实施

第三十五条　人民法院、人民检察院、公安机关和有关部门在办理案件或者相关事务中，应当及时告知有关当事人有权依法申请法律援助。

第三十六条　人民法院、人民检察院、公安机关办理刑事案件，发现有本法第二十五条第一款、第二十八条规定情形的，应当在三日内通知法律援助机构指派律师。法律援助机构收到通知后，应当在三日内指派律师并通知人民法院、人民检察院、公安机关。

第三十七条　人民法院、人民检察院、公安机关应当保障值班律师依法提供法律帮助，告知没有辩护人的犯罪嫌疑人、被告人有权约见值班律师，并依法为值班律师了解案件有关情况、阅卷、会见等提供便利。

第三十八条　对诉讼事项的法律援助，由申请人向办案机关所在地的法律援助机构提出申请；对非诉讼事项的法律援助，由申请人向争议处理机关所在地或者事由发生地的法律援助机构提出申请。

第三十九条　被羁押的犯罪嫌疑人、被告人、服刑人员，以及强制隔离戒毒人员等提出法律援助申请的，办案机关、监管场所应当在二十四小时内将申请转交法律援助机构。

犯罪嫌疑人、被告人通过值班律师提出代理、刑事辩护等法律援助申请的，值班律师应当在二十四小时内将申请转交法律援助机构。

第四十条 无民事行为能力人或者限制民事行为能力人需要法律援助的，可以由其法定代理人代为提出申请。法定代理人侵犯无民事行为能力人、限制民事行为能力人合法权益的，其他法定代理人或者近亲属可以代为提出法律援助申请。

被羁押的犯罪嫌疑人、被告人、服刑人员，以及强制隔离戒毒人员，可以由其法定代理人或者近亲属代为提出法律援助申请。

第四十一条 因经济困难申请法律援助的，申请人应当如实说明经济困难状况。

法律援助机构核查申请人的经济困难状况，可以通过信息共享查询，或者由申请人进行个人诚信承诺。

法律援助机构开展核查工作，有关部门、单位、村民委员会、居民委员会和个人应当予以配合。

第四十二条 法律援助申请人有材料证明属于下列人员之一的，免予核查经济困难状况：

（一）无固定生活来源的未成年人、老年人、残疾人等特定群体；

（二）社会救助、司法救助或者优抚对象；

（三）申请支付劳动报酬或者请求工伤事故人身损害赔偿的进城务工人员；

（四）法律、法规、规章规定的其他人员。

第四十三条 法律援助机构应当自收到法律援助申请之日起七日内进行审查，作出是否给予法律援助的决定。决定给予法律援助的，应当自作出决定之日起三日内指派法律援助人员为受援人提供法律援助；决定不给予法律援助的，应当书面告知申请人，并说明理由。

申请人提交的申请材料不齐全的，法律援助机构应当一次性告知申请人需要补充的材料或者要求申请人作出说明。申请人未按要求补充材料或者作出说明的，视为撤回申请。

第四十四条 法律援助机构收到法律援助申请后，发现有下列情形之一的，可以决定先行提供法律援助：

（一）距法定时效或者期限届满不足七日，需要及时提起诉讼或者申请仲裁、行政复议；

（二）需要立即申请财产保全、证据保全或者先予执行；

（三）法律、法规、规章规定的其他情形。

法律援助机构先行提供法律援助的，受援人应当及时补办有关手续，补充有关材料。

第四十五条 法律援助机构为老年人、残疾人提供法律援助服务的，应当根据实际情况提供无障碍设施设备和服务。

法律法规对向特定群体提供法律援助有其他特别规定的，依照其规定。

第四十六条 法律援助人员接受指派后，无正当理由不得拒绝、拖延或者终止提供法律援助服务。

法律援助人员应当按照规定向受援人通报法律援助事项办理情况，不得损害受援人合法权益。

第四十七条 受援人应当向法律援助人员如实陈述与法律援助事项有关的情况，及时提供证据材料，协助、配合办理法律援助事项。

第四十八条 有下列情形之一的，法律援助机构应当作出终止法律援助的决定：

（一）受援人以欺骗或者其他不正当手段获得法律援助；

（二）受援人故意隐瞒与案件有关的重要事实或者提供虚假证据；

（三）受援人利用法律援助从事违法活动；

（四）受援人的经济状况发生变化，不再符合法律援助条件；

（五）案件终止审理或者已经被撤销；

（六）受援人自行委托律师或者其他代理人；

（七）受援人有正当理由要求终止法律援助；

（八）法律法规规定的其他情形。

法律援助人员发现有前款规定情形的，应当及时向法律援助机构报告。

第四十九条 申请人、受援人对法律援助机构不予法律援助、终止法律援助的决定有异议的，可以向设立该法律援助机构的司法行政部门提出。

司法行政部门应当自收到异议之日起五日内进行审查，作出维持法律援助机构决定或者责令法律援助机构改正的决定。

申请人、受援人对司法行政部门维持法律援助机构决定不服的，可以依法申请行政复议或者提起行政诉讼。

第五十条 法律援助事项办理结束后，法律援助人员应当及时向法律援助机构报告，提交有关法律文书的副本或者复印件、办理情况报告等材料。

第五章 保障和监督

第五十一条 国家加强法律援助信息化建设，促进司法行政部门与司法机关及其他有关部门实现信息共享和工作协同。

第五十二条 法律援助机构应当依照有关规定及时向法律援助人员支付法律援助补贴。

法律援助补贴的标准，由省、自治区、直辖市人民政府司法行政部门会同同级财政部门，根据当地经济发展水平和法律援助的服务类型、承办成本、基本劳务费用等确定，并实行动态调整。

法律援助补贴免征增值税和个人所得税。

第五十三条 人民法院应当根据情况对受援人缓收、减收或者免收诉讼费用；对法律援助人员复制相关材料等费用予以免收或者减收。

公证机构、司法鉴定机构应当对受援人减收或者免收公证费、鉴定费。

第五十四条 县级以上人民政府司法行政部门应当有计划地对法律援助

人员进行培训，提高法律援助人员的专业素质和服务能力。

第五十五条　受援人有权向法律援助机构、法律援助人员了解法律援助事项办理情况；法律援助机构、法律援助人员未依法履行职责的，受援人可以向司法行政部门投诉，并可以请求法律援助机构更换法律援助人员。

第五十六条　司法行政部门应当建立法律援助工作投诉查处制度；接到投诉后，应当依照有关规定受理和调查处理，并及时向投诉人告知处理结果。

第五十七条　司法行政部门应当加强对法律援助服务的监督，制定法律援助服务质量标准，通过第三方评估等方式定期进行质量考核。

第五十八条　司法行政部门、法律援助机构应当建立法律援助信息公开制度，定期向社会公布法律援助资金使用、案件办理、质量考核结果等情况，接受社会监督。

第五十九条　法律援助机构应当综合运用庭审旁听、案卷检查、征询司法机关意见和回访受援人等措施，督促法律援助人员提升服务质量。

第六十条　律师协会应当将律师事务所、律师履行法律援助义务的情况纳入年度考核内容，对拒不履行或者怠于履行法律援助义务的律师事务所、律师，依照有关规定进行惩戒。

第六章　法律责任

第六十一条　法律援助机构及其工作人员有下列情形之一的，由设立该法律援助机构的司法行政部门责令限期改正；有违法所得的，责令退还或者没收违法所得；对直接负责的主管人员和其他直接责任人员，依法给予处分：

（一）拒绝为符合法律援助条件的人员提供法律援助，或者故意为不符合法律援助条件的人员提供法律援助；

（二）指派不符合本法规定的人员提供法律援助；

（三）收取受援人财物；

（四）从事有偿法律服务；

（五）侵占、私分、挪用法律援助经费；

（六）泄露法律援助过程中知悉的国家秘密、商业秘密和个人隐私；

（七）法律法规规定的其他情形。

第六十二条 律师事务所、基层法律服务所有下列情形之一的，由司法行政部门依法给予处罚：

（一）无正当理由拒绝接受法律援助机构指派；

（二）接受指派后，不及时安排本所律师、基层法律服务工作者办理法律援助事项或者拒绝为本所律师、基层法律服务工作者办理法律援助事项提供支持和保障；

（三）纵容或者放任本所律师、基层法律服务工作者怠于履行法律援助义务或者擅自终止提供法律援助；

（四）法律法规规定的其他情形。

第六十三条 律师、基层法律服务工作者有下列情形之一的，由司法行政部门依法给予处罚：

（一）无正当理由拒绝履行法律援助义务或者怠于履行法律援助义务；

（二）擅自终止提供法律援助；

（三）收取受援人财物；

（四）泄露法律援助过程中知悉的国家秘密、商业秘密和个人隐私；

（五）法律法规规定的其他情形。

第六十四条 受援人以欺骗或者其他不正当手段获得法律援助的，由司法行政部门责令其支付已实施法律援助的费用，并处三千元以下罚款。

第六十五条 违反本法规定，冒用法律援助名义提供法律服务并谋取利益的，由司法行政部门责令改正，没收违法所得，并处违法所得一倍以上三倍以下罚款。

第六十六条 国家机关及其工作人员在法律援助工作中滥用职权、玩忽职守、徇私舞弊的，对直接负责的主管人员和其他直接责任人员，依法给予处分。

第六十七条 违反本法规定，构成犯罪的，依法追究刑事责任。

第七章 附 则

第六十八条 工会、共产主义青年团、妇女联合会、残疾人联合会等群团组织开展法律援助工作，参照适用本法的相关规定。

第六十九条 对外国人和无国籍人提供法律援助，我国法律有规定的，适用法律规定；我国法律没有规定的，可以根据我国缔结或者参加的国际条约，或者按照互惠原则，参照适用本法的相关规定。

第七十条 对军人军属提供法律援助的具体办法，由国务院和中央军事委员会有关部门制定。

第七十一条 本法自 2022 年 1 月 1 日起施行。

劳动保障监察条例

（2004年11月1日中华人民共和国国务院令第423号公布）

第一章 总 则

第一条 为了贯彻实施劳动和社会保障（以下称劳动保障）法律、法规和规章，规范劳动保障监察工作，维护劳动者的合法权益，根据劳动法和有关法律，制定本条例。

第二条 对企业和个体工商户（以下称用人单位）进行劳动保障监察，适用本条例。

对职业介绍机构、职业技能培训机构和职业技能考核鉴定机构进行劳动保障监察，依照本条例执行。

第三条 国务院劳动保障行政部门主管全国的劳动保障监察工作。县级以上地方各级人民政府劳动保障行政部门主管本行政区域内的劳动保障监察工作。

县级以上各级人民政府有关部门根据各自职责，支持、协助劳动保障行政部门的劳动保障监察工作。

第四条 县级、设区的市级人民政府劳动保障行政部门可以委托符合监察执法条件的组织实施劳动保障监察。

劳动保障行政部门和受委托实施劳动保障监察的组织中的劳动保障监察员应当经过相应的考核或者考试录用。

劳动保障监察证件由国务院劳动保障行政部门监制。

第五条 县级以上地方各级人民政府应当加强劳动保障监察工作。劳动保障监察所需经费列入本级财政预算。

第六条 用人单位应当遵守劳动保障法律、法规和规章，接受并配合劳动保障监察。

第七条 各级工会依法维护劳动者的合法权益，对用人单位遵守劳动保障法律、法规和规章的情况进行监督。

劳动保障行政部门在劳动保障监察工作中应当注意听取工会组织的意见和建议。

第八条 劳动保障监察遵循公正、公开、高效、便民的原则。

实施劳动保障监察，坚持教育与处罚相结合，接受社会监督。

第九条 任何组织或者个人对违反劳动保障法律、法规或者规章的行为，有权向劳动保障行政部门举报。

劳动者认为用人单位侵犯其劳动保障合法权益的，有权向劳动保障行政部门投诉。

劳动保障行政部门应当为举报人保密；对举报属实，为查处重大违反劳动保障法律、法规或者规章的行为提供主要线索和证据的举报人，给予奖励。

第二章 劳动保障监察职责

第十条 劳动保障行政部门实施劳动保障监察，履行下列职责：

（一）宣传劳动保障法律、法规和规章，督促用人单位贯彻执行；

（二）检查用人单位遵守劳动保障法律、法规和规章的情况；

（三）受理对违反劳动保障法律、法规或者规章的行为的举报、投诉；

（四）依法纠正和查处违反劳动保障法律、法规或者规章的行为。

第十一条 劳动保障行政部门对下列事项实施劳动保障监察：

（一）用人单位制定内部劳动保障规章制度的情况；

（二）用人单位与劳动者订立劳动合同的情况；

（三）用人单位遵守禁止使用童工规定的情况；

（四）用人单位遵守女职工和未成年工特殊劳动保护规定的情况；

（五）用人单位遵守工作时间和休息休假规定的情况；

（六）用人单位支付劳动者工资和执行最低工资标准的情况；

（七）用人单位参加各项社会保险和缴纳社会保险费的情况；

（八）职业介绍机构、职业技能培训机构和职业技能考核鉴定机构遵守国家有关职业介绍、职业技能培训和职业技能考核鉴定的规定的情况；

（九）法律、法规规定的其他劳动保障监察事项。

第十二条 劳动保障监察员依法履行劳动保障监察职责，受法律保护。

劳动保障监察员应当忠于职守，秉公执法，勤政廉洁，保守秘密。

任何组织或者个人对劳动保障监察员的违法违纪行为，有权向劳动保障行政部门或者有关机关检举、控告。

第三章 劳动保障监察的实施

第十三条 对用人单位的劳动保障监察，由用人单位用工所在地的县级或者设区的市级劳动保障行政部门管辖。

上级劳动保障行政部门根据工作需要，可以调查处理下级劳动保障行政部门管辖的案件。劳动保障行政部门对劳动保障监察管辖发生争议的，报请共同的上一级劳动保障行政部门指定管辖。

省、自治区、直辖市人民政府可以对劳动保障监察的管辖制定具体办法。

第十四条 劳动保障监察以日常巡视检查、审查用人单位按照要求报送的书面材料以及接受举报投诉等形式进行。

劳动保障行政部门认为用人单位有违反劳动保障法律、法规或者规章的行为，需要进行调查处理的，应当及时立案。

劳动保障行政部门或者受委托实施劳动保障监察的组织应当设立举报、

投诉信箱和电话。

对因违反劳动保障法律、法规或者规章的行为引起的群体性事件，劳动保障行政部门应当根据应急预案，迅速会同有关部门处理。

第十五条 劳动保障行政部门实施劳动保障监察，有权采取下列调查、检查措施：

（一）进入用人单位的劳动场所进行检查；

（二）就调查、检查事项询问有关人员；

（三）要求用人单位提供与调查、检查事项相关的文件资料，并作出解释和说明，必要时可以发出调查询问书；

（四）采取记录、录音、录像、照像或者复制等方式收集有关情况和资料；

（五）委托会计师事务所对用人单位工资支付、缴纳社会保险费的情况进行审计；

（六）法律、法规规定可以由劳动保障行政部门采取的其他调查、检查措施。

劳动保障行政部门对事实清楚、证据确凿、可以当场处理的违反劳动保障法律、法规或者规章的行为有权当场予以纠正。

第十六条 劳动保障监察员进行调查、检查，不得少于 2 人，并应当佩戴劳动保障监察标志、出示劳动保障监察证件。

劳动保障监察员办理的劳动保障监察事项与本人或者其近亲属有直接利害关系的，应当回避。

第十七条 劳动保障行政部门对违反劳动保障法律、法规或者规章的行为的调查，应当自立案之日起 60 个工作日内完成；对情况复杂的，经劳动保障行政部门负责人批准，可以延长 30 个工作日。

第十八条 劳动保障行政部门对违反劳动保障法律、法规或者规章的行为，根据调查、检查的结果，作出以下处理：

（一）对依法应当受到行政处罚的，依法作出行政处罚决定；

（二）对应当改正未改正的，依法责令改正或者作出相应的行政处理决定；

（三）对情节轻微且已改正的，撤销立案。

发现违法案件不属于劳动保障监察事项的，应当及时移送有关部门处理；涉嫌犯罪的，应当依法移送司法机关。

第十九条 劳动保障行政部门对违反劳动保障法律、法规或者规章的行为作出行政处罚或者行政处理决定前，应当听取用人单位的陈述、申辩；作出行政处罚或者行政处理决定，应当告知用人单位依法享有申请行政复议或者提起行政诉讼的权利。

第二十条 违反劳动保障法律、法规或者规章的行为在 2 年内未被劳动保障行政部门发现，也未被举报、投诉的，劳动保障行政部门不再查处。

前款规定的期限，自违反劳动保障法律、法规或者规章的行为发生之日起计算；违反劳动保障法律、法规或者规章的行为有连续或者继续状态的，自行为终了之日起计算。

第二十一条 用人单位违反劳动保障法律、法规或者规章，对劳动者造成损害的，依法承担赔偿责任。劳动者与用人单位就赔偿发生争议的，依照国家有关劳动争议处理的规定处理。

对应当通过劳动争议处理程序解决的事项或者已经按照劳动争议处理程序申请调解、仲裁或者已经提起诉讼的事项，劳动保障行政部门应当告知投诉人依照劳动争议处理或者诉讼的程序办理。

第二十二条 劳动保障行政部门应当建立用人单位劳动保障守法诚信档案。用人单位有重大违反劳动保障法律、法规或者规章的行为的，由有关的劳动保障行政部门向社会公布。

第四章 法律责任

第二十三条 用人单位有下列行为之一的，由劳动保障行政部门责令改正，按照受侵害的劳动者每人1000元以上5000元以下的标准计算，处以罚款：

（一）安排女职工从事矿山井下劳动、国家规定的第四级体力劳动强度的劳动或者其他禁忌从事的劳动的；

（二）安排女职工在经期从事高处、低温、冷水作业或者国家规定的第三级体力劳动强度的劳动的；

（三）安排女职工在怀孕期间从事国家规定的第三级体力劳动强度的劳动或者孕期禁忌从事的劳动的；

（四）安排怀孕7个月以上的女职工夜班劳动或者延长其工作时间的；

（五）女职工生育享受产假少于90天的；

（六）安排女职工在哺乳未满1周岁的婴儿期间从事国家规定的第三级体力劳动强度的劳动或者哺乳期禁忌从事的其他劳动，以及延长其工作时间或者安排其夜班劳动的；

（七）安排未成年工从事矿山井下、有毒有害、国家规定的第四级体力劳动强度的劳动或者其他禁忌从事的劳动的；

（八）未对未成年工定期进行健康检查的。

第二十四条 用人单位与劳动者建立劳动关系不依法订立劳动合同的，由劳动保障行政部门责令改正。

第二十五条 用人单位违反劳动保障法律、法规或者规章延长劳动者工作时间的，由劳动保障行政部门给予警告，责令限期改正，并可以按照受侵害的劳动者每人100元以上500元以下的标准计算，处以罚款。

第二十六条 用人单位有下列行为之一的，由劳动保障行政部门分别责令限期支付劳动者的工资报酬、劳动者工资低于当地最低工资标准的差额或者解除劳动合同的经济补偿；逾期不支付的，责令用人单位按照应付金额50%以上1倍以下的标准计算，向劳动者加付赔偿金：

（一）克扣或者无故拖欠劳动者工资报酬的；

（二）支付劳动者的工资低于当地最低工资标准的；

（三）解除劳动合同未依法给予劳动者经济补偿的。

第二十七条 用人单位向社会保险经办机构申报应缴纳的社会保险费数额时，瞒报工资总额或者职工人数的，由劳动保障行政部门责令改正，并处瞒报工资数额1倍以上3倍以下的罚款。

骗取社会保险待遇或者骗取社会保险基金支出的，由劳动保障行政部门责令退还，并处骗取金额1倍以上3倍以下的罚款；构成犯罪的，依法追究刑事责任。

第二十八条 职业介绍机构、职业技能培训机构或者职业技能考核鉴定机构违反国家有关职业介绍、职业技能培训或者职业技能考核鉴定的规定的，由劳动保障行政部门责令改正，没收违法所得，并处1万元以上5万元以下的罚款；情节严重的，吊销许可证。

未经劳动保障行政部门许可，从事职业介绍、职业技能培训或者职业技能考核鉴定的组织或者个人，由劳动保障行政部门、工商行政管理部门依照国家有关无照经营查处取缔的规定查处取缔。

第二十九条 用人单位违反《中华人民共和国工会法》，有下列行为之一的，由劳动保障行政部门责令改正：

（一）阻挠劳动者依法参加和组织工会，或者阻挠上级工会帮助、指导劳动者筹建工会的；

（二）无正当理由调动依法履行职责的工会工作人员的工作岗位，进行打击报复的；

（三）劳动者因参加工会活动而被解除劳动合同的；

（四）工会工作人员因依法履行职责被解除劳动合同的。

第三十条 有下列行为之一的，由劳动保障行政部门责令改正；对有第（一）项、第（二）项或者第（三）项规定的行为的，处 2000 元以上 2 万元以下的罚款：

（一）无理抗拒、阻挠劳动保障行政部门依照本条例的规定实施劳动保障监察的；

（二）不按照劳动保障行政部门的要求报送书面材料，隐瞒事实真相，出具伪证或者隐匿、毁灭证据的；

（三）经劳动保障行政部门责令改正拒不改正，或者拒不履行劳动保障行政部门的行政处理决定的；

（四）打击报复举报人、投诉人的。

违反前款规定，构成违反治安管理行为的，由公安机关依法给予治安管理处罚；构成犯罪的，依法追究刑事责任。

第三十一条 劳动保障监察员滥用职权、玩忽职守、徇私舞弊或者泄露在履行职责过程中知悉的商业秘密的，依法给予行政处分；构成犯罪的，依法追究刑事责任。

劳动保障行政部门和劳动保障监察员违法行使职权，侵犯用人单位或者劳动者的合法权益的，依法承担赔偿责任。

第三十二条 属于本条例规定的劳动保障监察事项，法律、其他行政法规对处罚另有规定的，从其规定。

第五章 附 则

第三十三条 对无营业执照或者已被依法吊销营业执照，有劳动用工行为的，由劳动保障行政部门依照本条例实施劳动保障监察，并及时通报工商行政管理部门予以查处取缔。

第三十四条 国家机关、事业单位、社会团体执行劳动保障法律、法规和规章的情况，由劳动保障行政部门根据其职责，依照本条例实施劳动保障监察。

第三十五条 劳动安全卫生的监督检查，由卫生部门、安全生产监督管理部门、特种设备安全监督管理部门等有关部门依照有关法律、行政法规的规定执行。

第三十六条 本条例自 2004 年 12 月 1 日起施行。

中国工会章程

（中国工会第十七次全国代表大会部分修改，2018 年 10 月 26 日通过）

总　　则

中国工会是中国共产党领导的职工自愿结合的工人阶级群众组织，是党联系职工群众的桥梁和纽带，是国家政权的重要社会支柱，是会员和职工利益的代表。

中国工会以宪法为根本活动准则，按照《中华人民共和国工会法》和本章程独立自主地开展工作，依法行使权利和履行义务。

工人阶级是我国的领导阶级，是先进生产力和生产关系的代表，是中国共产党最坚实最可靠的阶级基础，是改革开放和社会主义现代化建设的主力军，是维护社会安定的强大而集中的社会力量。中国工会高举中国特色社会主义伟大旗帜，以马克思列宁主义、毛泽东思想、邓小平理论、“三个代表”重要思想、科学发展观、习近平新时代中国特色社会主义思想为指导，贯彻执行党的以经济建设为中心，坚持四项基本原则，坚持改革开放的基本路线，保持和增强政治性、先进性、群众性，坚定不移地走中国特色社会主义工会发展道路，推动党的全心全意依靠工人阶级的根本指导方针的贯彻落实，全面履行工会的社会职能，在维护全国人民总体利益的同时，更好地表达和维护职工的具体利益，团结和动员全国职工自力更生、艰苦创业，坚持和发展中国特色社会主义，为全面建成小康社会、把我国建设成为富强民主文明和谐美丽的社会主义现代化强国、实现中华民族伟大复兴的中国梦而奋斗。

中国工会坚持自觉接受中国共产党的领导，承担团结引导职工群众听党话、跟党走的政治责任，巩固和扩大党执政的阶级基础和群众基础。

中国工会的基本职责是维护职工合法权益、竭诚服务职工群众。

中国工会按照中国特色社会主义事业“五位一体”总体布局和“四个全面”战略布局，贯彻创新、协调、绿色、开放、共享的发展理念，把握为实现中华民族伟大复兴的中国梦而奋斗的工人运动时代主题，弘扬劳模精神、劳动精神、工匠精神，动员和组织职工积极参加建设和改革，努力促进经济、政治、文化、社会和生态文明建设；代表和组织职工参与国家和社会事务管理，参与企业、事业单位和机关的民主管理；教育职工践行社会主义核心价值观，不断提高思想道德素质、科学文化素质和技术技能素质，推进产业工人队伍建设改革，建设有理想、有道德、有文化、有纪律的职工队伍，不断发展工人阶级先进性。

中国工会以忠诚党的事业、竭诚服务职工为己任，坚持组织起来、切实维权的工作方针，坚持以职工为本、主动依法科学维权的维权观，促进完善社会主义劳动法律，维护职工的经济、政治、文化和社会权利，参与协调劳动关系和社会利益关系，推动构建和谐劳动关系，促进经济高质量发展和社会的长期稳定，维护工人阶级和工会组织的团结统一，为构建社会主义和谐社会作贡献。

中国工会维护工人阶级领导的、以工农联盟为基础的人民民主专政的社会主义国家政权，协助人民政府开展工作，依法发挥民主参与和社会监督作用。

中国工会在企业、事业单位中，按照促进企事业发展、维护职工权益的原则，支持行政依法行使管理权力，组织职工参加民主管理和民主监督，与行政方面建立协商制度，保障职工的合法权益，调动职工的积极性，促进企业、事业的发展。

中国工会实行产业和地方相结合的组织领导原则，坚持民主集中制。

中国工会坚持以改革创新精神加强自身建设，构建联系广泛、服务职工的工作体系，增强团结教育、维护权益、服务职工的功能，坚持群众化、民主化，保持同会员群众的密切联系，依靠会员群众开展工会工作。各级工会领导机关坚持把工作重点放到基层，着力扩大覆盖面、增强代表性，着力强化服务意识、提高维权能力，着力加强队伍建设、提升保障水平，坚持服务职工群众的工作生命线，全心全意为基层、为职工服务，构建智慧工会，增强基层工会的吸引力凝聚力战斗力，把工会组织建设得更加充满活力、更加坚强有力，成为深受职工群众信赖的学习型、服务型、创新型“职工之家”。

工会兴办的企业、事业，坚持公益性、服务性，坚持为改革开放和发展社会生产力服务，为职工群众服务，为推进工运事业服务。

中国工会努力巩固和发展工农联盟，坚持最广泛的爱国统一战线，加强包括香港特别行政区同胞、澳门特别行政区同胞、台湾同胞和海外侨胞在内的全国各族人民的大团结，促进祖国的统一、繁荣和富强。

中国工会在国际事务中坚持独立自主、互相尊重、求同存异、加强合作、增进友谊的方针，在独立、平等、互相尊重、互不干涉内部事务的原则基础上，广泛建立和发展同国际和各国工会组织的友好关系，积极参与“一带一路”建设，增进我国工人阶级同各国工人阶级的友谊，同全世界工人和工会一起，在推动构建人类命运共同体中发挥作用，为世界的和平、发展、合作、工人权益和社会进步而共同努力。

中国工会落实新时代党的建设总要求，以党的政治建设为统领，全面加强党的建设，增强政治意识、大局意识、核心意识、看齐意识，坚定道路自信、理论自信、制度自信、文化自信，坚决维护习近平总书记党中央的核心、全党的核心地位，坚决维护党中央权威和集中统一领导，在思想上政治上行动上同以习近平同志为核心的党中央保持高度一致。

第一章　会　　员

第一条　凡在中国境内的企业、事业单位、机关和其他社会组织中，以工资收入为主要生活来源或者与用人单位建立劳动关系的体力劳动者和脑力劳动者，不分民族、种族、性别、职业、宗教信仰、教育程度，承认工会章程，都可以加入工会为会员。

第二条　职工加入工会，由本人自愿申请，经工会基层委员会批准并发给会员证。

第三条　会员享有以下权利：

（一）选举权、被选举权和表决权。

（二）对工会工作进行监督，提出意见和建议，要求撤换或者罢免不称职的工会工作人员。

（三）对国家和社会生活问题及本单位工作提出批评与建议，要求工会组织向有关方面如实反映。

（四）在合法权益受到侵犯时，要求工会给予保护。

（五）工会提供的文化、教育、体育、旅游、疗休养、互助保障、生活救助、法律服务、就业服务等优惠待遇；工会给予的各种奖励。

（六）在工会会议和工会媒体上，参加关于工会工作和职工关心问题的讨论。

第四条　会员履行下列义务：

（一）认真学习贯彻习近平新时代中国特色社会主义思想，学习政治、经济、文化、法律、科学、技术和工会基本知识等。

（二）积极参加民主管理，努力完成生产和工作任务，立足本职岗位建功立业。

（三）遵守宪法和法律，践行社会主义核心价值观，弘扬中华民族传统美德，恪守社会公德、职业道德、家庭美德、个人品德，遵守劳动纪律。

（四）正确处理国家、集体、个人三者利益关系，向危害国家、社会利益的行为作斗争。

（五）维护中国工人阶级和工会组织的团结统一，发扬阶级友爱，搞好互助互济。

（六）遵守工会章程，执行工会决议，参加工会活动，按月交纳会费。

第五条 会员组织关系随劳动（工作）关系变动，凭会员证明接转。

第六条 会员有退会自由。会员退会由本人向工会小组提出，由工会基层委员会宣布其退会并收回会员证。

会员没有正当理由连续六个月不交纳会费、不参加工会组织生活，经教育拒不改正，应当视为自动退会。

第七条 对不执行工会决议、违反工会章程的会员，给予批评教育。对严重违法犯罪并受到刑事处分的会员，开除会籍。开除会员会籍，须经工会小组讨论，提出意见，由工会基层委员会决定，报上一级工会备案。

第八条 会员离休、退休和失业，可保留会籍。保留会籍期间免交会费。

工会组织要关心离休、退休和失业会员的生活，积极向有关方面反映他们的愿望和要求。

第二章 组织制度

第九条 中国工会实行民主集中制，主要内容是：

（一）个人服从组织，少数服从多数，下级组织服从上级组织。

（二）工会的各级领导机关，除它们派出的代表机关外，都由民主选举产生。

（三）工会的最高领导机关，是工会的全国代表大会和它所产生的中华全国总工会执行委员会。工会的地方各级领导机关，是工会的地方各级代表大会和它所产生的总工会委员会。

（四）工会各级委员会，向同级会员大会或者会员代表大会负责并报告工作，接受会员监督。会员大会和会员代表大会有权撤换或者罢免其所选举的代表和工会委员会组成人员。

（五）工会各级委员会，实行集体领导和分工负责相结合的制度。凡属重大问题由委员会民主讨论，作出决定，委员会成员根据集体的决定和分工，履行自己的职责。

（六）工会各级领导机关，加强对下级组织的领导和服务，经常向下级组织通报情况，听取下级组织和会员的意见，研究和解决他们提出的问题。下级组织应及时向上级组织请示报告工作。

第十条 工会各级代表大会的代表和委员会的产生，要充分体现选举人的意志。候选人名单，要反复酝酿，充分讨论。选举采用无记名投票方式，可以直接采用候选人数多于应选人数的差额选举办法进行正式选举，也可以先采用差额选举办法进行预选，产生候选人名单，然后进行正式选举。任何组织和个人，不得以任何方式强迫选举人选举或不选举某个人。

第十一条 中国工会实行产业和地方相结合的组织领导原则。同一企业、事业单位、机关和其他社会组织中的会员，组织在一个工会基层组织中；同一行业或者性质相近的几个行业，根据需要建立全国的或者地方的产业工会组织。除少数行政管理体制实行垂直管理的产业，其产业工会实行产业工会和地方工会双重领导，以产业工会领导为主外，其他产业工会均实行以地方工会领导为主，同时接受上级产业工会领导的体制。各产业工会的领导体制，由中华全国总工会确定。

省、自治区、直辖市，设区的市和自治州，县（旗）、自治县、不设区的市建立地方总工会。地方总工会是当地地方工会组织和产业工会地方组织的领导机关。全国建立统一的中华全国总工会。中华全国总工会是各级地方总工会和各产业工会全国组织的领导机关。

中华全国总工会执行委员会委员和产业工会全国委员会委员实行替补制，各级地方总工会委员会委员和地方产业工会委员会委员，也可以实行替补制。

第十二条 县和县以上各级地方总工会委员会，根据工作需要可以派出代表机关。

县和县以上各级工会委员会，在两次代表大会之间，认为有必要时，可以召集代表会议，讨论和决定需要及时解决的重大问题。代表会议代表的名额和产生办法，由召集代表会议的总工会决定。

全国产业工会、各级地方产业工会、乡镇工会和城市街道工会的委员会，可以按照联合制、代表制原则，由下一级工会组织民主选举的主要负责人和适当比例的有关方面代表组成。

上级工会可以派员帮助和指导用人单位的职工组建工会。

第十三条 各级工会代表大会选举产生同级经费审查委员会。中华全国总工会经费审查委员会设常务委员会，省、自治区、直辖市总工会经费审查委员会和独立管理经费的全国产业工会经费审查委员会，应当设常务委员会。经费审查委员会负责审查同级工会组织及其直属企业、事业单位的经费收支和资产管理情况，监督财经法纪的贯彻执行和工会经费的使用，并接受上级工会经费审查委员会的指导和监督。工会经费审查委员会向同级会员大会或会员代表大会负责并报告工作；在大会闭会期间，向同级工会委员会负责并报告工作。

上级经费审查委员会应当对下一级工会及其直属企业、事业单位的经费收支和资产管理情况进行审查。

中华全国总工会经费审查委员会委员实行替补制，各级地方总工会经费审查委员会委员和独立管理经费的产业工会经费审查委员会委员，也可以实行替补制。

第十四条 各级工会建立女职工委员会，表达和维护女职工的合法权益。女职工委员会由同级工会委员会提名，在充分协商的基础上组成或者选举产生，女职工委员会与工会委员会同时建立，在同级工会委员会领导下开展工作。企业工会女职工委员会是县或者县以上妇联的团体会员，通过县以上地方工会接受妇联的业务指导。

第十五条 县和县以上各级工会组织应当建立法律服务机构，为保护职工和工会组织的合法权益提供服务。

各级工会组织应当组织和代表职工开展劳动法律监督。

第十六条 成立或者撤销工会组织，必须经会员大会或者会员代表大会通过，并报上一级工会批准。工会基层组织所在的企业终止，或者所在的事业单位、机关和其他社会组织被撤销，该工会组织相应撤销，并报上级工会备案。其他组织和个人不得随意撤销工会组织，也不得把工会组织的机构撤销、合并或者归属其他工作部门。

第三章 全国组织

第十七条 中国工会全国代表大会，每五年举行一次，由中华全国总工会执行委员会召集。在特殊情况下，由中华全国总工会执行委员会主席团提议，经执行委员会全体会议通过，可以提前或者延期举行。代表名额和代表选举办法由中华全国总工会决定。

第十八条 中国工会全国代表大会的职权是：

（一）审议和批准中华全国总工会执行委员会的工作报告。

（二）审议和批准中华全国总工会执行委员会的经费收支情况报告和经费审查委员会的工作报告。

（三）修改中国工会章程。

（四）选举中华全国总工会执行委员会和经费审查委员会。

第十九条 中华全国总工会执行委员会，在全国代表大会闭会期间，负责贯彻执行全国代表大会的决议，领导全国工会工作。

执行委员会全体会议选举主席一人、副主席若干人、主席团委员若干人，组成主席团。

执行委员会全体会议由主席团召集，每年至少举行一次。

第二十条 中华全国总工会执行委员会全体会议闭会期间，由主席团行使执行委员会的职权。主席团全体会议，由主席召集。

主席团闭会期间，由主席、副主席组成的主席会议行使主席团职权。主席会议由中华全国总工会主席召集并主持。

主席团下设书记处，由主席团在主席团成员中推选第一书记一人，书记若干人组成。书记处在主席团领导下，主持中华全国总工会的日常工作。

第二十一条 产业工会全国组织的设置，由中华全国总工会根据需要确定。

产业工会全国委员会的建立，经中华全国总工会批准，可以按照联合制、代表制原则组成，也可以由产业工会全国代表大会选举产生。全国委员会每届任期五年。任期届满，应当如期召开会议，进行换届选举。在特殊情况下，经中华全国总工会批准，可以提前或者延期举行。

产业工会全国代表大会和按照联合制、代表制原则组成的产业工会全国委员会全体会议的职权是：审议和批准产业工会全国委员会的工作报告；选举产业工会全国委员会或者产业工会全国委员会常务委员会。独立管理经费的产业工会，选举经费审查委员会，并向产业工会全国代表大会或者委员会全体会议报告工作。产业工会全国委员会常务委员会由主席一人、副主席若干人、常务委员若干人组成。

第四章 地方组织

第二十二条 省、自治区、直辖市，设区的市和自治州，县（旗）、自治县、不设区的市的工会代表大会，由同级总工会委员会召集，每五年举行一次。在特殊情况下，由同级总工会委员会提议，经上一级工会批准，可以提前或者延期举行。工会的地方各级代表大会的职权是：

（一）审议和批准同级总工会委员会的工作报告。

（二）审议和批准同级总工会委员会的经费收支情况报告和经费审查委员会的工作报告。

（三）选举同级总工会委员会和经费审查委员会。

各级地方总工会委员会，在代表大会闭会期间，执行上级工会的决定和同级工会代表大会的决议，领导本地区的工会工作，定期向上级总工会委员会报告工作。

根据工作需要，省、自治区总工会可在地区设派出代表机关。直辖市和设区的市总工会在区一级建立总工会。

县和城市的区可在乡镇和街道建立乡镇工会和街道工会组织，具备条件的，建立总工会。

第二十三条 各级地方总工会委员会选举主席一人、副主席若干人、常务委员若干人，组成常务委员会。工会委员会、常务委员会和主席、副主席以及经费审查委员会的选举结果，报上一级总工会批准。

各级地方总工会委员会全体会议，每年至少举行一次，由常务委员会召集。各级地方总工会常务委员会，在委员会全体会议闭会期间，行使委员会的职权。

第二十四条 各级地方产业工会组织的设置，由同级地方总工会根据本地区的实际情况确定。

第五章 基层组织

第二十五条 企业、事业单位、机关和其他社会组织等基层单位，应当依法建立工会组织。社区和行政村可以建立工会组织。从实际出发，建立区域性、行业性工会联合会，推进新经济组织、新社会组织工会组织建设。

有会员二十五人以上的，应当成立工会基层委员会；不足二十五人的，可以单独建立工会基层委员会，也可以由两个以上单位的会员联合建立工会基层委员会，也可以选举组织员或者工会主席一人，主持基层工会工作。工会基层委员会有女会员十人以上的建立女职工委员会，不足十人的设女职工委员。

职工二百人以上企业、事业单位的工会设专职工会主席。工会专职工作人员的人数由工会与企业、事业单位协商确定。

基层工会具备法人条件，依法取得社团法人资格，工会主席为法定代表人。

第二十六条 工会基层组织的会员大会或者会员代表大会，每年至少召开一次。经基层工会委员会或者三分之一以上的工会会员提议，可以临时召开会员大会或者会员代表大会。工会会员在一百人以下的基层工会应当召开会员大会。

工会会员大会或者会员代表大会的职权是：

（一）审议和批准工会基层委员会的工作报告。

（二）审议和批准工会基层委员会的经费收支情况报告和经费审查委员会的工作报告。

（三）选举工会基层委员会和经费审查委员会。

（四）撤换或者罢免其所选举的代表或者工会委员会组成人员。

（五）讨论决定工会工作的重大问题。

工会基层委员会和经费审查委员会每届任期三年至五年，具体任期由会员大会或者会员代表大会决定。任期届满，应当如期召开会议，进行换届选举。在特殊情况下，经上一级工会批准，可以提前或者延期举行。

会员代表大会的代表实行常任制，任期与本单位工会委员会相同。

第二十七条 工会基层委员会的委员，应当在会员或者会员代表充分酝酿协商的基础上选举产生；主席、副主席，可以由会员大会或者会员代表大会直接选举产生，也可以由工会基层委员会选举产生。大型企业、事业单位的工会委员会，根据工作需要，经上级工会委员会批准，可以设立常务委员会。工会基层委员会、常务委员会和主席、副主席以及经费审查委员会的选举结果，报上一级工会批准。

第二十八条 工会基层委员会的基本任务是：

（一）执行会员大会或者会员代表大会的决议和上级工会的决定，主持基层工会的日常工作。

（二）代表和组织职工依照法律规定，通过职工代表大会、厂务公开和其他形式，参加本单位民主管理和民主监督，在公司制企业落实职工董事、职工监事制度。企业、事业单位工会委员会是职工代表大会工作机构，负责职工代表大会的日常工作，检查、督促职工代表大会决议的执行。

（三）参与协调劳动关系和调解劳动争议，与企业、事业单位行政方面建立协商制度，协商解决涉及职工切身利益问题。帮助和指导职工与企业、事业单位行政方面签订和履行劳动合同，代表职工与企业、事业单位行政方面签订集体合同或者其他专项协议，并监督执行。

（四）组织职工开展劳动和技能竞赛、合理化建议、技能培训、技术革新和技术协作等活动，培育工匠人才，总结推广先进经验。做好劳动模范和先进生产（工作）者的评选、表彰、培养和管理服务工作。

（五）加强对职工的政治引领和思想教育，开展法治宣传教育，重视人文关怀和心理疏导，鼓励支持职工学习文化科学技术和管理知识，开展健康的文化体育活动。推进企业文化职工文化建设，办好工会文化、教育、体育事业。

（六）监督有关法律、法规的贯彻执行。协助和督促行政方面做好工资、安全生产、职业病防治和社会保险等方面的工作，推动落实职工福利待遇。办好职工集体福利事业，改善职工生活，对困难职工开展帮扶。依法参与生产安全事故和职业病危害事故的调查处理。

（七）维护女职工的特殊利益，同歧视、虐待、摧残、迫害女职工的现象作斗争。

（八）搞好工会组织建设，健全民主制度和民主生活。建立和发展工会积极分子队伍。做好会员的发展、接收、教育和会籍管理工作。加强职工之家建设。

（九）收好、管好、用好工会经费，管理好工会资产和工会的企业、事业。

第二十九条 教育、科研、文化、卫生、体育等事业单位和机关工会，从脑力劳动者比较集中的特点出发开展工作，积极了解和关心职工的思想、工作和生活，推动党的知识分子政策的贯彻落实。组织职工搞好本单位的民主管理和民主监督，为发挥职工的聪明才智，创造良好的条件。

第三十条 工会基层委员会根据工作需要，可以在分厂、车间（科室）建立分厂、车间（科室）工会委员会。分厂、车间（科室）工会委员会由分厂、车间（科室）会员大会或者会员代表大会选举产生，任期和工会基层委员会相同。

工会基层委员会和分厂、车间（科室）委员会，可以根据需要设若干专门委员会或者专门小组。

按照生产（行政）班组建立工会小组，民主选举工会小组长，积极开展工会小组活动。

第六章 工会干部

第三十一条 各级工会组织按照革命化、年轻化、知识化、专业化的要求，努力建设一支坚持党的基本路线，熟悉本职业务，热爱工会工作，受到职工信赖的干部队伍。

第三十二条 工会干部要努力做到：

（一）认真学习马克思列宁主义、毛泽东思想、邓小平理论、“三个代表”重要思想、科学发展观、习近平新时代中国特色社会主义思想，学习政治、经济、历史、文化、科技、法律和工会业务等知识，提高政治能力，增强群众工作本领。

（二）执行党的基本路线和各项方针政策，遵守国家法律、法规，在改革开放和社会主义现代化建设中勇于开拓创新。

（三）信念坚定，忠于职守，勤奋工作，敢于担当，廉洁奉公，顾全大局，维护团结。

（四）坚持实事求是，认真调查研究，如实反映职工的意见、愿望和要求。

（五）坚持原则，不谋私利，热心为职工说话办事，依法维护职工的合法权益。

（六）作风民主，联系群众，增强群众意识和群众感情，自觉接受职工群众的批评和监督。

第三十三条 各级工会组织根据有关规定管理工会干部，重视发现培养和选拔优秀年轻干部、女干部、少数民族干部，成为培养干部的重要基地。

基层工会主席、副主席任期未满不得随意调动其工作。因工作需要调动时，应事先征得本级工会委员会和上一级工会同意。

第三十四条 各级工会组织建立与健全干部培训制度。办好工会干部院校和各种培训班。

第三十五条 各级工会组织关心工会干部的思想、学习和生活，督促落实相应的待遇，支持他们的工作，坚决同打击报复工会干部的行为作斗争。

县和县以上工会设立工会干部权益保障金，保障工会干部依法履行职责。

县和县以上工会可以为基层工会选派、聘用工作人员。

第七章 工会经费和资产

第三十六条 工会经费的来源：

（一）会员交纳的会费。

（二）企业、事业单位、机关和其他社会组织按全部职工工资总额的百分之二向工会拨缴的经费或者建会筹备金。

（三）工会所属的企业、事业单位上缴的收入。

（四）人民政府和企业、事业单位、机关和其他社会组织的补助。

（五）其他收入。

第三十七条 工会经费主要用于为职工服务和开展工会活动。各级工会组织应坚持正确使用方向，加强预算管理，优化支出结构，开展监督检查。

第三十八条 县和县以上各级工会应当与税务、财政等有关部门合作，依照规定做好工会经费收缴和应当由财政负担的工会经费拨缴工作。

未成立工会的企业、事业单位、机关和其他社会组织，按工资总额的百分之二向上级工会拨缴工会建会筹备金。

具备社团法人资格的工会应当依法设立独立经费账户。

第三十九条 工会资产是社会团体资产，中华全国总工会对各级工会的资产拥有终极所有权。各级工会依法依规加强对工会资产的监督、管理，保护工会资产不受损害，促进工会资产保值增值。根据经费独立原则，建立预算、决算、资产监管和经费审查监督制度。实行“统一领导、分级管理”的财务体制、“统一所有、分级监管、单位使用”的资产监管体制和“统一领导、分级管理、分级负责、下审一级”的经费审查监督体制。工会经费、资产的管理和使用办法以及工会经费审查监督制度，由中华全国总工会制定。

第四十条 各级工会委员会按照规定编制和审批预算、决算，定期向会员大会或者会员代表大会和上一级工会委员会报告经费收支和资产管理情况，接受上级和同级工会经费审查委员会审查监督。

第四十一条 工会经费、资产和国家及企业、事业单位等拨给工会的不动产和拨付资金形成的资产受法律保护，任何单位和个人不得侵占、挪用和任意调拨；不经批准，不得改变工会所属企业、事业单位的隶属关系和产权关系。

工会组织合并，其经费资产归合并后的工会所有；工会组织撤销或者解散，其经费资产由上级工会处置。

第八章　会　　徽

第四十二条　中国工会会徽，选用汉字“中”、“工”两字，经艺术造型呈圆形重叠组成，并在两字外加一圆线，象征中国工会和中国工人阶级的团结统一。会徽的制作标准，由中华全国总工会规定。

第四十三条　中国工会会徽，可在工会办公地点、活动场所、会议会场悬挂，可作为纪念品、办公用品上的工会标志，也可以作为徽章佩戴。

第九章　附　　则

第四十四条　本章程解释权属于中华全国总工会。

基层工会经费收支管理办法

（总工办发〔2017〕32 号　2017 年 12 月 15 日）

第一章　总　　则

第一条　为加强基层工会收支管理，规范基层工会经费使用，根据《中华人民共和国工会法》和《中国工会章程》《工会会计制度》《工会预算管理办法》的有关规定，结合中华全国总工会（以下简称“全国总工会”）贯彻落实中央有关规定的相关要求，制定本办法。

第二条　本办法适用于企业、事业单位、机关和其他经济社会组织单独或联合建立的基层工会委员会。

第三条　基层工会经费收支管理应遵循以下原则：

（一）遵纪守法原则。基层工会应依据《中华人民共和国工会法》的有关规定，依法组织各项收入，严格遵守国家法律法规，严格执行全国总工会有关制度规定，严肃财经纪律，严格工会经费使用，加强工会经费收支管理。

（二）经费独立原则。基层工会应依据全国总工会关于工会法人登记管理的有关规定取得工会法人资格，依法享有民事权利、承担民事义务，并根据财政部、中国人民银行的有关规定，设立工会经费银行账户，实行工会经费独立核算。

（三）预算管理原则。基层工会应按照《工会预算管理办法》的要求，将单位各项收支全部纳入预算管理。基层工会经费年度收支预算（含调整预算）需经同级工会委员会和工会经费审查委员会审查同意，并报上级主管工会批准。

（四）服务职工原则。基层工会应坚持工会经费正确的使用方向，优化工会经费支出结构，严格控制一般性支出，将更多的工会经费用于为职工服务和开展工会活动，维护职工的合法权益，增强工会组织服务职工的能力。

（五）勤俭节约原则。基层工会应按照党中央、国务院关于厉行勤俭节约反对奢侈浪费的有关规定，严格控制工会经费开支范围和开支标准，经费使用要精打细算，少花钱多办事，节约开支，提高工会经费使用效益。

（六）民主管理原则。基层工会应依靠会员管好用好工会经费。年度工会经费收支情况应定期向会员大会或会员代表大会报告，建立经费收支信息公开制度，主动接受会员监督。同时，接受上级工会监督，依法接受国家审计监督。

第二章　工会经费收入

第四条　基层工会经费收入范围包括：

（一）会费收入。会费收入是指工会会员依照全国总工会规定按本人工资收入的5‰向所在基层工会缴纳的会费。

（二）拨缴经费收入。拨缴经费收入是指建立工会组织的单位按全部职工工资总额2%依法向工会拨缴的经费中的留成部分。

（三）上级工会补助收入。上级工会补助收入是指基层工会收到的上级工会拨付的各类补助款项。

（四）行政补助收入。行政补助收入是指基层工会所在单位依法对工会组织给予的各项经费补助。

（五）事业收入。事业收入是指基层工会独立核算的所属事业单位上缴的收入和非独立核算的附属事业单位的各项事业收入。

（六）投资收益。投资收益是指基层工会依据相关规定对外投资取得的收益。

（七）其他收入。其他收入是指基层工会取得的资产盘盈、固定资产处置净收入、接受捐赠收入和利息收入等。

第五条　基层工会应加强对各项经费收入的管理。要按照会员工资收入和规定的比例，按时收取全部会员应交的会费。要严格按照国家统计局公布的职工工资总额口径和所在省级工会规定的分成比例，及时足额拨缴工会经费；实行财政划拨或委托税务代收部分工会经费的基层工会，应加强与本单位党政部门的沟通，依法足额落实基层工会按照省级工会确定的留成比例应当留成的经费。要统筹安排行政补助收入，按照预算确定的用途开支，不得将与工会无关的经费以行政补助名义纳入账户管理。

第三章　工会经费支出

第六条　基层工会经费主要用于为职工服务和开展工会活动。

第七条　基层工会经费支出范围包括：职工活动支出、维权支出、业务支出、资本性支出、事业支出和其他支出。

第八条　职工活动支出是指基层工会组织开展职工教育、文体、宣传等活动所发生的支出和工会组织的职工集体福利支出。包括：

（一）职工教育支出。用于基层工会举办政治、法律、科技、业务等专题培训和职工技能培训所需的教材资料、教学用品、场地租金等方面的支出，用于支付职工教育活动聘请授课人员的酬金，用于基层工会组织的职工素质提升补助和职工教育培训优秀学员的奖励。

对优秀学员的奖励应以精神鼓励为主、物质激励为辅。授课人员酬金标准参照国家有关规定执行。

（二）文体活动支出。用于基层工会开展或参加上级工会组织的职工业余文体活动所需器材、服装、用品等购置、租赁与维修方面的支出以及活动场地、交通工具的租金支出等，用于文体活动优胜者的奖励支出，用于文体活动中必要的伙食补助费。

文体活动奖励应以精神鼓励为主、物质激励为辅。奖励范围不得超过参与人数的三分之二；不设置奖项的，可为参加人员发放少量纪念品。

文体活动中开支的伙食补助费，不得超过当地差旅费中的伙食补助标准。

基层工会可以用会员会费组织会员观看电影、文艺演出和体育比赛等，开展春游秋游，为会员购买当地公园年票。会费不足部分可以用工会经费弥补，弥补部分不超过基层工会当年会费收入的三倍。

基层工会组织会员春游秋游应当日往返，不得到有关部门明令禁止的风景名胜区开展春游秋游活动。

（三）宣传活动支出。用于基层工会开展重点工作、重大主题和重大节日宣传活动所需的材料消耗、场地租金、购买服务等方面的支出，用于培育和践行社会主义核心价值观，弘扬劳模精神和工匠精神等经常性宣传活动方面的支出，用于基层工会开展或参加上级工会举办的知识竞赛、宣讲、演讲比赛、展览等宣传活动支出。

（四）职工集体福利支出。用于基层工会逢年过节和会员生日、婚丧嫁娶、退休离岗的慰问支出等。

基层工会逢年过节可以向全体会员发放节日慰问品。逢年过节的年节是指国家规定的法定节日（即：新年、春节、清明节、劳动节、端午节、中秋节和国庆节）和经自治区以上人民政府批准设立的少数民族节日。节日慰问品原则上为符合中国传统节日习惯的用品和职工群众必需的生活用品等，基层工会可结合实际采取便捷灵活的发放方式。

工会会员生日慰问可以发放生日蛋糕等实物慰问品，也可以发放指定蛋糕店的蛋糕券。

工会会员结婚生育时，可以给予一定金额的慰问品。工会会员生病住院、工会会员或其直系亲属去世时，可以给予一定金额的慰问金。

工会会员退休离岗，可以发放一定金额的纪念品。

（五）其他活动支出。用于工会组织开展的劳动模范和先进职工疗休养补贴等其他活动支出。

第九条　维权支出是指基层工会用于维护职工权益的支出。包括：劳动关系协调费、劳动保护费、法律援助费、困难职工帮扶费、送温暖费和其他维权支出。

（一）劳动关系协调费。用于推进创建劳动关系和谐企业活动、加强劳动争议调解和队伍建设、开展劳动合同咨询活动、集体合同示范文本印制与推广等方面的支出。

（二）劳动保护费。用于基层工会开展群众性安全生产和职业病防治活动、加强群监员队伍建设、开展职工心理健康维护等促进安全健康生产、保护职工生命安全为宗旨开展职工劳动保护发生的支出等。

（三）法律援助费。用于基层工会向职工群众开展法治宣传、提供法律咨询、法律服务等发生的支出。

（四）困难职工帮扶费。用于基层工会对困难职工提供资金和物质帮助等发生的支出。

工会会员本人及家庭因大病、意外事故、子女就学等原因致困时，基层工会可给予一定金额的慰问。

（五）送温暖费。用于基层工会开展春送岗位、夏送清凉、金秋助学和冬送温暖等活动发生的支出。

（六）其他维权支出。用于基层工会补助职工和会员参加互助互济保障活动等其他方面的维权支出。

第十条　业务支出是指基层工会培训工会干部、加强自身建设以及开展业务工作发生的各项支出。包括：

（一）培训费。用于基层工会开展工会干部和积极分子培训发生的支出。开支范围和标准以有关部门制定的培训费管理办法为准。

（二）会议费。用于基层工会会员大会或会员代表大会、委员会、常委会、经费审查委员会以及其他专业工作会议的各项支出。开支范围和标准以有关部门制定的会议费管理办法为准。

（三）专项业务费。用于基层工会开展基层工会组织建设、建家活动、劳模和工匠人才创新工作室、职工创新工作室等创建活动发生的支出，用于基层工会开办的图书馆、阅览室和职工书屋等职工文体活动阵地所发生的支出，用于基层工会开展专题调研所发生的支出，用于基层工会开展女职工工作性支出，用于基层工会开展外事活动方面的支出，用于基层工会组织开展合理化建议、技术革新、发明创造、岗位练兵、技术比武、技术培训等劳动和技能竞赛活动支出及其奖励支出。

（四）其他业务支出。用于基层工会发放兼职工会干部和专职社会化工会工作者补贴，用于经上级批准评选表彰的优秀工会干部和积极分子的奖励支出，用于基层工会必要的办公费、差旅费，用于基层工会支付代理记账、中介机构审计等购买服务方面的支出。

基层工会兼职工会干部和专职社会化工会工作者发放补贴的管理办法由省级工会制定。

第十一条 资本性支出是指基层工会从事工会建设工程、设备工具购置、大型修缮和信息网络购建而发生的支出。

第十二条 事业支出是指基层工会对独立核算的附属事业单位的补助和非独立核算的附属事业单位的各项支出。

第十三条 其他支出是指基层工会除上述支出以外的其他各项支出。包括：资产盘亏、固定资产处置净损失、捐赠、赞助等。

第十四条 根据《中华人民共和国工会法》的有关规定，基层工会专职工作人员的工资、奖励、补贴由所在单位承担，基层工会办公和开展活动必要的设施和活动场所等物质条件由所在单位提供。所在单位保障不足且基层工会经费预算足以保证的前提下，可以用工会经费适当弥补。

第四章 财务管理

第十五条 基层工会主席对基层工会会计工作和会计资料的真实性、完整性负责。

第十六条 基层工会应根据国家和全国总工会的有关政策规定以及上级工会的要求，制定年度工会工作计划，依法、真实、完整、合理地编制工会经费年度预算，依法履行必要程序后报上级工会批准。严禁无预算、超预算使用工会经费。年度预算原则上一年调整一次，调整预算的编制审批程序与预算编制审批程序一致。

第十七条 基层工会应根据批准的年度预算，积极组织各项收入，合理安排各项支出，并严格按照《工会会计制度》的要求，科学设立和登记会计账簿，准确办理经费收支核算，定期向工会委员会和经费审查委员会报告预算执行情况。基层工会经费年度财务决算需报上级工会审批。

第十八条 基层工会应加强财务管理制度建设，健全完善财务报销、资产管理、资金使用等内部管理制度。基层工会应依法组织工会经费收入，严格控制工会经费支出，各项收支实行工会委员会集体领导下的主席负责制，重大收支须集体研究决定。

第十九条 基层工会应根据自身实际科学设置会计机构、合理配备会计人员，真实、完整、准确、及时反映工会经费收支情况和财务管理状况。具备条件的基层工会，应当设置会计机构或在有关机构中设置专职会计人员；不具备条件的，由设立工会财务结算中心的乡镇（街道）、开发区（工业园区）工会实行集中核算，分户管理，或者委托本单位财务部门或经批准设立从事会计代理记账业务的中介机构或聘请兼职会计人员代理记账。

第五章 监督检查

第二十条 全国总工会负责对全国工会系统工会经费的收入、支出和使用管理情况进行监督检查。按照“统一领导、分级管理”的管理体制，省以下各级工会应加强对本级和下一级工会经费收支与使用管理情况的监督检查，下一级工会应定期向本级工会委员会和上一级工会报告财务监督检查情况。

第二十一条 基层工会应加强对本单位工会经费使用情况的内部会计监督和工会预算执行情况的审查审计监督，依法接受并主动配合国家审计监督。内部会计监督主要对原始凭证的真实性合法性、会计账簿与财务报告的准确性及时性、财产物资的安全性完整性进行监督，以维护财经纪律的严肃性。审查审计监督主要对单位财务收支情况和预算执行情况进行审查监督。

第二十二条 基层工会应严格执行以下规定：

（一）不准使用工会经费请客送礼。

（二）不准违反工会经费使用规定，滥发奖金、津贴、补贴。

（三）不准使用工会经费从事高消费性娱乐和健身活动。

（四）不准单位行政利用工会账户，违规设立“小金库”。

（五）不准将工会账户并入单位行政账户，使工会经费开支失去控制。

（六）不准截留、挪用工会经费。

（七）不准用工会经费参与非法集资活动，或为非法集资活动提供经济担保。

（八）不准用工会经费报销与工会活动无关的费用。

第二十三条 各级工会对监督检查中发现违反基层工会经费收支管理办法的问题，要及时纠正。违规问题情节较轻的，要限期整改；涉及违纪的，由纪检监察部门依照有关规定，追究直接责任人和相关领导责任；构成犯罪的，依法移交司法机关处理。

第六章 附 则

第二十四条 各省级工会应根据本办法的规定，结合本地区、本产业和本系统工作实际，制定具体实施细则，细化支出范围，明确开支标准，确定审批权限，规范活动开展。各省级工会制定的实施细则须报全国总工会备案。基层工会制定的相关办法须报上级工会备案。

第二十五条 本办法自印发之日起执行。《中华全国总工会办公厅关于加强基层工会经费收支管理的通知》（总工办发〔2014〕23号）和《全总财务部关于〈关于加强基层工会经费收支管理的通知〉的补充通知》（工财发〔2014〕69号）同时废止。

第二十六条 基层工会预算编制审批管理办法由全国总工会另行制定。

第二十七条 本办法由全国总工会负责解释。

基层工会法人登记管理办法

（总工办发〔2020〕20号　2020年12月8日）

第一章　总　　则

第一条　为规范基层工会法人登记管理工作，依法确立基层工会民事主体地位，根据《中华人民共和国民法典》、《中华人民共和国工会法》及《中国工会章程》等有关规定，制定本办法。

第二条　我国境内的企业、事业单位、机关和其他社会组织等基层单位单独或联合建立的工会组织，区域性、行业性工会联合会，开发区（工业园区）工会，乡镇（街道）工会，村（社区）工会等工会组织（以下简称基层工会）申请取得、变更、注销法人资格，适用本办法。

第三条　基层工会按照本办法规定经审查登记，领取赋有统一社会信用代码的《工会法人资格证书》，取得法人资格，依法独立享有民事权利，承担民事义务。

第四条　各级工会应当依照规定的权限、范围、条件和程序，遵循依法依规、公开公正、便捷高效、科学管理的原则，做好基层工会法人登记管理工作。

第五条　省、自治区、直辖市总工会，设区的市和自治州总工会，县（旗）、自治县、不设区的市总工会（以下简称县以上各级地方总工会）应当为工会法人登记管理工作提供必要保障，所需费用从本级工会经费列支。具备条件的，可以专人负责工会法人登记管理工作。

开展工会法人登记管理工作，不得向基层工会收取费用。

第二章 登记管理机关

第六条 中华全国总工会和县以上各级地方总工会为基层工会法人登记管理机关。

登记管理机关相关部门之间应加强沟通，信息共享，协调配合做好工会法人登记管理工作。

第七条 基层工会法人登记按照属地原则，根据工会组织关系、经费收缴关系，实行分级管理：

（一）基层工会组织关系隶属于地方工会的，或与地方工会建立经费收缴关系的，由基层工会组织关系隶属地或经费关系隶属地相应的省级、市级或县级地方总工会负责登记管理；

（二）基层工会组织关系隶属于铁路、金融、民航等产业工会的，由其所在地省级总工会登记管理或授权市级总工会登记管理；

（三）中央和国家机关工会联合会所属各基层工会、在京的中央企业（集团）工会由中华全国总工会授权北京市总工会登记管理；京外中央企业（集团）工会由其所在地省级总工会登记管理或授权市级总工会登记管理。

登记管理机关之间因登记管理权限划分发生争议，由争议双方协商解决；协商解决不了的，由双方共同的上级工会研究确定。

第八条 登记管理机关应当制备工会法人登记专用章，专门用于基层工会法人登记工作，其规格和式样由中华全国总工会制定。

第九条 登记管理机关应当建立法人登记档案管理制度。

中华全国总工会建立统一的全国工会法人登记管理系统，登记管理机关实行网络化登记管理。

第三章 申请登记

第十条 基层工会申请法人资格登记，应当具备以下条件：

（一）依照《中华人民共和国工会法》和《中国工会章程》的规定成立；

（二）有自己的名称、组织机构和住所；

（三）工会经费来源有保障。

基层工会取得法人资格，不以所在单位是否具备法人资格为前提条件。

第十一条 凡具备本办法规定条件的基层工会，应当于成立之日起六十日内，向登记管理机关申请工会法人资格登记。

第十二条 基层工会申请工会法人资格登记，应当向登记管理机关提交下列材料：

（一）工会法人资格登记申请表；

（二）上级工会的正式批复文件；

（三）其他需要提交的证明、文件。

第十三条 登记管理机关自受理登记申请之日起十五日内完成对有关申请文件的审查。审查合格的，颁发《工会法人资格证书》，赋予统一社会信用代码；申请文件不齐备的，应及时通知基层工会补充相关文件，申请时间从文件齐备时起算；审查不合格，决定不予登记的，应当书面说明不予登记的理由。

第十四条 《工会法人资格证书》应标注工会法人统一社会信用代码和证书编码。

工会法人统一社会信用代码按照统一社会信用代码编码规则编定。其中第一位为登记管理部门代码，以数字“8”标识；第二位为组织机构类别代码，以数字“1”或“9”标识，为基层工会赋码时选用“1”，为其他类别工会赋码时选用“9”。

第十五条 基层工会登记工会法人名称，应当为上一级工会批准的工会组织的全称。一般由所在单位成立时登记的名称（区域性、行业性工会联合会应冠以区域、行业名称），缀以“工会委员会”、“联合工会委员会”、“工会联合会”等组成。

基层工会的名称具有唯一性，其他基层工会申请取得法人资格时不得重复使用。

第十六条 基层工会具备法人条件的，依法取得法人资格，工会主席为法定代表人。

第十七条 因合并、分立而新设立的基层工会，应当重新申请工会法人资格登记。

第四章 变更登记

第十八条 取得工会法人资格的基层工会变更名称、住所、法定代表人等事项的，应当自变更之日起三十日内，向登记管理机关申请变更登记，并提交工会法人变更登记申请表和相关文件。

登记管理机关自受理变更登记申请之日起十五日内，换发《工会法人资格证书》，收回原证书。

第十九条 基层工会法人跨原登记管理机关辖区变更组织关系、经费收缴关系或住所的，由原登记管理机关办理登记管理权限变更手续，并按本办法确立的原则，将该基层工会法人登记管理关系转移到变更后的登记管理机关。

第二十条 取得工会法人资格的基层工会，合并、分立后存续，但原登记事项发生变化的，应当申请变更登记。

第二十一条 未经变更登记，任何组织和个人不得擅自改变工会法人资格登记事项。

第五章 注销登记

第二十二条 取得工会法人资格的基层工会经会员大会或会员代表大会通过并报上一级工会批准撤销的，或因所在单位终止、撤销等原因相应撤销的，应当自撤销之日起三十日内，向登记管理机关申请注销登记，并提交工会法人注销登记申请表、上级工会同意撤销的文件或向上级工会备案撤销的文件，以及该基层工会经费、资产清理及债权债务完结的证明等材料。

登记管理机关自受理注销登记申请之日起十五日内完成审查登记，收回《工会法人资格证书》。

第二十三条 取得工会法人资格的基层工会，因合并、分立而解散的，应当申请注销登记。

第六章 信息公告和证书管理

第二十四条 基层工会取得、变更、注销工会法人资格的，登记管理机关应当依法及时在报刊或网络上发布有关信息。

第二十五条 《工会法人资格证书》是基层工会法人资格的唯一合法凭证。未取得《工会法人资格证书》的基层工会，不得以工会法人名义开展活动。

《工会法人资格证书》及相关登记申请表样式由中华全国总工会统一制发。

第二十六条 《工会法人资格证书》的有效期为三年至五年，具体时间与工会的届期相同。

第二十七条 基层工会依法取得《工会法人资格证书》的，应当在证书有效期满前三十日内，向登记管理机关提交《工会法人资格证书》换领申请表和工会法人存续证明材料，经登记管理机关审查合格后换发新证，有效期重新计算。

第二十八条 《工会法人资格证书》不得涂改、抵押、转让和出借。《工会法人资格证书》遗失的，基层工会应当于一个月内在报刊或网络上发布公告，并向登记管理机关提交《工会法人资格证书》补领申请表、遗失公告和说明，申请补发新证。

第七章 监督管理

第二十九条 登记管理机关应当加强对基层工会法人资格登记工作的监督管理，基层工会应当接受并配合登记管理机关的监督管理。

上级工会应当加强对下级工会开展基层工会法人登记管理工作的指导和监督检查。

第三十条 不具备条件的基层工会组织或机构在申请登记时弄虚作假、骗取登记的，由登记管理机关予以撤销登记，收回《工会法人资格证书》和统一社会信用代码。

第三十一条 登记管理机关审查不严，或者滥用职权，造成严重后果的，依法依纪追究有关责任。

第八章 附 则

第三十二条 地方总工会等机构编制由机构编制部门负责管理的工会组织，由机构编制部门制发统一社会信用代码证书。

第三十三条 各级产业工会委员会申领《工会法人资格证书》，参照本办法执行。

第三十四条 县以上各级地方总工会派出的工会工作委员会、工会办事处等工会派出代表机关，工会会员不足二十五人仅选举组织员或者工会主席一人主持工作的基层工会，可以参照本办法规定申请取得统一社会信用代码证书。

第三十五条 各省、自治区、直辖市总工会可以根据本办法的规定，制定基层工会法人登记管理的具体实施细则，并报中华全国总工会备案。

第三十六条 本办法由中华全国总工会负责解释。

第三十七条 本办法自 2021 年 1 月 1 日起施行。2008 年 6 月 13 日中华全国总工会印发的《基层工会法人资格登记办法》同时废止。

附件：1. 工会法人资格登记申请表

2. 工会法人变更登记申请表

3. 工会法人注销登记申请表

4.《工会法人资格证书》补（换）领申请表

5. 工会统一社会信用代码申请表

6. 工会法人资格证书样式

7. 工会统一社会信用代码证书样式

附件 1

工会法人资格登记申请表

工会名称____________________

填报时间　　　　年　　月　　日

中华全国总工会监制

填表与登记说明：

一、本表一式三份，由申请单位逐项填写，加盖公章后报登记管理机关审查登记。

二、申请单位非新建的（成立时间一年以上），应自查经费资产，并如实填报自查结果；申请单位新建的（成立时间不满一年），免予经费资产自查，由工会负责人承诺经费来源有保障，并由工会主席签名。

三、表中工会组织简况栏中的审批单位是指批准设立本工会组织的上一级工会；收入情况栏中的其他收入是指除会费、经费收入以外的各种收入。

四、登记管理机关收到本表后，应按中华全国总工会《基层工会法人登记管理办法》的规定进行审查、核准、登记。

五、经审查合格后，由县、市（地）或省级地方总工会向该工会组织颁发《工会法人资格证书》。

六、本表由登记管理机关存档一份、申请单位留存一份、上级工会备案一份。

<table>
<tr><td colspan="2">工会名称</td><td colspan="3"></td><td>电　话</td><td colspan="2"></td></tr>
<tr><td colspan="2">住　所</td><td colspan="3"></td><td>邮　编</td><td colspan="2"></td></tr>
<tr><td colspan="2" rowspan="4">工会组织
简　况</td><td colspan="6">根据《中国工会章程》，于　　年　月　日经工会会员（代表）大会选举产生（预备会议确认产生）第　届工会委员会，任期　年。</td></tr>
<tr><td>审批单位</td><td colspan="3"></td><td>审批文号</td><td colspan="2"></td></tr>
<tr><td>职工人数</td><td colspan="3"></td><td>会员人数</td><td colspan="2"></td></tr>
<tr><td>专职干部
人　数</td><td colspan="3"></td><td>本届工会
主席姓名</td><td colspan="2"></td></tr>
<tr><td rowspan="5">非新建工会</td><td rowspan="2">收入情况</td><td>合计</td><td>上年累计结余（万元）</td><td>年会员缴纳会费收入（万元）</td><td colspan="2">年 2% 拨缴工会经费本级留成收入（万元）</td><td>其他收入（万元）</td></tr>
<tr><td></td><td></td><td></td><td colspan="2"></td><td></td></tr>
<tr><td rowspan="2">资金情况</td><td colspan="2">合计</td><td>固定资产（万元）</td><td colspan="2">流动资金（万元）</td><td>其他</td></tr>
<tr><td colspan="2"></td><td></td><td colspan="2"></td><td></td></tr>
<tr><td colspan="7">申请单位承诺以上填报信息真实有效，并愿意承担相应法律责任。

工会主席签名：</td></tr>
<tr><td>新建工会</td><td colspan="7">申请单位承诺工会经费来源有保障。

工会主席签名：</td></tr>
<tr><td colspan="2" rowspan="2">场所情况</td><td colspan="2">合计</td><td>办公场所（m^2）</td><td colspan="2">活动场所（m^2）</td><td>其他</td></tr>
<tr><td colspan="2"></td><td></td><td colspan="2"></td><td></td></tr>
</table>

续 表

<table>
<tr><td rowspan="6">工会主席</td><td>姓名</td><td></td><td>性别</td><td></td><td>民族</td><td></td></tr>
<tr><td>出生年月</td><td></td><td>文化程度</td><td></td><td>政治面貌</td><td></td></tr>
<tr><td>现任工会职务</td><td></td><td>专职兼职</td><td></td><td>本届任职起始时间</td><td></td></tr>
<tr><td rowspan="2">加入工会组织时间</td><td rowspan="2"></td><td rowspan="2">现任其他职务</td><td rowspan="2"></td><td>电话</td><td></td></tr>
<tr><td>手机</td><td></td></tr>
<tr><td>身份证号</td><td colspan="5"></td></tr>
<tr><td rowspan="2">申请单位经办人</td><td rowspan="2"></td><td rowspan="2">身份证号</td><td colspan="2" rowspan="2"></td><td>电话</td><td></td></tr>
<tr><td>手机</td><td></td></tr>
<tr><td>申请工会意见</td><td colspan="6">工会主席签名：（申请工会印章）
年 月 日</td></tr>
<tr><td>地方工会审查意见</td><td colspan="6">（印 章）
年 月 日</td></tr>
<tr><td>登记管理机关审核意见</td><td colspan="6">（印 章）
年 月 日</td></tr>
<tr><td>发证日期</td><td colspan="2"></td><td colspan="2">统一社会信用代码</td><td colspan="2"></td></tr>
</table>

附件 2

工会法人变更登记申请表

<table>
<tr><td>项目</td><td colspan="4">原登记确认事项</td><td>申请变更登记事项</td></tr>
<tr><td>工会名称</td><td colspan="4"></td><td></td></tr>
<tr><td>住所</td><td colspan="4"></td><td></td></tr>
<tr><td>法定代表人</td><td colspan="4"></td><td></td></tr>
<tr><td>登记管理机关</td><td colspan="4"></td><td></td></tr>
<tr><td>统一社会信用代码</td><td colspan="5"></td></tr>
<tr><td>上级工会批准
变更文号</td><td colspan="5"></td></tr>
<tr><td>申请变更原因</td><td colspan="5"></td></tr>
<tr><td rowspan="2">申请单位经办人</td><td>姓名</td><td></td><td>身份证号码</td><td colspan="2"></td></tr>
<tr><td>电话</td><td></td><td>手　机</td><td colspan="2"></td></tr>
<tr><td rowspan="2">变更后法定代表人</td><td>姓名</td><td></td><td>身份证号码</td><td colspan="2"></td></tr>
<tr><td>电话</td><td></td><td>手　机</td><td colspan="2"></td></tr>
<tr><td>申请工会意见</td><td colspan="5">工会法定代表人签名：　　　　（申请工会印章）
年　月　日</td></tr>
<tr><td>上级工会
审查意见</td><td colspan="5">（印　章）
年　月　日</td></tr>
<tr><td>登记管理机关
审核意见</td><td colspan="5">（印　章）
年　月　日</td></tr>
</table>

注：1. 仅变更住所或登记管理机关的无需填写上级工会批准变更文号。
2. 法定代表人没有变更的无需填写变更后法定代表人信息。

附件 3

工会法人注销登记申请表

<table>
<tr><td>工会名称</td><td colspan="2"></td><td>电　话</td><td></td></tr>
<tr><td>统一社会信用代码</td><td colspan="2"></td><td>证书编码</td><td></td></tr>
<tr><td>住　所</td><td colspan="2"></td><td>法定代表人</td><td></td></tr>
<tr><td rowspan="2">申请单位经办人</td><td>姓名</td><td></td><td>身份证号码</td><td></td></tr>
<tr><td>电话</td><td></td><td>手机</td><td></td></tr>
<tr><td>注销原因</td><td colspan="4"></td></tr>
<tr><td>上级工会同意撤销工会文件名称
（含文号）</td><td colspan="4"></td></tr>
<tr><td>申请工会意见</td><td colspan="4">工会法定代表人签名：　　　　（申请工会印章）
年　月　日</td></tr>
<tr><td>上级工会
审查意见</td><td colspan="4">（印　章）
年　月　日</td></tr>
<tr><td>登记管理机关
审核意见</td><td colspan="4">（印　章）
年　月　日</td></tr>
</table>

附件 4

《工会法人资格证书》补（换）领申请表

<table>
<tr><td>工会名称</td><td colspan="3"></td><td>电　话</td><td></td></tr>
<tr><td>统一社会信用代码</td><td colspan="3"></td><td>原证书编码</td><td></td></tr>
<tr><td>住　所</td><td colspan="3"></td><td>法定代表人</td><td></td></tr>
<tr><td rowspan="2">申请单位经办人</td><td>姓名</td><td></td><td>身份证号码</td><td colspan="2"></td></tr>
<tr><td>电话</td><td></td><td>手机</td><td colspan="2"></td></tr>
<tr><td>补（换）领原因</td><td colspan="5"></td></tr>
<tr><td>申请工会意见</td><td colspan="5">工会法定代表人签名：（申请工会印章）
年　月　日</td></tr>
<tr><td>上级工会
审查意见</td><td colspan="5">（印　章）
年　月　日</td></tr>
<tr><td>登记管理机关
审核意见</td><td colspan="5">（印　章）
年　月　日</td></tr>
</table>

附件 5

工会统一社会信用代码申请表

<table>
<tr><td>工会名称</td><td colspan="3"></td><td colspan="2">电　话</td><td colspan="2"></td></tr>
<tr><td>住　所</td><td colspan="3"></td><td colspan="2">邮　编</td><td colspan="2"></td></tr>
<tr><td rowspan="2">基本情况</td><td colspan="7">根据《中国工会章程》，　年　月　日由　总工会派出设立或依法选举产生。</td></tr>
<tr><td>审批单位</td><td colspan="2"></td><td colspan="2">审批文号</td><td colspan="2"></td></tr>
<tr><td rowspan="6">工会负责人</td><td>姓　名</td><td></td><td>性别</td><td></td><td>民　族</td><td colspan="2"></td></tr>
<tr><td>出生年月</td><td></td><td>文化程度</td><td></td><td>政治面貌</td><td colspan="2"></td></tr>
<tr><td>现任工会职　务</td><td></td><td>专职兼职</td><td></td><td>本届任职起始时间</td><td colspan="2"></td></tr>
<tr><td rowspan="2">加入工会组织时间</td><td rowspan="2"></td><td rowspan="2">现任其他职务</td><td rowspan="2"></td><td>电话</td><td colspan="2"></td></tr>
<tr><td>手机</td><td colspan="2"></td></tr>
<tr><td>身份证号码</td><td colspan="6"></td></tr>
<tr><td rowspan="2">申请单位经办人</td><td rowspan="2"></td><td rowspan="2">身份证号　码</td><td rowspan="2" colspan="2"></td><td>电话</td><td colspan="2"></td></tr>
<tr><td>手机</td><td colspan="2"></td></tr>
<tr><td>申请工会意见</td><td colspan="7">工会负责人签名：　　　　（申请工会印章）
年　月　日</td></tr>
<tr><td>上级工会审查意见</td><td colspan="7">（印　章）
年　月　日</td></tr>
<tr><td>登记管理机关审核意见</td><td colspan="7">（印　章）
年　月　日</td></tr>
<tr><td>发证日期</td><td></td><td colspan="3">统一社会信用代码</td><td colspan="3"></td></tr>
</table>

附件 6

工会法人资格证书样式

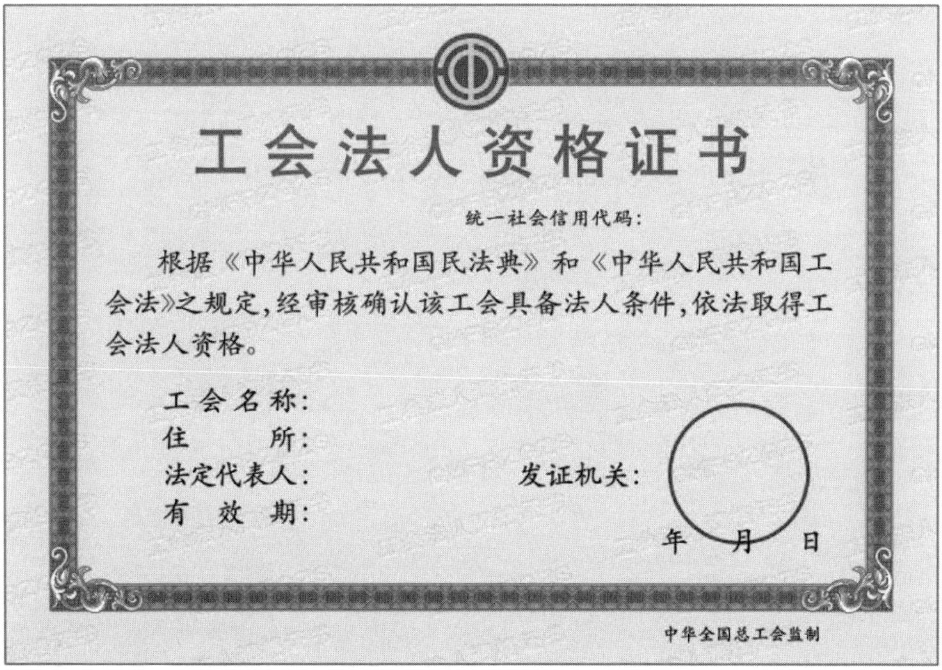

工会法人资格证书

统一社会信用代码：

根据《中华人民共和国民法典》和《中华人民共和国工会法》之规定，经审核确认该工会具备法人条件，依法取得工会法人资格。

工会名称：

住　　所：

法定代表人：

有 效 期：

发证机关：

年　月　日

中华全国总工会监制

附件 7

工会统一社会信用代码证书样式

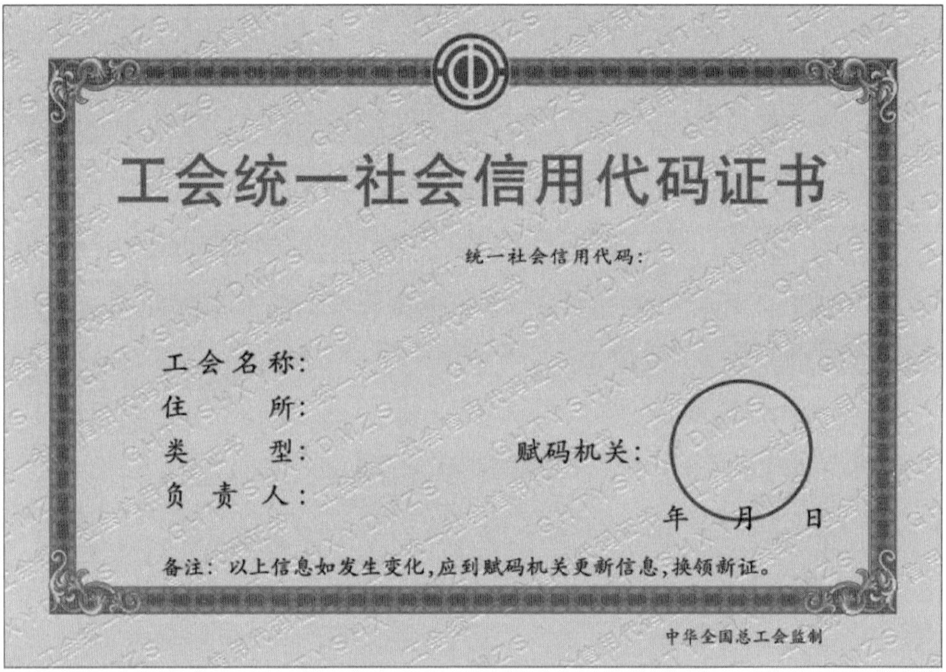

工会统一社会信用代码证书

统一社会信用代码：

工 会 名 称：
住　　　所：
类　　　型：
负　责　人：

赋码机关：

年　月　日

备注：以上信息如发生变化，应到赋码机关更新信息，换领新证。

中华全国总工会监制

工会劳动法律监督办法

（总工办发〔2021〕9号 2021年3月31日）

第一章 总 则

第一条 为保障和规范工会劳动法律监督工作，维护职工合法权益，推动构建和谐劳动关系，根据《中华人民共和国宪法》和《中华人民共和国工会法》、《中华人民共和国劳动法》及《中国工会章程》等有关规定，制定本办法。

第二条 工会劳动法律监督，是工会依法对劳动法律法规执行情况进行的有组织的群众监督，是我国劳动法律监督体系的重要组成部分。

第三条 工会劳动法律监督工作应当遵循依法规范、客观公正、依靠职工、协调配合的原则。

第四条 全国总工会负责全国的工会劳动法律监督工作。

县级以上地方总工会负责本行政区域内的工会劳动法律监督工作。

乡镇（街道）工会、开发区（工业园区）工会、区域性、行业性工会联合会等负责本区域或本行业的工会劳动法律监督工作。

用人单位工会负责本单位的工会劳动法律监督工作。

第五条 上级工会应当加强对下级工会劳动法律监督工作的指导和督促检查。

涉及工会劳动法律监督的重大事项，下级工会应当及时向上级工会报告，上级工会应当及时给予指导帮助。对上级工会交办的劳动法律监督事项，下级工会应当及时办理并报告。

第六条 工会应当积极配合有关部门，对政府部门贯彻实施劳动法律法规的情况进行监督。

第七条 有关劳动安全卫生、社会保险等各类专业监督检查，已有相关规定的，按规定执行。

第二章 监督职责

第八条 工会开展劳动法律监督，依法享有下列权利：

（一）监督用人单位遵守劳动法律法规的情况；

（二）参与调查处理；

（三）提出意见要求依法改正；

（四）提请政府有关主管部门依法处理；

（五）支持和帮助职工依法行使劳动法律监督权利；

（六）法律法规规定的其他劳动法律监督权利。

第九条 工会对用人单位的下列情况实施监督：

（一）执行国家有关就业规定的情况；

（二）执行国家有关订立、履行、变更、解除劳动合同规定的情况；

（三）开展集体协商，签订和履行集体合同的情况；

（四）执行国家有关工作时间、休息、休假规定的情况；

（五）执行国家有关工资报酬规定的情况；

（六）执行国家有关各项劳动安全卫生及伤亡事故和职业病处理规定的情况；

（七）执行国家有关女职工和未成年工特殊保护规定的情况；

（八）执行国家有关职业培训和职业技能考核规定的情况；

（九）执行国家有关职工保险、福利待遇规定的情况；

（十）制定内部劳动规章制度的情况；

（十一）法律法规规定的其他劳动法律监督事项。

第十条 工会重点监督用人单位恶意欠薪、违法超时加班、违法裁员、未缴纳或未足额缴纳社会保险费、侮辱体罚、强迫劳动、就业歧视、使用童工、损害职工健康等问题。对发现的有关问题线索，应当调查核实，督促整改，并及时向上级工会报告；对职工申请仲裁、提起诉讼的，工会应当依法给予支持和帮助。

第十一条 工会应当加强法治宣传，引导用人单位依法用工，教育职工依法理性表达合理诉求。

第十二条 工会建立隐患排查、风险研判和预警发布等制度机制，加强劳动关系矛盾预防预警、信息报送和多方沟通协商，把劳动关系矛盾风险隐患化解在基层、消除在萌芽状态。

第十三条 县级以上工会经同级人大、政协同意，可以参加其组织的劳动法律法规执法检查、视察。

第三章 监督组织

第十四条 县级以上总工会设立工会劳动法律监督委员会，在同级工会领导下开展工会劳动法律监督工作。工会劳动法律监督委员会的日常工作由工会有关部门负责。

基层工会或职工代表大会设立劳动法律监督委员会或监督小组。工会劳动法律监督委员会受同级工会委员会领导。职工代表大会设立的劳动法律监督委员会对职工代表大会负责。

工会劳动法律监督委员会任期与本级工会任期相同。

第十五条 县级以上工会劳动法律监督委员会委员由相关业务部门的人员组成，也可以聘请社会有关人士参加。

基层工会劳动法律监督委员会委员或监督小组成员从工会工作者和职工群众中推选产生。

第十六条 工会劳动法律监督委员会可以聘任若干劳动法律监督员。工会劳动法律监督委员会成员同时为本级工会劳动法律监督员。

第十七条 工会劳动法律监督员应当具备以下条件：

（一）具有较高的政治觉悟，热爱工会工作；

（二）熟悉劳动法律法规，具备履职能力；

（三）公道正派，热心为职工群众说话办事；

（四）奉公守法，清正廉洁。

第十八条 工会劳动法律监督员实行先培训合格、后持证上岗制度。工会劳动法律监督员由县级以上总工会负责培训，对考核合格的，颁发《工会劳动法律监督员证书》。证书样式由中华全国总工会统一制定。

第十九条 各级工会应当建立有关制度和信息档案，对工会劳动法律监督员进行实名制管理，具体工作由工会有关部门负责。

第二十条 工会可以聘请人大代表、政协委员、专家学者、社会人士等作为本级工会劳动法律监督委员会顾问，也可以通过聘请律师、购买服务等方式为工会劳动法律监督委员会提供法律服务。

第四章 监督实施

第二十一条 基层工会对本单位遵守劳动法律法规的情况实行监督，对劳动过程中发生的违反劳动法律法规的问题，应当及时向生产管理人员提出改进意见；对于严重损害劳动者合法权益的行为，基层工会在向单位行政提出意见的同时，可以向上级工会和当地政府有关主管部门报告，提出查处建议。

第二十二条 职工代表大会设立的劳动法律监督委员会，对本单位执行劳动法律法规的情况进行监督检查，定期向职工代表大会报告工作，针对存在的问题提出意见或议案，经职工代表大会作出决议，督促行政方面执行。

第二十三条 工会建立健全劳动法律监督投诉制度，对实名投诉人个人信息应当予以保密。

第二十四条 上级工会收到对用人单位违反劳动法律法规行为投诉的，应当及时转交所在用人单位工会受理，所在用人单位工会应当开展调查，于三十个工作日内将结果反馈职工与上级工会。对不属于监督范围或者已经由行政机关、仲裁机构、人民法院受理的投诉事项，所在用人单位工会应当告知实名投诉人。

用人单位工会开展劳动法律监督工作有困难的，上级工会应当及时给予指导帮助。

第二十五条 工会在处理投诉或者日常监督工作中发现用人单位存在违反劳动法律法规、侵害职工合法权益行为的，可以进行现场调查，向有关人员了解情况，查阅、复制有关资料，核查事实。

第二十六条 工会劳动法律监督员对用人单位进行调查时，应当不少于2人，必要时上级工会可以派员参与调查。

工会劳动法律监督员执行任务时，应当将调查情况在现场如实记录，经用人单位核阅后，由调查人员和用人单位的有关人员共同签名或盖章。用人单位拒绝签名或盖章的，应当在记录上注明。

工会劳动法律监督员调查中应当尊重和保护个人信息，保守用人单位商业秘密。

第二十七条 工会主动监督中发现违反劳动法律法规、侵害职工合法权益行为的，应当及时代表职工与用人单位协商，要求整改。对于职工的投诉事项，经调查认为用人单位不存在违反劳动法律法规、侵害职工合法权益行为的，应当向职工说明；认为用人单位存在违反劳动法律法规、侵害职工合法权益行为的，应当代表职工协商解决。

第二十八条 工会对用人单位违反劳动法律法规、侵害职工合法权益的行为，经协商沟通解决不成或要求整改无效的，向上一级工会报告，由本级或者上一级工会根据实际情况向用人单位发出工会劳动法律监督书面意见。

用人单位收到工会劳动法律监督书面意见后，未在规定期限内答复，或者无正当理由拒不改正的，基层工会可以提请地方工会向同级人民政府有关主管部门发出书面建议，并移交相关材料。

第五章 监督保障

第二十九条 工会开展劳动法律监督活动所需经费纳入本级工会预算。

第三十条 地方工会可以结合实际，建立非公有制企业工会劳动法律监督员配套补助制度。

第三十一条 各级工会应当为工会劳动法律监督员履职创造必要条件。工会劳动法律监督员因依法履职受到打击报复的，有权向本级或上级工会反映，上级工会应当及时给予支持和帮助，依法维护其合法权益。

第六章 附 则

第三十二条 本办法由中华全国总工会负责解释。

第三十三条 本办法自印发之日起施行。1995 年 8 月 17 日中华全国总工会印发的《工会劳动法律监督试行办法》同时废止。

后　记

工会法是明确工会法律地位、确定工会权利义务的重要法律，是工会组织依法开展工作的重要保障。现行工会法于 1992 年 4 月 3 日经七届全国人大第五次会议通过，2001 年、2009 年先后两次修改。2021 年 12 月 24 日，第十三届全国人大常委会第三十二次会议通过《关于修改〈中华人民共和国工会法〉的决定》，自 2022 年 1 月 1 日起施行。

为了更好地学习宣传贯彻工会法，使社会各方面对工会法内容有全面、准确的理解，保证工会法的顺利实施，全国总工会法律工作部、全国人大常委会法工委社会法室共同组织编写了这本《〈中华人民共和国工会法〉学习问答》。本书以问答形式对修改后的工会法作了较为全面的解读，同时力求简明扼要、通俗易懂，便于准确把握工会法立法原意和制度要求。为了方便读者使用，本书还收录了与维护工会组织和职工合法权益密切相关的法律及文件。

本书的编写工作得到了全国人大常委会法工委和全国总工会领导同志的高度重视和指导。全国总工会法律工作部部长江南和全国人大常委会法工委社会法室主任郭林茂共同主持编写工作。参加本书编写工作的还有全国总工会法律工作部张瑞玲、黄龙、朱艳丽、王卉、龚小玲、李进东、闭柳萍、杨玉竹、谢静、张毅、王龙、李阳、张杨、齐轶杰、冯申、杨昆及全国人大常委会法工委刘斌、郑全红、赵光、王涛、吕翔、顾冰等。因时间仓促，水平有限，疏漏和不当之处，敬请广大读者批评指正。

编　者

2022 年 1 月

图书在版编目（CIP）数据

《中华人民共和国工会法》学习问答 / 江南，郭林茂主编.
—北京：中国工人出版社，2021.12
ISBN 978-7-5008-7806-3

Ⅰ.①中… Ⅱ.①江… ②郭… Ⅲ.①工会法－中国－问题解答 Ⅳ.①D922.56-44

中国版本图书馆CIP数据核字（2021）第261473号

《中华人民共和国工会法》学习问答

出 版 人	王娇萍
责任编辑	赵晨羽　黄冰凌
责任印制	栾征宇
出版发行	中国工人出版社
地　　址	北京市东城区鼓楼外大街45号　邮编：100120
网　　址	http://www.wp-china.com
电　　话	（010）62005043（总编室） （010）62005039（印制管理中心） （010）62382916（工会与劳动关系分社）
发行热线	（010）82029051　62383056
经　　销	各地书店
印　　刷	北京市密东印刷有限公司
开　　本	700毫米×1000毫米　1/16
印　　张	20.5
字　　数	280千字
版　　次	2022年2月第1版　2024年11月第5次印刷
定　　价	55.00元